哲學研究叢書・學術思想叢刊

「88」陰陽雙螺旋系統之建構
——以科學、哲學與神學作通貫性研討

陳滿銘　著

目次

自序 ⋯⋯⋯⋯⋯⋯⋯⋯⋯⋯⋯⋯⋯⋯⋯⋯⋯⋯⋯⋯ 陳滿銘 1

第一章　緒論⋯⋯⋯⋯⋯⋯⋯⋯⋯⋯⋯⋯⋯⋯⋯⋯⋯⋯⋯ 1

　第一節　初創期（約1987-2000年）⋯⋯⋯⋯⋯⋯⋯ 2

　第二節　奮進期（約2001-2010年）⋯⋯⋯⋯⋯⋯⋯ 7

　第三節　成熟期（約2011-2014年）⋯⋯⋯⋯⋯⋯⋯ 23

　第四節　跨界期（約2015年-）⋯⋯⋯⋯⋯⋯⋯⋯⋯ 32

第二章　「88」陰陽雙螺旋之確認⋯⋯⋯⋯⋯⋯⋯ 43

　第一節　（無極）太極、S → 8 ⋯⋯⋯⋯⋯⋯⋯⋯ 43

　第二節　8、88 → DNA → 0一二多 ⋯⋯⋯⋯⋯⋯ 63

第三章　「0一二多」與「轉化四律」之
**　　　　「88」雙螺旋系統** ⋯⋯⋯⋯⋯⋯⋯⋯⋯⋯ 91

　第一節　「0一二多」與「轉化四律」⋯⋯⋯⋯⋯ 91

　第二節　「0一二多」與「轉化四律」之「88」系統 ⋯⋯ 110

　第三節　科學實證一——完形理論之「88」系統 ⋯⋯ 112

　第四節　科學實證二——包孕結構之「88」系統 ⋯⋯ 126

第四章　「DNA」之「88」雙螺旋系統⋯⋯⋯⋯⋯ 149

　第一節　「DNA」之雙螺旋結構⋯⋯⋯⋯⋯⋯⋯ 149

第二節　「DNA」、「0一二多」、「轉化四律」之「88」系統·160

第三節　「88」系統之具象觀察與相關論述······················164

第五章　結論······························193

附錄一　（辭章）章法學座談會紀錄······················201

附錄二　陳滿銘學術研究與活動概表······················233

自序

一

　　個人從四十多年前開始研究「章法」（陰陽雙螺旋層次邏輯），於二〇一四年三月之前，總共出版了三十種論著。後來因叢書形式容易流動、保存，便接受了萬卷樓梁錦興總經理和副總經理張晏瑞兩位先生之建議，由個人推出第一套叢書：《辭章章法學體系建構叢書》十冊，由萬卷樓圖書公司於2014年8月出版，依序是：

　　《章法學綜論》（整體照應基礎性、概括性、多元性、系統性與藝術性，2003年初版），294頁。

　　《篇章結構學》（從不同深廣度，整體照應基礎性、概括性、多元性、系統性與藝術性，2005年初版），311頁。

　　《多二一（０）螺旋結構論：以哲學、文學、美學為研究範圍》（以多元性、系統性與藝術性為主，2007年初版），286頁。

　　《章法結構原理與教學》（從不同深廣度，整體照應基礎性、概括性、多元性、系統性與藝術性，2007年初版），321頁。

　　《唐宋詞拾玉：以篇章結構分析為軸心》（以基礎性、多元性為主，2010年初版），351頁。

　　《篇章意象學》（以多元性、系統性與藝術性為主，2011年初版），309頁。

　　《章法結構論》（以多元性、系統性與藝術性為主，2012年初版），311頁。

《比較章法學》（以多元性為主，2012年初版），310頁。

《章法學新論》（從不同深廣度，整體照應基礎性、概括性、多元性、系統性與藝術性，2014年新推出），333頁。

《〈四書〉義理螺旋結構析論》（以基礎性、多元性與系統性為主，2014年新推出），294頁。

接著又在前年（2016）十一月推出《《陰陽雙螺旋互動論──以「0一二多」層次邏輯系統作通貫觀察》、《唐宋詞章法學》與《中庸天人雙螺旋互動思想研究》三本書，一同收入《跨界章法學研究叢書》中。就以這兩套叢書中的主要內容而言，看來個人對「章法學」，即「陰陽雙螺旋層次邏輯學」的系統，主要包含「微觀（章法類型與結構）」、「中觀（轉化四律）」（秩序：移位、變化：轉位、聯貫：對比與調和、統一：包孕）與「宏觀（0一二多）」，該早已交代清楚（其體系早在2003年即初步架構完成[1]）；卻沒想到在大前年（2015），忽然在「0一二多」之間，竟浮現了曲線「8」（88）──「陰陽」由對待而互動所產生雙螺旋運作之形象性「轉化」軌跡。

而此一軌跡，原本就隱藏在「0一二多」之中，如今卻得以「形象化」，浮現出「8」的曲線，而形成「88」系統。這對個人而言，確是帶一點微妙的。因為研究「章法」，開始是以「辭章」為對象，方法是以科學性的「歸納」為主；就在此一過程中，也往往會因「互動」關係，超越「辭章」，歸根於哲學性的「演繹」。就以章法「三觀」[2]之互動來看：

1　見陳滿銘：《章法學體系建構歷程》（臺北市：萬卷樓圖書公司，2017年11月初版），頁50-52。

2　陳滿銘：〈論辭章章法學三觀體系之建構〉，中山大學《文與哲》學報23期（2013年12月），頁333-388。

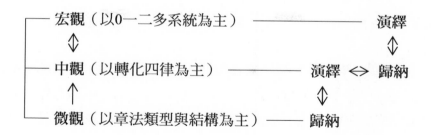

因此，人在面對「青山綠水」（萬事萬物：科學性歸納）之同時，是會「神遊太空」（0一二多：哲學性演繹）的。如此積累幾十年，像所謂的「頓悟」，或是「不知亦能行」，很意外地，終於在大前年十月的某一天，個人體內突然感覺到有一串「8」（88）的曲線在輕微游動，由「人」（個人）而流向「天、地」。這就馬上想到：《周易·說卦傳》說的：「立天之道，曰陰與陽；立地之道，曰剛與柔；立人之道，曰仁與義；兼三才而兩之。」而這所謂「兼三才而兩之」的「陰陽」、「剛柔」、「仁義」，正是「0一二多」中的「二」，而「三才」之中又以「陰陽」為核心，由此下徹為「多」、上徹為「一、0」。

回顧四十多年來，用「章法學」談「陰陽」，由「對待」而「互動」，都離不開「雙螺旋」作用 ，且往往涉及「剛柔」與「仁義」。以「發表先後」來說，最早涉及「剛柔」的是，於二〇〇三年六月在萬卷樓出版的《章法學綜論》第五章第三節：「章法『多、二、一（0）』結構的風格」（頁298-328）；而最早涉及「仁義」，指出其「螺旋關係」的是，於二〇〇〇年六月發表於臺灣師大《國文學報》二十九期的〈談儒家思想體系中的螺旋結構〉（頁1-34）。自此之後，相關的論著就越來越多、越精細了，可參見本書「附錄」。

這樣令人自然地「感覺」到「8」（88）這一串曲線之真實存在，雖然短暫，卻嚇人一大跳，想來好像不全然是偶然的。這真要感謝上天賞了這麼個大獎！

二

　　到了去年（2017）初，除在自己身上隨「意」摸索一連串曲線「8」（88）的陰陽雙螺旋的運作，發現它與「DNA」有關之外，也想看看別人的經驗作參考，於是上網搜尋，沒想到僅枝枝節節之一些資料與報導而已。因此，乾脆就由自己動筆寫有關「88陰陽雙螺旋系統」的文章，首先於五月發表〈88陰陽雙螺旋互動系統〉於《國文天地・學術論壇》三十二卷十二期（頁101-136）；然後於八月又發表〈88陰陽「包孕」雙螺旋互動——以「0一二多」層次邏輯系統）切入作探討〉於《國文天地・學術論壇》33卷3期，（頁112-135）；而現在就一面統合重點，一面填補缺口，出版此書：《88陰陽雙螺旋系統之建構——以科學、哲學與神學作通貫性研討》，其目次為：

　　自　序
第一章　緒論
　　第一節　初創期
　　第二節　奮進期
　　第三節　成熟期
　　第四節　跨界期
第二章　「88」陰陽雙螺旋之確認
　　第一節　源自「太極」
第三章　源自「DNA」
第四章　「0一二多」之「88」雙螺旋系統
　　第一節　「0一二多」之形成
　　第二節　「轉化四律」之作用
　　第三節　「0一二多」與「轉化四律」之「88」系統

第四節　科學實證

第五章　「DNA」之「88」雙螺旋系統

第一節　「DNA」之雙螺旋結構

第二節　「DNA」、「0一二多」、「轉化四律」之「88」系統

第三節　「88」系統之具象觀察與相關論述

第六章　結論

附錄：

一　座談會紀錄

二　個人學術與服務概表

　　以統合重點來說，強調《易經》原是一部「卜筮之書」，帶有遠古「神權」時期預測吉凶的神祕色彩；待出現《易傳》「以傳解經」後，才正式成為「哲學之書」。據傳《太極圖》傳給周敦頤後，寫了《太極圖說》加以解釋。而現在我們看到的《太極圖》，就是周敦頤所傳 [3]；且提出「太極本無極」之說 [4]。

　　後來許多學者討論《太極圖》，單就其曲線而言，可大分為：

標準版太極圖　　　正 "S" 太極圖

取材自：https://www.google.com.tw/search?q

3　見朱震：《漢上易傳》。引自：http://www.eee-learning.com/article/1819。

4　周敦頤：〈太極圖說〉：「太極本無極。」見黃宗羲撰、全祖望補：《宋元學案》上（臺北市：世界書局，2009年7月一版六刷），頁291-292。

　　亦即有人認為《太極圖》，有順時針右旋成「反 S（ 𝓢 ）」形的；也有逆時針左旋成「正 S」形的：

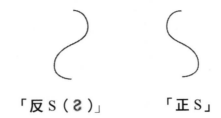

「反 S（ 𝓢 ）」　　　　「正 S」

而兩者一實一虛、一正一反，便使陰陽兩相對待而形成「8」：

　　也就是說：位於左邊的曲線「8」，是由「反 S（ 𝓢 ）」（虛線：「白」中包孕「黑」）與「正 S」（實線：「黑」中包孕「白」）兩相對待而形成所謂的「標準《太極圖》」；而位於右邊的曲線「8」，則由「正 S」（實線；「黑」中包孕「白」）、「反 S（ 𝓢 ）」（虛線：「白」中包孕「黑」）兩相對待而形成所謂的「正 S《太極圖》」。如此以之照應神學（神權、宗教）的嘗試性理解、哲學的演繹性假設與科學的歸納性實證來看待，該是相當合理的 [5]。

　　針對此「8」曲線，有許多專家做過認證：如有人附圖並說明：

5　陳滿銘：〈哲學螺旋與科學螺旋的對應、貫通——以「多、二、一（0）」與
　　「DNA」雙螺旋結構為重心作探討〉，《南京曉莊學院學報》2015年4期（2015年5
　　月），頁36-39。

其一：

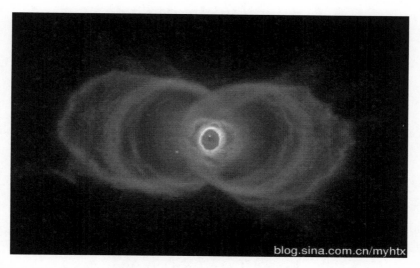

blog.sina.com.cn/myhtx

圖片版權與提供：R. Sahai and J. Trauger (JPL), WFPC2, HST, NASA

　　哈勃望遠鏡拍攝的十張圖片中位居第五位的沙漏星雲，距地球8000光年。在這張圖片中，可以看見發出紅色輝光的氮氣、綠色輝光的氫氣和藍色輝光的氧氣，這些多彩氣體組成了沙漏壁上的細緻環狀結構。它呈現出了明顯的太極「**8**」字循環波動發展趨勢 [6]。

6　十年補鞋：〔轉載〕〈量子力學、相對論與古太極八卦圖〉，（2016-03-12 10:59:56），
　　引自：http://blog.sina.com.cn/s/blog_6d371d6a0102w3gv.html。

其二：

太陽盤面如項鍊墜。（網路圖片）

在已知最早一張展現日全食的太陽「**8**」字軌跡圖中，太陽盤面看上去像項鍊上的吊墜一樣閃閃發光。這張照片包括2006年3月出現在土耳其安塔利亞上空的日全食曝光畫面。剩餘部分則顯示了太陽在2005年7月至2006年7月間在安塔利亞以北311英里（約合500公里）的布爾薩上空的路線。在日食奇觀出現時，月球恰好處於地球和太陽之間，遮住了大部分陽光。日全食上演期間，唯一可見的是太陽相對昏暗的外層大氣——日冕。

在這張太陽「**8**」字軌跡圖中，被遮住的太陽之所以看上去更加明亮，是因為拍攝者沒有使用濾光片，同時曝光時間更長，結果捕捉到日冕和昏暗的安塔利亞城市景色（照片中突出位置）[7]。

7　引自：http://www.aboluowang.com/2016/0207/688672.html。

其三：有一則報導說：

1990年11月20日，《科技日報》頭版頭條登載了《我國科學研究的又一新發現——我國首次利用 STM 觀察到變性噬菌體「DNA」三鏈狀結構》的報導，引起科學界的重視。人體膠原蛋白的分子結構也像一條三股撐成的麻繩。這也是宇宙螺旋氣場的派生物。宇宙螺旋氣場有順時針左旋、逆時針右旋和由左右旋組成的「8」字形三種基本氣旋組成，在三種氣旋的指揮控制下，創造出變化萬千的生物基本細胞結構，從而衍生出種類繁多的生物種類 [8]。

而最近另有一則報導：〈美院士首次揭示「DNA」超螺旋的三維結構〉[9]，有附圖如下：

圖片來源：Thana Sutthibutpong

該圖像顯示，超級電腦類比實驗計算出的「**DNA**」結構（有顏

8　見《家居風水》2009年12月05日 17:00 評論：〈微波——創造生命的「上帝」〉，引自：http://www.daxishi.com/article/769.html。

9　2015-10-13，由《今日科學》發表於《科學》，引自：https://kknews.cc/zh-tw/science/pkylo2.html。

色）疊加了低溫電子斷層掃描資料（白色或黃色）。（沒有疊加
到低溫電子斷層掃描資料為紫色圖「8」的形狀）你可以看到熟
悉的雙螺旋結構已經簡單地彎曲成圓環狀，或撐成「8」字形。

可見隱性的「**8**」曲線，是無所不在的。

　　而這種「**8**」的曲線，繼續運作，便形成「**88**」系統；而其過程
則必然涉及「轉化四律」，統整如下：

「8、88」互動	轉化類型
「8（1：陰）⟷ 8（2：陽）」	順、逆向移位
「8（1：陰）→ 8（2：陽）→ 8（3：陰）」	順轉位
「8（1：陽）→ 8（2：陰）→ 8（3：陽）」	逆轉位
「對比（陰88）⟷ 對比（陽88）」	順、逆移位
「調和（陰88）⟷ 調和（陽88）」	順、逆移位
「對比（陽88）→ 調和（陰88）」	逆移位
「調和（陰88）→ 對比（陽88）」	順移位
「8（1：陰）／8（2：陰）」	陰包孕陰
「8（1：陰）／8（2：陽）」	陰包孕陽
「8（1：陽）／8（2：陽）」	陽包孕陽
「8（1：陽）／8（2：陰）」	陽包孕陰

據此則「0一二多」陰陽雙螺旋層次邏輯系統（顯）與由「S、ƨ」、
「8」、「8⟷8」、「88⟷88（兩個「8→8」結構或以上）」所形成的
「88」系統（隱），是「一顯一隱」，互相對應的。若將兩者合一，可
呈現如下圖：

　　「0（S、ƨ）一（8）」⟷「二（8⟷8）⟷多（88⟷88）」

　　以填補缺口而言，首先是《太極圖》與《周易》的先後問題，對此，有學者以為「《太極圖》早於《周易》」，他說：「從已出土文物中畫有《太極圖》有關『太極』的記載相比，《太極圖》的出現遠比『太極』一詞在先。在甘肅省永靖縣出土的伏羲時代的雙耳彩陶壺上畫有雌雄雙龍蟠繞的古《太級圖》，距今約六千五百多年，是我們已知最早的古《太極圖》，現藏瑞典遠東博物館。商、周兩代的青銅器上，也多次發現契刻著雌雄雙龍纏繞的古《太極圖》，可見《太極圖》歷史悠久。」[10] 這種說法是最為普遍的。據此，可知在宋代陳摶、周敦頤之前就已有《太極圖》，只是由他們特別加以承襲發揚罷了；不過，《太極圖》能因此而大加發揚，其功甚大，是不可磨滅的。

　　然後是「DNA」在神學上之地位，對此，〈哈佛大學聲稱在 DNA 中發現上帝的信息〉說：「哈佛大學的研究人員宣佈，他們已經發現了人類基因組中隱藏著來自上帝的信息。一隊頂級遺傳學家在對非編碼 DNA 部分進行探查，發現了一個由二十二個古代亞拉姆文字組成的信息，證實了上帝的存在，以及他在創造地球生命中所扮演的角色。這個驚人的發現是上帝存在無可辯駁的證據，並說明了他在自然選擇進化過程中的地位。當時研究人員注意到基因組內某一部分出現了奇怪的數學模式，結果就發現了這條信息。該項目的首席科學家查爾斯‧沃森說：『我們知道這個模式不是自然發生的，但我們不能拿出任何令人信服的解釋。』我們當時一時興起，開始將這個模式與語言數據庫交叉引用。他解釋說：『結果震驚地發現，這個模式相當於古代亞拉姆語。』團隊人員被這個發現驚呆了，急忙聯繫了熟悉亞拉姆語的語言專家——耶穌基督在日常生活中就是使用這種語言：

10　〈論《周易》與《太極圖》〉，《中國三誇網》，引自 http://3kua.com/582.html。

Hallo may childen. This is Yahweh, the one ture Lord. You have found creation's secret. Now share it peacefully with the world.

經過完全解碼，這條信息的意思是：『你好，我的孩子，我是耶和華，真正唯一的主，你已經找到了創造的秘密，現在可以和世界平靜地分享它。』。」[11]

又，當代最偉大科學計畫「人類基因計畫」主持人法蘭西斯‧柯林斯著《上帝的語言》一書來表示「DNA」源自於上帝，受到很多人之讚許。[12]

三

總結起來說，個人研究「章法學」（陰陽雙螺旋層次邏輯學），單就「0一二多」與「DNA」而言，是先於二〇〇三年七月發表〈論「多、二、一（0）」的螺旋結構——以《周易》與《老子》為考察重心〉，臺灣師大《師大學報‧人文與社會類》四十八卷一期（頁1-20）；然後於二〇〇六年十一月出版《意象學廣論》，其首篇即以「多、二、一（0）」分析「DNA」雙螺旋結構；自此之後就以此為基礎持續討論，以見兩者緊密之對應關係。而「陰陽二元」，原來就出於「0一二多」，在「0、一」中間隱藏了「8」的曲線——「陰陽」由對待（0←→一）而互動（二←→多）所產生之形象性「轉化」軌跡。而由「8、8←→8」而「8 8←→88」（統合移位、轉位、對比←

---

11 〈哈佛大學聲稱在DNA中發現上帝的信息〉，節錄自原網址：http://dailycurrant.com/2013/02/01/message-god-hidden-dna-sequence/。

12 法蘭西斯‧柯林斯著、林宏濤譯：《上帝的語言》（臺北市：啟示出版，2016年10月二版二刷），280頁。

→調和與包孕等「轉化四律」）形成了「**88** 陰陽雙螺旋互動系統」，
既可回過來「由隱而顯」地貫通中國古代哲學層面之「**0** 一二多」、
「（無極）『太極』陰陽」（含「神化」之卜筮與科學實證 [13]），也一樣
能貫通近代西洋科學層面，源自於「上帝」之「**DNA**」，呈現「**8
8**」陰陽雙螺旋之對待、互動作用，以形成其「陰陽雙螺旋層次邏輯
系統」。而以「顯隱」對應、其融貫的三種圖案可彼此對照、交換，
首先為「**0** 一二多」（顯性）：

（一）單層「0一二多雙螺旋層次邏輯系統」圖：

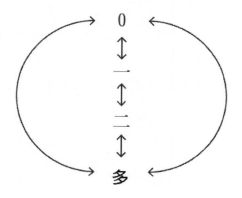

---

[13] 徐禮集：〈易經淵流〉指出：「《易經》雖起源於卜筮，然而其變化得自大自然變遷
的道理，必然有其科學與哲理基礎，尤其卦爻辭中的涵意，本身就是生活的禪機，
人生的道理。以人類生命來源發展，類推萬物的生衍，萬物變化與時推移，同時共
存於往復循環的宇宙間架之中。人的生命就循此程序，有順利與阻滯，於是吉凶悔
吝的道理均依於此產生」。見《清涼音專欄》，2009-05-03。引自：https://www.cln.
com.tw/teachers_info_11.html。

(二) 單層在「轉化四律」融貫下的「0一二多雙螺旋層次邏輯系
　　統」圖：

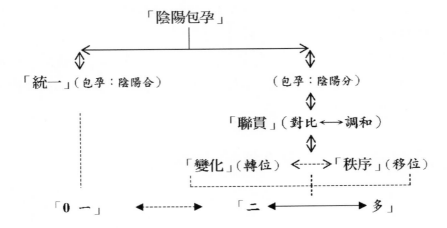

(三) 層層「0一二多雙螺旋層次邏輯系統」圖：

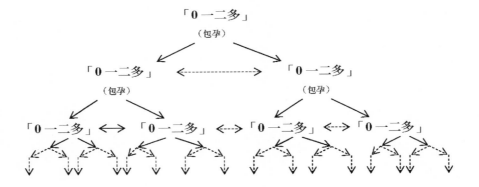

其次為「DNA」（顯性）：

（一）單層「DNA 陰陽雙螺旋層次邏輯系統」圖：

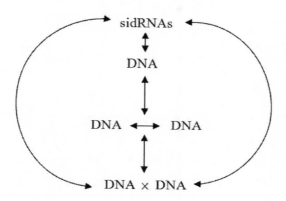

（二）單層「DNA」在「轉化四律」融貫下的「陰陽雙螺旋層次
　　　邏輯系統」圖：

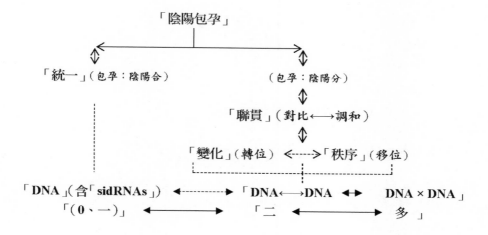

（三）層層「DNA 陰陽雙螺旋層次邏輯系統」圖：

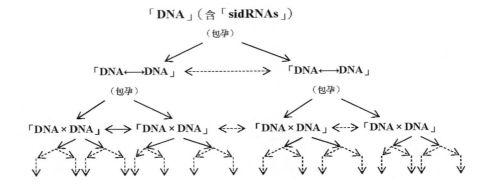

然後是「**88**」（隱性）：

（一）單層「『S、ㄥ』、『8』、『8←→8』、『88←→88』」的「陰陽雙
　　　螺旋層次邏輯系統」圖：

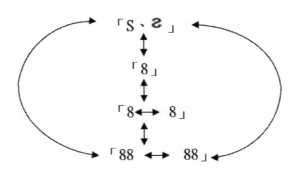

（二）單層「『S、ƨ』、『8』、『8 ←→ 8』、『88 ←→ 88』」在「轉化
　　四律」融貫下的「陰陽包孕雙螺旋層次邏輯系統」圖：

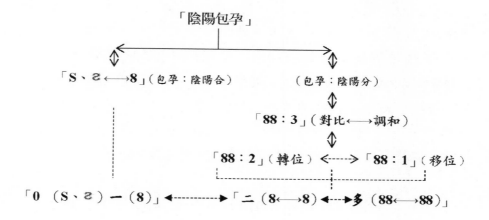

（三）層層融貫「『S、ƨ』、『8』、『8 ←→ 8』、『88 ←→ 88』」的
　　「88陰陽雙螺旋層次邏輯系統」圖：

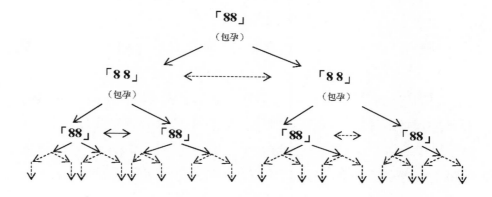

而它們由「0一二多」、「DNA」（顯性）與「88」（隱性），對應、融
貫為一，呈現的是相同的層層「以大系統（大宇宙）包小系統（小宇
宙）」之無限大系統。

　　一般而論，人類面對天、地、人所作之研究與觀察，其過程是一面由部分之「神學」而「哲學」而「科學」，主要藉「求異」以累積「已知」；另一面又由部分之「科學」而「哲學」而「神學」，主要藉「求同」以開發「未知」，形成「神學 ⟷ 哲學 ⟷ 科學」而進步不已的雙螺旋系統。而一九五七年諾貝爾物理學獎得主楊振寧則說：「科學的極致是哲學，哲學的極致是宗教。」[14] 假如用「雙螺旋」切入，並將「宗教」改作「神學」，則可調整為：「科學 ⟷ 『極致』⟷ 哲學 ⟷ 『極致』⟷ 神學」，如又以「0 一二多」、「DNA」與「88」加以「顯 ⟷ 隱」對應、通貫，那麼可表示如下：

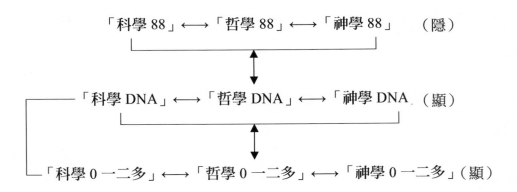

由此可看出三者「顯 ⟷ 隱」對應、融貫之密切關係；而「88 陰陽雙螺旋互動系統」之內涵與重要性，也從中凸顯出來。如此通貫「神學」、「哲學」、「科學」，並統合「0 一二多」與「DNA」，全面建構「88 陰陽雙螺旋互動系統」，以古今中外而言，可算是首次嘗試，疏漏之處，必所難免，亟請　　各專家學者不吝指正！

---

14 佚名：〈楊振寧&李政道：敢於質疑和挑戰權威〉，引自《蝌蚪五線譜》：http://story.kedo.gov.cn/kxjqw/351119.shtml。

第一章
緒論

「章法學」又稱「陰陽雙螺旋層次邏輯學」，研究的是深藏於宇宙人生「萬事萬物」之間，以「陰陽二元」之「對待 ←→ 互動」為基礎，在其不斷作用下，經「移位」（秩序）、或「轉位」（變化）、「聯貫」（對比、調和：徹下、徹上）與「統一」（包孕：下徹），產生「互動、循環、往復而提高」之「轉化」運動，而構成「0 一二多」的「陰陽雙螺旋層次邏輯體系」，以呈現其層層「以大（大宇宙）包小（小宇宙）」之適應性與普遍性。

個人會走上這條路，可說是偶然的。記得在四十多年前，為了在臺灣師大國文系講授「國文教材教法」這門課程之需要，不得不接觸「章法」。開始時，先以捕捉到的有限「章法類型」，切入各類文章，作一檢視；再就所發現的「章法」現象，加以分析、統整，以求得其通則。這樣一路走來，才逐漸地集樹而成林，深入了「章法」的領域。數一數近四十年來所出版的有關「章法學」的專著有三十幾種，其中最具代表性的是：於二〇一四年八月由萬卷樓圖書公司出版之《辭章章法學體系建構叢書》十冊；而所發表的論文則可分三種：一是臺灣各大學學報有九十二篇，二是大陸各大學學報有六十四篇，三是一般期刊有二九〇篇。而《國文天地》在一般期刊中就占了多數，達二二〇篇（其中多數與「章法學」相關）。可見《國文天地》與個人所研究的「章法學」是有相當關聯的。

由於在《國文天地》（創刊於 1985 年）發表論文，在時間上可比各大學學報（通常需半年至一年，有時甚至要一年以上）可縮短很

多，因此往往會將投稿給各大學報論文中的部分新觀點加以淺化、簡化，先發表在《國文天地》，以適應一般讀者，尤其是中小學教師，希望他（她）們能應用於教學，產生驗證的作用；此外有一些比較淺易之新構想或跨界性推擴，也會直接發表在《國文天地》，以求大眾支持。因此，以個人而言，有關「章法學」之新構想或跨界性推擴，第一次出現在《國文天地》的，便相當地多。為此，對應於整體「章法學」研究進程，約分為幾個階段：初創、奮進、成熟、跨界，進行說明，並酌以個人發表於其他刊物之相關論文作一對照，以求完整而精確。

第一節　初創期（約 1987-2000 年）

個人關涉「章法」所發表之論文，最早的是〈常見於稼軒詞裡的幾種詞章作法〉（原題〈稼軒詞作法舉隅〉）一文，於民國六十三年（1974）六月發表於臺灣師大《文風》二十五期（頁 11-15），所涉及的章法有「今昔」、「遠近」、「大小」、「虛實」（情、景）、對照（「正反」）、演繹（「先凡後目」）、歸納（「先目後凡」）等，結合縱、橫向作說明，這可算是「清醒、自覺」的初步嘗試。而發表在《國文天地》之首篇為〈談主旨見於篇外的幾篇課文〉（《國文天地》3 卷 4 期，1987 年 6 月，頁 92-96）。由此（1987）開始到一九九〇年的四年中，除上舉者外，在《國文天地》裡又發表了如下幾篇：

1　〈談主旨見於篇末的幾篇課文〉，3卷6期，1987年11月，頁88-91。
2　〈談主旨見於篇首的幾篇課文〉，3卷7期，1987年12月，頁96-98。
3　〈談主旨見於篇腹的幾篇課文〉，3卷8期，1988年1月，98-101。
4　〈演繹法在詩詞裡的運用〉，3卷9期，1988年2月，頁98-101。

5 〈歸納法在詩詞裡的運用〉，3卷11期，1988年4月，頁99-102。

6 〈談採先敘後論的形式所寫成的幾篇課文〉，3卷12期，1988年5月，100-102。

在這些論文裡，對個人之研究進展而言，可得而言者有幾點：其一為主旨的安置（篇首、篇腹、篇末、篇外）等，而所謂「主旨」，眾所周知，乃一篇辭章之中心意旨，是作者所要表達的「情」或「理」；雖然它有「顯、隱」之別，而造成層次，但都一樣是「主旨」；而這種不同層次的「顯、隱」之「主旨」，很多時候是可由一篇辭章的「章法結構」來推得或驗證的；在此首度提出，以凸顯它對研究章法之重要性。其二為〈演繹法在詩詞裡的運用〉與〈歸納法在詩詞裡的運用〉二文，首度直接聚焦於「演繹」、「歸納」兩法，以「單軌」與「雙軌」切入，舉「凡目法」為例，藉以凸顯它所形成之多種結構類型；雖然「演繹」、「歸納」兩法，在一九七六年六月曾在《中等教育》泛泛地討論過，但既未曾分軌，也還沒有針對一種章法類型加以說明，所以特別在此以比較完整之方式提出。其三為〈談採先敘後論的形式所寫成的幾篇課文〉一文，首度談到了「敘論」這種常見的章法，這對創作或解析，都是十分重要的。

接著從一九九一年起至一九九六年的六年中，繼續在《國文天地》發表了如下幾篇：

1 〈插敘法在詞章裡的運用〉7卷4期，1991年9月，頁101-105。

2 〈談詞章主旨、綱領與內容的關係〉7卷5期，1991年10月，頁112-114。

3 〈談詞章的兩種作法——泛寫與具寫〉8卷2期，1992年7月，頁100-104。

4 〈談詞章剪裁的手段——以周敦頤〈愛蓮說〉與賈誼〈過秦論〉為例〉9卷5期，1993年10月，頁62-66。

5 〈談詞章主旨的顯與隱——以中學國文課文為例〉11卷3期，1995年8月，頁76-81。

6 〈從軌數的多寡看凡目法在詞章裡的運用——國高中國文課文為例〉11卷5期，1995年10月，頁50-57。

7 〈談〈與宋元思書〉與〈溪頭的竹子〉二文在結構上的異同〉11卷7期，1995年12月，頁46-51。

8 〈凡目法在蘇辛詞裡的運用（上）〉11卷11期，1996年4月，頁36-44。

9 〈凡目法在蘇辛詞裡的運用（下）〉11卷12期，1996年5月，頁56-65。

10 〈談補敘法在詞章裡的運用〉12卷6期，1996年11月，頁38-43。

這些論文，可以一提的有如下幾點：其一為〈插敘法在詞章裡的運用〉一文，首度分「解釋」、「追述」、「具寫景物」和「拈出主旨」（綱領）等四方面，來說明「插述」法的妙用。其二為〈談詞章主旨、綱領與內容的關係〉一文，首度討論辭章「主旨」和「綱領」之同異，以及兩者與「內容」的密切關係。其三為〈談詞章的兩種作法——泛寫與具寫〉一文，首度呈現了「泛具」章法的概略面貌。其四為〈談詞章剪裁的手段〉一文，首度分全篇、節段兩類，談到了「詳略」（疏密）這一重要章法。其五為〈談詞章主旨的顯與隱〉一文，首度正式突出「顯、隱」的理論來討論一篇「主旨」之層次。其六為〈從軌數的多寡看凡目法在詞章裡的運用〉一文，除了涉及單、雙軌之外，又首度談到了三、四、五、六等軌所形成的「凡目結構」，使辭章之解析更為深入。其七為〈談〈與宋元思書〉與〈溪頭

的竹子〉二文在結構上的異同〉一文，首度用「比較法」分析兩篇辭章之間的「章法結構」異同，對後來「比較章法學」之建立是有影響的。其八、其九為〈凡目法在蘇辛詞裡的運用〉一文，首度用「凡目法」切入「蘇辛詞」來探討其運用情形，為「蘇辛詞章法學」之研究踏出第一步。其十為〈談補敘法在詞章裡的運用〉一文，首度以「補敘事情發生的時間」、「補敘事情形成的緣由」、「補敘人名或追懷親友、舊遊」等三方面，舉例說明「補敘」法的功用，這和「插敘」法，都對章法「變化原則」之確立，有催化作用。

　　再來自一九九七年起至二○○○年的四年中，陸續又發表了下列論文：

1　〈談辭章主旨在凡目結構中的安排〉13卷3期，1997年8月，頁84-92。
2　〈談三疊法在辭章裡的運用〉13卷5期，1997年10月，頁104-111。
3　〈談辭章章法的主要內容（上）〉13卷7期，1997年12月，頁84-93。
4　〈談辭章章法的主要內容（下）〉13卷8期，4998年1月，頁105-117。
5　〈高中國文〈散曲選〉課文結構分析〉，4卷6期，1998年11月，頁104-107。
6　〈高中國文〈近體詩選〉（一）課文結構分析〉14卷7期，1998年12月，頁87-89。
7　〈談篇章結構（上）〉15卷5期，1999年10月，頁65-71。
8　〈談篇章結構（下）〉15卷6期，1997年11月，頁57-66。
9　〈談篇章結構分析的切入角度〉15卷8期，2000年1月，頁89-94。
10〈談縱橫向疊合的篇章結構〉16卷7期，2000年12月，頁100-106。

在這十篇論文中，有如下幾點，是值得一提的：其一為〈談辭章主旨在凡目結構中的安排〉一文，首度就一種章法，結合一篇主旨來談它們的關係。其二為〈談三疊法在辭章裡的運用〉一文，所謂的「三疊法」是章法的一種，乃將思想材料分成三個層次來敘寫的特殊方法；這個方法所以特殊並受到重視，是因為它疊得恰到好處，既不多，也不少，很容易形成「一、二、三」或「一、二、三」、「一、二、三」的層次感與節奏感，所以很少人會注意到「疊」的存在；至於四疊或四疊以上，則成疊較為困難，雖然仍在古今人的作品中可以見到，但為數不多，因此「三疊法」便受到特殊的重視，後來論「三觀」，即以此為基礎。其三、其四為〈談辭章章法的主要內容〉一文，首度在三大原則（秩序、聯貫、統一）上，又加「變化」一大原則來規範章法；它的內容，除前此所提到的十幾種章法外，又新增了「高低」、「貴賤」、「親疏」、「立破」、「問答」、「平側」（平提側注）、「縱收」和「因果」等八種，到此，對「章法學」的體系建構，總算大略完成了。其五與其六分別為〈高中國文〈散曲選〉課文結構分析〉與〈高中國文〈近體詩選〉（一）課文結構分析〉二文，首度將「章法結構」與高中詩曲教材結合，希望由此改進高中的國文教學法。其七、八為〈談篇章結構〉一文，首度結合章法（邏輯思維）與內容（形象思維）來談「篇章結構」；而所謂「篇章結構」，平常雖大都只是指由章法形成之結構而言，但嚴格說來，還要包括內容（形象）在內，兩者一縱（形象）一橫（邏輯），是不可分割的。其九為〈談篇章結構分析的切入角度〉一文，首度用不同角度切入同一文章，據所形成之結構，探討其優劣，以強調結構分析「沒有絕對是非，只有相對好壞」的觀點。其十為〈談縱橫向疊合的篇章結構〉，首度用結構分析表呈現縱、橫向互相疊合的情形，提供了分析「篇章結構」的努力方向，期望有助於「章法學」將理論與應用結合的研究。

　　個人在《國文天地》之外，也有幾篇發表在大學學報或一般期刊的，除上舉發表於一九七四年者外，特列舉於下，供作對照：

1　〈談詞章的兩種基本作法——歸納與演繹〉，《中等教育》27卷3、4期，1976年6月，頁49-52。

2　〈章法教學〉，《中等教育》33卷5、6期，1983年12月，頁5-15。

3　〈談安排詞章主旨的幾種基本形式〉，臺灣師範大學《國文學報》14期，1985年6月，頁201-224。

4　〈談運用詞章材料的幾種基本手段〉，《中等教育》36卷5期，1985年10月，頁5-23。

5　〈談詞章聯絡照應的幾種技巧〉，《中等教育》39卷66期，1988年12月，頁14-25。

6　〈詞的章法與結構〉，臺灣師範大學文學院《教學與研究》11期，1989年6月，頁85-94。

7　〈常見於詩詞裡的兩種寫景法〉，《中等教育》42卷5期，1991年10月，頁43-49。

8　〈從偏全的觀點試解讀《四書》所引生的一些糾葛〉，臺灣師範大學《中國學術年刊》13期，1992年4月，頁11-22。

9　〈談儒家思想體系中的螺旋結構〉，臺灣師範大學《國文學報》29期，2000年6月，頁1-34。

這樣對全盤之瞭解，相信是會有所幫助的。

第二節　奮進期（約 2001-2010 年）

　　此期分三小階段說明：

　　首先是二〇〇一年到二〇〇三年，在此三年裡，在《國文天地》，主要發表了如下論文：

1　〈論辭章章法的四大律〉17卷4期，2001年9月，頁101-107。
2　〈論章法與情意的關係〉17卷6期，2001年11月，頁104-108。
3　〈論時空與虛實——以幾首唐詩為例〉17卷9期，2002年2月，頁94-98。
4　〈論「因果」章法的母性〉18卷7期，2002年12月，頁94-101。
5　〈論章法與層次邏輯〉18卷9期，2003年12月，頁98-104。
6　〈談章法結構的節奏與韻律——以幾首詩詞為例〉（短篇），18卷10期，2003年3月，頁85-90。
7　〈蘇軾〈超然臺記〉篇章結構分析〉18卷12期，2003年5月，頁96-100。
8　〈從意象看辭章的內涵〉19卷5期，2003年10月，頁97-103。
9　〈章法風格中剛柔成分之量化〉19卷6期，2003年11月頁86-93。

這些論文可以一提的，其一為〈論辭章章法的四大律〉一文，首度確定「秩序」、「變化」、「聯貫」與「統一」為章法之四大規律，呈現其層進關係，以統合各種章法，收以簡馭繁的效果。其二為〈論章法與情意的關係〉一文，首度強調分析章法之前，一定要先深究辭章內容的核心——情意，以免有所偏失。其三為〈論時空與虛實〉一文，首度將時空與虛實的交互關係略作論述，為後來這方面之研究踏出一小步。其四為〈論「因果」章法的母性〉一文，首度在近四十種章法中，舉一些關涉到因果，而可用因果來代替的章法為例作一說明，以強調因果律乃邏輯關係中最基本、最普遍的一種。其五為〈論章法與層次邏輯〉一文，首度論述「層次邏輯」是形成「章法學」的關鍵內

涵，因此「章法學」又稱「陰陽雙螺旋層次邏輯學」。大致說來，「層次邏輯」有別於「傳統邏輯」的邏輯形式。「傳統邏輯」的邏輯形式，主要是經由求「同」（歸納）求「異」（演繹），以確定其真偽、是非為目的；而「層次邏輯」，則主要在求「同」（歸納）求「異」（演繹）過程中，呈現其時、空或內蘊之有關「本末」「先後」或「因果」……之層次為主要內容。而這種邏輯層次，通常都由多樣的「二元對待、互動」為基礎，而經「移位與轉位」、「對比與調和」（下徹、上徹）與「包孕」（下徹）之過程與「0 一二多雙螺旋結構」之終極統合，形成其完整系統，可見其重要性。其六為〈談章法結構的節奏與韻律〉一文，首度探討章法結構是先由其移位、轉位而形成節奏，再由各個節奏（部分）層層串聯而形成一篇韻律（整體），以產生美感。其七為〈蘇軾〈超然臺記〉篇章結構分析〉，大體而言，「篇章結構」分析是該一視同仁，不分長、短篇的。不過，短篇的辭章，由於所用材料既比較有限，而其結構也比較簡單，因此用一個結構表即可勝任；而長篇的則所用材料不但比較繁多，就是結構也相應地比較複雜而龐大，所以必須先用一個總表，以概括全篇，再用幾個分表，來分應各個章節，作為輔助；本文首度論述這種道理，為日後一本小說或論著之結構分析預開一條新路。其八為〈從意象看辭章的內涵〉一文，首度用意象切入來探討辭章內涵（含詞彙、修辭、文法、章法、主旨、風格等），由此埋下後來「意象學」研究之種子。其九為〈章法風格中剛柔成分之量化〉一文，首度用「量化」一詞，對應於「定性分析」，以指「定量分析」，來論述章法剛柔成分，這可說是一種歷史性之突破，期待學界檢驗。

　　個人在《國文天地》之外，也有幾篇發表在兩岸大學學報或其他期刊的，特列舉於下，供作對照：

1　〈談篇章的縱向結構〉，臺灣師範大學《中國學術年刊》22期，
　　2001年5月，頁259-300。

2　〈論幾種特殊的章法〉，臺灣師範大學《國文學報》31期，2002
　　年6月，頁175-204。

3　〈論時空交錯的虛實複合結構——以蘇辛詞為例〉，臺灣師範大
　　學《中國學術年刊》23期，2002年6月，頁357-379。

4　〈論章法的哲學基礎〉，臺灣師範大學《國文學報》32期，2002
　　年12月，頁87-126。

5　〈《孟子》義利之辨與《論語》、《大學》（上）——從義理的邏輯
　　結構切入〉，《孔孟月刊》41卷7期，2003年3月，頁10-12。

6　〈論章法結構的節奏與韻律〉（中篇），《阜陽師範學院學報》92
　　期，2003年3月，頁8-14。

7　〈辭章章法「多、二、一（0）」的核心結構〉（中篇），《平頂山
　　師專學報》18卷3期，2003年6月，頁58-63。

8　〈《孟子》義利之辨與《論語》、《大學》（中）——從義理的邏輯
　　結構切入〉，《孔孟月刊》41卷8期，2003年4月，頁6-10。

9　〈《孟子》義利之辨與《論語》、《大學》（下）——從義理的邏輯
　　結構切入〉，《孔孟月刊》41卷9期，2003年5月，頁13-16。

10　〈論章法「多、二、一（0）」結構的節奏與韻律〉，臺灣師範大
　　學《國文學報》33期，2003年6月，頁81-124。

11　〈論「多、二、一（0）」的螺旋結構——以《周易》與《老子》
　　為考察重心〉，臺灣師範大學《師大學報・人文與社會類》48卷1
　　期，2003年7月，頁1-20。

12　〈論篇章辭章學〉，《浙江工商職業技術學院學報》2卷4期，2003
　　年8月，頁45-50。

13　〈辭章深究與章法結構〉，《南通紡織職業技術學院學報》總8
　　期，2003年9月，頁12-19。

14 〈辭章章法「多、二、一（0）」的核心結構〉（濃縮版），《阜陽師範學院學報》總96期，2003年11月，頁1-5。

15 〈辭章章法「多、二、一（0）」結構的理論基礎〉，《唐山學院學報》16卷4期，2003年12月，頁19-24。

16 〈論章法規律與思考邏輯〉，《畢節師範高等專科學校學報》21卷4期，2003年12月，頁1-9。

17 〈章法四律與邏輯思維〉，臺灣師範大學《國文學報》34期，2003年12月，頁87-118。

18 〈論章法「多、二、一（0）」的核心結構〉，臺灣師範大學《師大學報・人文與社會類》48卷2期，2003年12月，頁71-94。

在此必須說明的是：從二〇〇三年開始，也將投稿給各大學報部分論文中的新觀點加以淺化、簡化或濃縮至六千至八千字（特約稿不在此限），發表在大陸各大學學報，以求推廣，並試探大陸學者之反應。

　　其次是二〇〇四年到二〇〇五年，在此兩年裡，在《國文天地》，主要發表了如下論文：

1 〈從意象看辭章的內容成分〉19卷8期，2004年1月，頁93-98。

2 〈科學化章法學體系之建立〉19卷9期，2004年2月，頁85-96。

3 〈辭章學在讀與寫教學中的運用〉20卷4期，2004年9月，頁4-19。

4 〈辨語文能力與辭章研究之關係——以「多、二、一（0）」的螺旋結構切入作考察〉20卷5期，2004年10月，頁80-91。

5 〈層次邏輯與辭章意象系統〉20卷7期，2004年12月，頁96-102。

6 〈談因果律與層次邏輯〉20卷8期，2005年1月，頁77-80。

7 〈論意與象的連結——從格式塔「異質同構」說切入〉（長）21卷4期，2005年9月，頁59-64。

8 〈淺論意象系統〉21卷5期，2005年10月，頁30-36。

9 〈辨意象與聯想力、想像力的關係──以「多、二、一0」螺旋結構切入作觀察〉21卷7期，2005年12月，頁97-106。

這些論文可以一提的，其一為〈從意象看辭章的內容成分〉一文，首度用意象切入，探討它與一篇辭章中情、理與事、景（物）之內容成分的關係，以呼應並擴大王國維「一切景語皆情語」之理解與體會。其二為〈科學化章法學體系之建立〉一文，首度強調「章法學」研究的「科學化」，以有別於經驗式之搬弄；而且能建立其體系，實捨「科學化」別無他途；本來作任何研究，都必須用科學方法，而在此特別強調，只不過是對一些「章法無用」、「章法僵化」「章法莫須有」……的批評作低調之回應罷了。其三為〈辭章學在讀與寫教學中的運用〉一文，首度由章法擴大到整篇辭章，論述「讀」、「寫」互動之理論運用於教學之實際情況，以期增進教學效果。其四為〈辨語文能力與辭章研究之關係〉一文，首度結合「多、二、一（0）」的雙螺旋結構，藉以凸顯「語文能力」在「辭章研究」上之重要性，並繪製其關係圖，供研究或教學之參考。其五為〈層次邏輯與辭章意象系統〉一文，首度用「意象」之「形成」（個別意象）、「表現」（詞彙、修辭）、「組織」（文法、章法）與「統合」（綜合意象：主旨與風格），對應於「多、二、一（0）」，由「層次邏輯」呈現其「意象系統」，來看待「辭章內涵」，以見兩者之緊密關係。其六為〈談因果律與層次邏輯〉一文，首度強調「因果律」不能牢籠所有宇宙人生事事物物所形成「陰陽」由對待而互動之既精且細的「層次邏輯」關係，因此必須由完密之「層次邏輯系統」以對應「多、二、一（0）」，才能擴大它證明或檢驗的功能。其七為〈論意與象的連結〉一文，首度用格式塔「異質同構」說切入來探討「意」與「象」之連接，分別就

「個別意象」形成的「同質同構」、「異質同構」與「整體意象」連結的「同形同構」、「異形同構」等，舉例說明其類型之多樣，以見「個別意象」與「整體意象」形成之梗概。其八為〈淺論意象系統〉一文，首度聚焦於「篇章」上，分縱、橫兩向，並結合「多、二、一（0）」，探討「意象系統」與「章法結構」的關係，使得層層「意象系統」因「章法結構」之介入，而清晰地顯露出來。其九為〈辨意象與聯想力、想像力的關係〉一文，首度著眼於「聯想力」與「想像力」，從源頭對應於哲學與心理學，將主（意）與「客」（象）合而為一，形成有機之整體而產生「美感愉快」，以見「意象」與「聯想力、想像力」不可分之關係。

　　個人在《國文天地》之外，也有多篇發表在兩岸大學學報或其他期刊的，特列舉於下，供作對照：

1　〈章法「多、二、一（0）」結構論〉，臺灣師範大學《中國學術年刊》25期・春季號，2004年3月，頁129-172。

2　〈辭章章法「多、二、一（0）」結構的理論基礎〉，《亳州師範高等專科學校學報》總5期，2004年3月，頁28-34。

3　〈論意象與辭章〉，《畢節師範高等專科學校學報》總76期，2004年3月，頁5-13。

4　〈章法結構及其哲學義涵〉（10000字），《浙江師範大學學報・會科學版》29卷2期，2004年4月，頁8-14。

5　〈論篇章辭章學〉，臺灣師範大學《國文學報》35期，2004年6月，頁35-68。

6　〈論東坡清俊詞的章法風格〉，成功大學《宋代文學研究叢刊》9期，2004年7月，頁311-344。

7　〈章法結構及其哲學義涵〉，臺灣師範大學《中國學術年刊》26

期・秋季號，2004年9月，頁67-104。

8 〈論東坡清俊詞中剛柔成分之量化〉（10000字），《畢節師範高等專科學校學報》22卷1期，2004年9月，頁11-18。

9 〈章法的「移位」、「轉位」結構論〉，臺灣師範大學《師大學報・人文與社會類》49卷2期，2004年10月，頁1-22。

10 〈論語文能力與辭章研究——以「多、二、一（0）」螺旋結構作考察〉，臺灣師範大學《國文學報》36期，2004年12月，頁67-102。

11 〈語文能力與辭章研究——以「多、二、一（0）」螺旋結構作考察〉（10000字），《平頂山師專學報》19卷6期，2004年12月，頁50-55。

12 〈論「真」、「善」、「美」的螺旋結構——以章法「多、二、一（0）」結構作對應考察〉，臺灣師範大學《中國學術年刊》27期・春季號，2005年3月，頁151-188。

13 〈辭章意象論〉，臺灣師範大學《師大學報・人文與社會類》50卷1期，2005年4月，頁17-39。

14 〈論讀、寫互動〉，《泉州師範學院學報》23卷3期，2005年5月，頁108-116。

15 〈論二元與層次邏輯〉，《修辭學習》總129期，2005年5月，頁36-39。

16 〈論層次邏輯——以哲學與文學作對應考察〉，臺灣師範大學《國文學報》37期，2005年6月，頁91-135。

17 〈「真、善、美」螺旋結構論——以章法「多、二、一（0）」螺旋結構作對應考察〉（10000字），《閩江學院學報》總89期，2005年6月頁96-101。

18 〈論章法結構與意象系統之疊合——以「多、二、一（0）」螺旋

結構切入作考察〉,《南平師範高等專科學校學報》2005年第3期,2005年7月,頁5-8。

19 〈章法風格論——以「多、二、一（0）」結構作考察〉（23000字）,《成大中文學報》12期,2005年7月,頁147-164。

20 〈論章法結構與意象系統——以「多、二、一（0）」螺旋結構切入作考察〉（16000字）,《江南大學學報‧人文社會科學版》4卷4期,2005年8月,頁70-77。

21 〈論章法結構與意象系統——以「多、二、一（0）」螺旋結構切入作考察〉（9000字）,《浙江師範大學學報‧社會科學版》30卷4期,2005年8月,頁40-48。

22 〈層次邏輯系統論——以哲學與章法作對應考察〉,《渤海大學學報‧哲學社會科學版》27卷6期,2005年11月,頁1-7。

　　然後是二○○六年到二○一○年,在此五年裡,在《國文天地》,主要發表了如下論文:

1 〈章法的包孕式結構（上）〉21卷9期,2006年2月,頁98-103。

2 〈章法的包孕式結構（下）〉21卷10期,2006年3月,頁92-98。

3 〈意象學研究的新方向（上）〉22卷1期,2006年6月,頁50-55。

4 〈意象學研究的新方向（下）〉22卷2期,2006年7月,頁43-46。

5 〈論章法結構與意象系統之疊合——以「多、二、一（0）」螺旋結構切入作考察〉22卷2期,2006年7月,頁4-9。

6 〈層次邏輯系統與「多、二、一（0）」螺旋結構〉22卷5期,2006年10月,頁36-40。

7 〈以「構」連結「意象」成軌之三種類型——以格式塔「異質同構」說切入作考察〉22卷7期,2006年12月,頁86-93。

8 〈章法學研究之回顧〉22卷10期，2007年3月，頁81-88。

9 〈章法學研究團隊近幾年來之編書服務（上）〉22卷11期，2007年4月，頁87-94。

10 〈章法學研究團隊近幾年來之編書服務（下）〉22卷12期，2007年5月，頁77-82。

11 〈論王希杰「潛顯與兼格」之章法觀〉24卷6期，2008年11月，頁87-93。

12 〈論王希杰「零點與偏離」之章法觀〉24卷12期，2009年5月，頁80-87。

13 〈章法分析與文本解讀——以多二一（0）螺旋結構切入作探討〉26卷5期，2010年10月，頁54-53。

這些論文可以一提的，其一、其二為〈章法的包孕式結構〉文，首度歸根於《易經·繫辭下》「陽卦多陰，陰卦多陽。其故何也？陽卦奇，陰卦偶」之說，確認「章法」之「包孕結構」，下徹於「聯貫律」、上徹於「統一律」，與「移位」、「轉位」、「對比、調和」融貫為一體，使「章法四大律」得以完整地呈現，對日後「章法學」研究之影響，是極大的。其三、其四為〈意象學研究的新方向〉一文，由於自來研究意象的學者，大都只注意到「個別意象」，而忽略了「整體意象」；即使有的注意及此，也僅提出「意象群」或「總意象」、「分意象」的說法，而無法梳理出「意象系統」來。因此如果試圖藉著歸本於「思維力」，用「形象」、「邏輯」與「綜合」三大「思維」加以牢籠，並藉著「層次邏輯」而形成之「章法結構」，將自「個別意象」逐層提升至「整體意象」甚至「意象系統」或「思維系統」之層面，作一探討，使深埋於意象與意象間的內在邏輯或「紐帶」，得以開挖、顯露出來，並進一步以「多、二、一（0）」的雙螺旋結構「一

以貫之」，則「意象系統」或「思維系統」可大致得以清晰呈現。而此文首度提出這種研究「意象學」的一個新方向，期待有志於此的人，加入這一行列，以提升研究之深廣度。其五為〈論章法結構與意象系統之疊合〉一文，首度聚焦於篇章「縱、橫」雙向之「疊合」，合「意象」與「邏輯」兩種思維為一，並結合「多、二、一（0）」，以探討「章法結構與意象系統」在篇章上之表現。其四為〈層次邏輯系統與「多、二、一（0）」螺旋結構〉一文，首度直接探討「層次邏輯系統」與「多、二、一（0）螺旋結構」的二而一、一而二的關係；簡言之：邏輯層次，通常都是由多樣的「陰陽」之對待、互動為基礎，經「陰陽」（移位或轉位、聯貫）之作用過程，與「多、二、一（0）」的雙螺旋結構之終極統合，形成其系統的。而這種雙螺旋系統，不但可在哲學上，理出它的根本原理；也可在文學上，透過辭章規律與結構來檢驗它的表現成果；甚且可在美學上尋得比「多樣的統一」更完整的審美體系，以見其原始性與普遍性。其七為〈以「構」連結「意象」成軌之三種類型〉一文，首度探討無論是「異質同構」、「同質同構」或「異形同構」、「同形同構」，都有「單軌」、「雙軌」與「多軌」的不同，形成多樣化，以見它們在辭章上所造成之變化與奧妙。其八為〈章法學研究之回顧〉一文，「科學化章法學」之研究，在臺灣已努力多年。一方面由個人默默之耕耘，以建立基礎，並透過博碩士學位論文之指導，以拓展疆域；一方面又不斷參加修辭學或辭章學學術研討會，經由和兩岸學術界之交流，以獲得廣泛之助力，而且更服務於語文教學，以期檢驗理論與應用之互動功能，從而提升其品質。這樣一路走過來，在此，首度回顧，有「卻顧所來徑，蒼蒼橫翠微」之感。希望這種研究與服務將持續下去，為整個辭章學研究盡一份力量。其八、其九為〈章法學研究團隊近幾年來之編書服務〉一文，首度報導「章法學研究團隊」近幾年的編書服務：共編

《一綱多本國文教材點線面系列》（2001-）、《章法叢書》（2002-）、
《大學辭章學》（2004）、《章法論叢》（2006-）、《大學國文選》（2006）、
《文揚題庫寫作測驗系列》（2006-）、《新式寫作教學導論》（2007）
等，期望這種研究與服務能持續下去，為整個辭章學之研究與服務之
專業化，盡一份力量。其十一與其十二分別為〈論王希杰「潛顯與兼
格」之章法觀〉與〈論王希杰「零點與偏離」之章法觀〉二文，首度
以章法觀點，評析「三一語言學」創始人王希杰轉化自西方索緒爾
（Ferdinand de Saussure, 1875-1913）和葉爾姆斯列夫（Louis Trolle
Hjelmslev, 1899-1965）的理論：「潛」與「顯」、「零點」與「偏離」，
並且將它們納入「章法學」，成為「中觀」層面之重要內涵。其十三
為〈章法分析與文本解讀〉一文，首度特別強調「文本解讀」，雖然
可以讀者之「直觀」為主體，卻不能不重視，卻不能不特別重視以文
本為主體的「客觀模式」：規本於「多、二、一（0）螺旋結構」之
「章法分析」，以免有所偏失。

　　個人在《國文天地》之外，也有多篇發表在兩岸大學學報或其他
期刊的，特列舉於下，供作對照：

1　〈論意與象之連結——以格式塔「異質同構」說切入〉（短），
　　《畢節學院學報》總84期，2006年2月，頁1-5。
2　〈章法風格論——以「多、二、一（0）」結構作考察〉（10000
　　字），《溫州師範學院學報》27卷1期，2006年2月，頁49-54。
3　〈論意象與聯想力、想像力之互動——以「多、二、一（0）」螺
　　旋結構切入作考察〉（10000字），《浙江師範大學學報·社會科學
　　版》31卷2期，2006年4月，頁47-54。
4　〈論辭章意象之形成——據格式塔「異質同構」說加以推衍〉，
　　中山大學《文與哲》學報，8期，2006年6月，頁475-492。

5 〈辭章意象論〉,《無錫高等師範學校學報》2006年1期,2006年6月,頁20-27。

6 〈論思維力與語文螺旋結構之形成——以「多、二、一(0)」螺旋結構加以考察〉(10000字),《肇慶學院學報》總79期,2006年6月,頁34-38。

7 〈章法包孕式結構論——以「多、二、一(0)」螺旋結構切入作考察〉,《江南大學學報・人文社會科學版》5卷4期,2006年8月,頁85-90。

8 〈論層次邏輯與意象系統——以「多、二、一(0)」螺旋結構切入作考察〉,《西北第二民族學院學報》總72期,2006年11月,頁19-24。

9 〈論思維力與語文螺旋結構之形成——以「多、二、一(0)」螺旋結構加以考察〉(10000字),《畢節學院學報》24卷6期,2006年12月,頁1-6。

10 〈以「構」連結「意象」成軌之幾種類型——以格式塔「異質同構」說切入作考察〉,《平頂山學院學報》21卷6期,2006年12月,頁68-72。

11 〈章法與「多、二、一(0)」螺旋結構〉,《西北第二民族學院學報・哲學社會科學版》總75期,2007年5月,頁114-118。

12 〈意象「多、二、一(0)」螺旋結構論——以哲學、文學、美學作對應考察〉,《濟南大學學報・社會科學版》17卷3期,2007年5月,頁47-53。

13 〈辭章「多、二、一(0)」螺旋結構論〉,中山大學《文與哲》學報,10期,2007年6月,頁483-514。

14 〈論王希杰「零點與偏離」之章法觀〉,《唐山學院學報》20卷4期,2007年7月,頁1-3、62。

15 〈論意象的組合方式——承續與層遞〉,《平頂山學院學報》22卷4期,2007年8月,頁92-94。

16 〈論意象之組合方式——以趙山林《詩詞曲藝術論》所論為考察範圍〉,《東吳中文學報》14期,2007年11月,頁89-128。

17 〈意、象互動論——以「一意多象」與「一象多意」為考察範圍〉,中山大學《文與哲》學報,11期,2007年12月,頁435-480。

18 〈論意象的組合方式——逆推與並置〉,《平頂山學院學報》23卷1期,2008年2月,頁98-101。

19 〈層次邏輯與意象(思維)系統——以「多、二、一(0)」螺旋結構作對綜合考察〉,臺灣師範大學《中國學術年刊》30期·春季號,2008年3月,頁255-276。

20 〈論辭章之藝術聯貫〉,《柳州職業技術學院學報》8卷2期,2008年6月,頁91-97。

21 〈論潛性與顯性之互動類型——以辭章義旨為例作觀察〉,《江陰職業技術學院學報》19卷2期,2008年6月,頁25-29。

22 〈論意象組合與章法結構〉,臺灣師範大學《國文學報》43期,2008年6月,頁233-262。

23 〈論真、善、美與多、二、一(0)螺旋結構——以辭章章法為例作對應考察〉,中山大學《文與哲》學報,13期,2008年6月,頁663-698。

24 〈論意象組織之基本類型——以「移位」與「轉位」切入作考察〉,臺灣師範大學《師大學報·人文與社會類》53卷2期,2008年7月,頁1-26。

25 〈辭章分析與科際整合——以白居易〈長相思〉詞為例〉,《湘南學院學報》29卷6期,2008年12月,頁40-45。

26 〈論意、象連結成「軌」之類型——試參酌格式塔「同形」說作引申探討〉，臺灣師範大學《國文學報》44期，2008年12月，頁125-154。

27 〈論辭章分析之專業化〉，高雄師範大學《國文學報》9期，2009年1月，頁1-22。

28 〈論章法結構之方法論系統）（短），《肇慶學院學報》總95期，2009年1月，頁33-37。

29 〈論潛性與顯性之互動類型——以辭章章法為例作觀察〉，《畢節學院學報》27卷1期，2009年1月，頁1-7。

30 〈論辭章之潛性與顯性——以篇旨與章法為例作探討〉，臺灣師範大學《中國學術年刊》31期・春季號，2009年3月，頁115-144。

31 〈意、象形質同構類型論〉，臺灣師範大學《師大學報・語言與文學類》54卷1期，2009年3月，頁1-25。

32 〈潛性、顯性互動類型論——以辭章之義旨、章法為例作探討〉，《成大中文學報》24期，2009年4月，頁29-56。

33 〈意象轉位結構論〉，《平頂山學院學報》2009年3期，2009年6月，頁85-89。

34 〈意象包孕式結構論——以多二一（0）螺旋結構切入作考察〉，《湘南學院學報》30卷4期，2009年8月，頁36-42。

35 〈論多二一（0）螺旋結構與辭章章法〉，臺灣師範大學《中國學術年刊》31期・秋季號，2009年9月，頁43-72。

36 〈論二元互動與章法結構——以多二一（0）螺旋結構切入作綜合考察〉，《東吳中文學報》18期，2009年11月，頁1-32。

37 〈論章法結構之方法論系統——歸本於《周易》與《老子》作考察〉（長），臺灣師範大學《國文學報》46期，2009年12月，頁61-94。

38 〈論意象之統合——以辭章之主題與風格為範圍作探討〉，中山
　　大學《文與哲》學報，15期，2009年12月，頁1-32。

39 〈論篇章意象之真、善、美〉，《成大中文學報》27期，2009年12
　　月，頁89-118。

40 〈論「對比與反諷」之意象組合方式〉，《畢節學院學報》28卷1
　　期，2010年1月，頁1-6。

41 〈篇章邏輯與內容義旨〉，《阜陽師範學院學報》133期，2010年1
　　月，頁1-5。

42 〈篇章風格論——以直觀表現與模式探索作對應考察〉，臺灣師範
　　大學《中國學術年刊》32期·春季號，2010年3月，頁129-166。

43 〈論辭章之聯貫——以多二一（0）螺旋結構切入作考察〉，臺灣
　　師範大學《師大學報·語言與文學類》55卷1期，2010年3月，頁
　　29-56。

44 〈論時空、虛實的複合結構〉，《當代修辭學》2010年第2期，
　　2010年3月，頁62-67。

45 〈篇章風格新辨〉，《肇慶學院學報》31卷3期，2010年5月，頁
　　25-30。

46 〈論辭章章法與閱讀教學〉，高雄師範大學《國文學報》12期，
　　2010年6月，頁1-32。

47 〈章法的「移位」、「轉位」與「多二一（0）」結構〉，《湘南學院
　　學報》31卷3期，2010年6月，頁50-54。

48 〈論思維系統與文學創作〉，《中山人文學報》29期，2010年7
　　月，頁127-153。

49 〈篇章內容、形式包孕關係探論——以多二一（0）螺旋結構切
　　入作探討〉，臺灣師範大學《中國學術年刊》32期·秋季號，
　　2010年9月，頁283-319。

50 〈論篇章邏輯——秩序、變化、聯貫、統一〉,《東吳中文學報》20期,2010年11月,頁23-50。

51 〈論篇章意象之聯貫藝術——以多二一(0)螺旋結構切入作探討〉,臺灣師範大學《國文學報》48期,2010年12月,頁255-287。

52 〈論「異質同構」在辭章意象中的表現〉,《平頂山學院學報》25卷6期,2010年12月,頁98-102。

53 〈辭章篇旨辨析——以其潛性與顯性切入作探討〉,《興大中文學報》28期,2010年12月,頁137-162。

在此五年裡,總共發表了七十篇以上之論文(還不是全數),是個人研究「章法學」最奮進而逐步趨於成熟的一個時段;其中最值得一提的是:已初步推出「章法結構方法論系統」,為後來「三觀體系」之完整建構,打好了非常鞏固的基礎。

第三節 成熟期(約2011-2014年)

由以上多年、辛勤之耕耘為橋樑,終於在最近能著手處理最為關鍵性的問題,而針對著章法「0 一二多」(含順向「(0)一 → 二 → 多」、逆向「多 → 二 → 一(0)」)的「陰陽雙螺旋層次邏輯體系」,自二○一一年至二○一二年的兩年中,在《國文天地》發表了如下幾篇主要論文:

1 〈論羅門〈觀海〉詩的時空螺旋結構〉27卷1期,2011年6月,頁87-91。

2 〈試論修辭之邏輯性〉27卷7期,2011年12月,頁99-105。

3 〈章法結構與節奏韻律——以剛柔成分之消長作輔助觀察〉27卷
8期，2012年1月，頁75-80。

4 〈章法四律在閱讀教學上的運用〉27卷12期，2012年5月，頁85-92。

5 〈形象、邏輯思維在篇章結構的互動關係〉28卷1期，2012年6月，頁126-134。

這幾篇論文，可以一提的，其一為〈論羅門〈觀海〉詩的時空螺旋結構〉一文，首度用「時空螺旋結構」來分析一首新詩：羅門的名作〈觀海〉詩，作者在此詩「附語」說：「詩中的海已成為對人類內在生命超越的存在的觀點，尤其是海的壯闊與深沉的生命潛能，海的永恆造型與海的心，對於那些以不凡智慧才華與超越心靈接受時空的挑戰、去創造不朽存在的詩人與藝術家們，更是有所呼應與共鳴的。」可見他創作此詩的這種主要內容與用意，是可用「時空」（含東西南北、過去、現在、未來）之雙螺旋結構來充分印證的。前不久，這首詩已雕刻在海南島（作者故鄉）三亞市「大小洞天」面臨大海的一大片崖壁上，使它時時運轉，以「時空的心」感動你我，永垂不朽。其二為〈試論修辭之邏輯性〉一文，首度強調修辭，由其思維方式來看，乃字句或篇章的修飾藝術，重在主觀性的「形象思維」，但「邏輯思維」與「形象思維」，是不可截然劃分的。也就是說，「邏輯思維」中往往含有「形象思維」，而「形象思維」中也往往含有「邏輯思維」，亦即客觀中帶有主觀、主觀中帶有客觀，很難一刀完整切開。而本文即著眼於此，試從「陰陽二元」、「移位、轉位與包孕」與「多、二、一（0）螺旋互動」切入，歸本於《周易》與《老子》加以探討，並舉例酌予說明，以見修辭邏輯性之源頭活水與辭章表現。其三為〈章法結構與節奏韻律〉一文，關於此「章法結構與節奏韻

律」，雖然已經對應於「多、二、一（0）」談了幾次，而本文卻首度直接由「剛柔成分之消長」切入作「定量分析」：指出核心結構不但可徹下以統合「多」之結構及其節奏，更可徹上歸根於「一（0）」，以凸顯一篇之主旨、韻律與風格。如單就節奏與韻律而言，以底層之節奏為基本，該是完全顯性的；而其二、三或三層以上之節奏，則該是屬於隱性的，如分別來看，對下一層來說，是屬韻律；對上一層而言，乃為節奏。而最上一層或核心結構所造成之節奏，由於既可統合底下各層之節奏，也可藉以形成一篇之韻律，所以探討它是毗剛（對比）還是毗柔（調和），對於「一（0）」之認定，極有幫助。這樣看來，章法「多、二、一（0）」結構所造成之層層節奏與韻律，正如音樂之有旋律或合唱之有重奏一樣，其重要性是不可輕忽的。其四為〈章法四律在閱讀教學上的運用〉一文，閱讀教學，本有課內與課外之別，但在此，則只談課內教材。而課內教材之閱讀教學，其範圍、步驟，大致為「題解」、「作者生平」、「單詞分解」（形、音、義）、「語句剖析」（文法）、「義旨探究」（主題、意象）、「作法審辨」（修辭、章法）、「深究鑑賞」與「評量」等，其中與篇章邏輯或章法有直接而密切關係的，就是「作法審辨」。這個部分，主要訴諸主觀，特別講求「形象思維」的，為「修辭」。而主要訴諸客觀，特別講求「邏輯思維」的，則以「字句」而言，是「文法」；以「篇章」而言的，是「章法」。本文即專著眼於「章法」，首度按其四大規律：秩序、變化、聯貫、統一，舉例略予說明其運用情況，以見章法四律在閱讀教學上的重要性。其五為〈形象、邏輯思維在篇章結構的互動關係〉一文，首度聚焦於「形象」與「邏輯」兩種思維，指明它們在「意象系統」中，是催動「聯想」與「想像」作主、客觀運轉，產生螺旋互動，以進行各種作品創造的重要力量；單以辭章的「篇章結構」而言，「形象思維」主內容材料（含情、理、景〔物〕、事），「邏

輯思維」主邏輯層次（各種章法，如立破、因果、虛實、小大、高低、泛具、淺深等），兩者經由雙螺旋互動，彼此交叉、疊合在一起，以帶動「綜合思維」，形成「多、二、一（0）」雙螺旋結構，收到「真（形象）、善（邏輯）、美（綜合）」的最大效果。

個人在《國文天地》之外，在這兩年裡，也有多篇論文發表在兩岸大學學報或其他期刊的，特列舉於下，供作對照：

1 〈一象多意論〉，《畢節學院學報》29卷1期，2011年2月，頁1-6。

2 〈論章法四大律之方法論原則──以「多、二、一（0）螺旋結構作系統探討〉，臺灣師範大學《中國學術年刊》33期‧春季號，2011年3月，頁87-118。

3 〈「螺旋」乃修辭轉化研究方法論之精義──孟建安《修辭轉化運行原理》序言〉，《肇慶學院學報》32卷3期，2011年5月，頁27-31、44。

4 〈文本解析的專業化〉，《湘南學院學報》32卷4期，2011年8月，頁75-80。

5 〈論章法之包孕式結構──以全篇用「因果」章法包孕而成之作品作考察〉，臺灣師範大學《中國學術年刊》33期‧秋季號，2011年9月，頁123-158。

6 〈論辭章多層面之解析──以白居易〈長相思〉為例作考察〉，《臺北市立教育大學學報‧人文社會類》42卷2期，2011年11月，頁81-108。

7 〈章法包孕式結構類型論──以凡目、圖底、因果等同一章法為例作考察〉，《興大中文學報》30期，2011年12月，頁121-149。

8 〈論辭章之無法與有法──以客觀存在與科學研究作對應考察〉，彰化師範大學《國文學誌》23期，2011年12月，頁29-63。

9　〈篇章邏輯與讀寫教學〉,《北市大語文學報》7期,2011年12
　　月,頁95-130。

10　〈意象「多、二、一(0)螺旋結構在文學上的表現〉,《平頂
　　山學院學報》26卷6期,2011年12月,頁95-99。

11　〈論才、學、識之邏輯層次——以「多、二、、一(0)」螺旋結
　　構切入作考察〉,高雄師範大學《國文學報》15期,2012年1月,
　　頁1-32。

12　〈修辭的邏輯性〉,《畢節學院學報》總138期,2012年1月,頁
　　1-6。

13　〈論辭章意象與「多、二、一(0)螺旋結構〉,《當代修辭學》
　　2012年1期,2012年2月,頁76-80。

14　〈篇章邏輯與思考訓練〉,《平頂山學院學報》27卷1期,2012年2
　　月,頁109-113。

15　〈篇章邏輯與文本分析——以「多、二、一(0)」螺旋結構切入
　　作探討〉,《臺北大學中文學報》11期,2012年3月,頁1-32。

16　〈「真、善、美」螺旋結構論〉,文藻外語學院《應華學報》10
　　期・特稿,2012年5月,頁1-32。

17　〈試論方法論原則之層次系統——以修辭與章法為考察範圍〉,
　　中山大學《文與哲》學報,20期,2012年6月,頁367-407。

18　〈時空定位與章法結構——以遠近、今昔、點染、凡目等章法為
　　例作觀察〉,文藻外語學院《應華學報》11期・特稿,2012年6
　　月,頁1-38。

19　〈論修辭轉化之審美價值〉,《平頂山學院學報》27卷3期,2012
　　年6月,頁100-104。

20　〈「真善美融合」之三探——楊道麟博士的語文教育美學的核心思
　　想述評〉,《焦作大學學報》26卷4期,2012年12月,頁106-110。

21 〈試論篇章風格中剛柔成分之量化——以稼軒「豪壯沉鬱」詞為例作探討〉，彰化師範大學《國文學誌》25期，2012年12月，頁61-102。

22 〈完形理論與意象互動——以辭章為例作觀察〉，文藻外語學院《應華學報》12期‧特稿，2012年12月，頁1-51。

23 〈章法研究在海峽兩岸交流與推進——以論文發表於學報與研討會者為範圍〉《畢節學院學報》2012年12期，2012年12月，頁13-17。

又，自二〇一三年至二〇一四年的兩年裡，在《國文天地》也發表了如下幾篇主要論文：

1 〈試論辭章章法學的「完形」意涵〉28卷10期，2013年3月，頁66-73。

2 〈格式塔理論的螺旋意涵〉29卷2期，2013年7月，頁71-78。

3 〈蓉子詩「篇章意象」所呈現的「真、善、美」境界——以〈溫泉小鎮〉與〈我們的城不再飛花〉為例作探討〉29卷12期，2014年6月，頁72-84。

4 〈篇章結構在藝術歌曲中的呈現——以法國杜巴克藝術歌曲為例作觀察〉30卷5期，2014年10月，頁58-69。

5 梁錦興、余崇生、蒲基維、顏智英、張晏瑞、陳滿銘：〈辭章章章法學座談會〉30卷7期，2014年12月，頁14-29。

這幾篇論文，可以一提的，其一為〈試論辭章章法學的「完形」意涵〉一文，多年以來，「辭章章法學」的研究，經由科學上最基本之「歸納 ⟷ 演繹」方法，一層層地建構了含「基礎性」（微觀）、

「概括性」、「多元性」（中觀）與「系統性（宏觀）的理論體系，大體而論，已具備格式塔「自下而上」、「異質（同形）同構」、「部分相加不等於整體」之意涵，尤其是照應維臺默的「由靜而動」的實驗，用「雙螺旋結構」加以貫穿，看來更能凸顯「完形」特色。因此本文首度試著將「辭章章法學」稱為「完形章法學」，似乎有其貼切性與必要性。其二為〈格式塔理論的螺旋意涵〉一文，與上文為姊妹篇，首度完全著眼於「雙螺旋互動」，依據維臺默的「似動現象的實驗」，表明「部分」是「靜」的、「整體」是「動」的，由「靜」而「動」產生了「整體」之效果，這顯然是有「雙螺旋」意涵在內的，也就是說，「部分」與「整體」之間，因「由靜而動」而產生「不斷互動、循環、往復而提高」的雙螺旋作用，致「部分相加不等於整體」，藉此「強調了知覺的整體性」，而這種整體性，自然也涵蓋了「異質（同形）同構」中「心理場（力）」之整體與「物理場（力）」之部分的觀點。這樣來看待格式塔理論，似乎更能凸顯它的特點。其三為〈蓉子詩「篇章意象」所呈現的「真、善、美」境界〉一文，首度用「篇章意象」所呈現的「真、善、美」來評析臺灣新詩界的的一個女詩人的兩篇作品：〈溫泉小鎮〉與〈我們的城不再飛花〉，而由於「真、善、美」是形成雙螺旋的，以致「真」中含「善、美」、「善」中含「真、美」、「美」中含「真、善」，融為一貫。潘亞暾於一九八九年在「賞析蓉子短詩」時，就曾以「求真、從善、揚美」作高度讚美（《永遠的青鳥——蓉子詩作評論集》，頁 433-440）；而本文特將「真、善、美」融合，而作「一以貫之」的探討，雖然僅舉蓉子的兩首詩例來分析而已，但所謂「以有限表現無限」，是可由此看出蓉子詩在篇章意象上所呈現「真、善、美」境界之不朽成就的。其四為〈篇章結構在藝術歌曲中的呈現〉一文，「篇章結構」涉及「篇章」的「內容義旨」及其「風格」，而其核心卻在「章法」，而「章法」由

「陰陽二元」由對待互動而互動，以反映「天、地、人」事事物物的層次邏輯結構；可藉以凸顯各個門類有關內容材料的「層次邏輯」關係；落於哲學、建築、美術、書法、篆刻、辭章……是如此，落於樂曲，也不例外。本文即首度聚焦於藝術歌曲，特以張孝瑜的〈杜巴克法文藝術歌曲之篇章結構芻議〉（2006 碩論）為例，探討「篇章結構」在藝術歌曲中的呈現，以見其適應性與普遍性於一斑。其五為〈辭章章章法學座談會〉一文，首度透過座談會討論「辭章章法學體系建構」之統整，由梁錦興（主持）、余崇生（設計提問內容）、蒲基維、顏智英、張晏瑞（偕同提問並討論）、陳滿銘（答問）：（一）緒論：章法學的必要性；（二）主題討論：章法學的建構、發展與應用：一、陳滿銘教授辭章章法學的思想建構、思維之承繼；二、陳滿銘教授從「多、二、一（0）」螺旋結構探討辭章章法之內涵發展現象：三、章法學「從簡至繁」及「由繁返簡」之思想脈絡；四、關於「移位」、「轉位」結構之分析；五、章法學體系之建立與其他學問之互涉關係；六、從辭章章法的理解在教學上之應用——以「多、二、一（0）」之理論為對應情形；七、辭章讀、寫之互動關係；（三）結論：章法學的未來展望（跨界章法學、章法學與教學結合）；討論得相當廣泛而周遍。

個人在《國文天地》之外，在這兩年裡，也有多篇論文發表在兩岸大學學報或其他期刊的，特列舉於下，供作對照：

1 〈稼軒「豪壯沉鬱」詞中剛柔成分之量化〉，《南京曉莊學院學報》2003年1期，2013年1月，頁74-79。

2 〈論章法結構系統——以其陰陽變化作輔助觀察〉，高雄師範大學《國文學報》17期，2013年1月，頁1-30。

3 〈意象「多二一（0）」螺旋結構的哲學意涵〉，《平頂山學院學報》2013年3期，2013年6月，頁114-117。

4 〈語文能力與讀寫互動關係〉，臺灣師範大學《中等教育・專題論文》64卷3期，2013年9月，頁17-34。

5 〈因果邏輯與章法結構〉，臺北大學《中文學報》14期，2013年9月，頁1-28。

6 〈論篇、章的邏輯結構系統〉，《當代修辭學》2013年5期，2013年11月，頁84-91。

7 〈修辭「轉化」論〉，彰化師範大學《國文學誌》27期，2013年12月，頁1-38。

8 〈論辭章章法學三觀體系之建構〉，中山大學《文與哲》學報，23期，2013年12月，頁333-388。

9 〈思維系統與辭章內涵——以文本評析為作觀察〉，高雄師範大學《國文學報》19期・特約稿，2014年1月，頁1-30。

10 〈論章法包孕結構之陰陽變化——以蘇辛詞為作觀察〉，臺北大學《中文學報》15期・特稿，2014年3月，頁1-24。

　　關於這一期，總結起來說，對「辭章章法學」之研究，可算是到了一個收尾的時段，在二〇一四年年底會舉行一次「座談會」，從各個角度來討論「辭章章法學」，就已表示了這一意思。而且可附帶一提的是：個人的《辭章章法學體系建構叢書》十冊，即由萬卷樓圖書公司於二〇一四年八月出版。可見對個人之研究或生命（77-80 歲）史而言，是極其重要的一個時段。

第四節　跨界期（約 2015 年-）

　　本文一開篇即指出：「章法學」又稱「陰陽雙螺旋層次邏輯學」，本來就是無所謂「跨界」不「跨界」的，就像在二〇〇五年時，「三一語言學」的創始學者王希杰看了個人的多本有關「章法學」的論著後，就說「章法是客觀存在的」，又說：「凡存在的事物，都有是『章』有『法』的。德國哲學家黑格爾說：凡存在的，都是合理的。這個『理』，其實就是『章』和『法』。」[1] 這等於說「章法學是跨界的」。既然如此，又何必強調呢？那是因為個人一開始就把它落到「辭章」層面來研究，以解決「國文教材教法」課程之「辭章章法」此一難題；這樣給一般人的印象是：「章法」指的僅限於辭章的邏輯結構，結果只好用「跨界」來指其他領域的「章法學」研究。實際上說來，此扇門很早就打開，以個人專著而言，如《學庸義理別裁》（2002）、《論孟義理別裁》（2003）、《蘇辛詞論稿》（2003）、《意象學廣論》（2006）、《辭章學十論》（2006）、《多二一（０）螺旋結構論──以哲學、文學、美學為研究範圍》（2007）、《篇章意象學》（2011）、《比較章法學》（2012），皆屬「跨界章法學」之性質。所以這一階段特別凸顯「跨界」，以見「章法學」適應面之廣大無邊。

　　在二〇一五年，個人在《國文天地》發表了如下三篇論文：

1. 〈哲學「多、二、一（０）」與科學「DNA」雙螺旋的對應、貫通〉30卷12期，2015年5月，頁116-125。
2. 〈論螺旋邏輯學的創立──以哲學螺旋與科學螺旋為鍵軸探討其體系之建構〉，《學術論壇》31卷1期，2015年6月，頁116-136。

1　王希杰：〈陳滿銘教授和章法學〉，《畢節學院學報》總96期（2008年2月），頁1-5。

3 〈語文讀講教學應有的基本認識——以思維系統、辭章內涵與四六結構切入作探討〉31卷2期，2015年7月，頁72-83。

　　這三篇論文，可以一提的，其一為〈哲學「多、二、一（0）」與科學「DNA 雙螺旋的對應、貫通」一文，一般而論，人類面對天、地、人所作之研究與觀察，其過程是一面由部分之「神學」而「哲學」而「科學」，主要藉「求異」以累積「已知」，又一面由部分之「科學」而「哲學」而「神學」，主要藉「求同」以開發「未知」，形成「神學 ←→ 哲學 ←→ 科學」而進步不已的雙螺旋系統。基於此，本文首度特地以「雙螺旋層次邏輯」為軸心，鎖定哲學與科學，試用「0 一二多」（含順、逆雙向）與「DNA」的雙螺旋結構切入，先對哲學螺旋與科學螺旋對應、貫通的例證進行探討，再從多角度引用專家的相關論述，以見其對應、貫通的關係於一斑。其二為〈論螺旋邏輯學的創立〉一文，特就上文之研究為基礎加以提升，指出如果單就宇宙人生萬事萬物「生滅轉化」運動的任何一個層面來說，「層次邏輯」可簡化、數位化為「0 一二多」雙螺旋，兩者有著「二而一」、「一而二」之關係。不過，如果著眼於其詞面來看，則前者著重的是事物「生滅轉化」運動所形成「本末先後」之整體準則；而後者所凸顯的卻是事物「生滅轉化」運動所形成「本末先後」之過程；再加上後者特別標出「螺旋」一詞，在「邏輯」之外，又多了「陰陽（二元）互動、循環、提升（或下降）」的意涵，使得它更能體現宇宙人生層層不息「生滅轉化」之運動規律。因此將兩者加以統合，來將「雙螺旋層次邏輯學」的統整體系呈現出來。而由於這種研究之涵蓋面極大，雖然個人在多年以前，已用科學方法尋得「模式」與「方法論」，以「0 一二多」的雙螺旋結構為軸心，從章法、意象、篇章結構與辭章等多層面、多角度切入，曾出版十幾種專著，又在兩岸學報

或一般期刊發表過兩百多篇論文，並指導過相關博、碩士論文近百篇，且以「『多、二、一（0）』螺旋結構——以哲學、文學、美學維研究範圍」為題撰寫過專著問世，以呈現其「鍵軸性」，仍未由人文擴及科技層面作更廣泛之探討，因此本文在哲學的「0 一二多」雙螺旋系統外，特鎖定科學的「教育理論」與「DNA」的雙螺旋系統，兼顧「微觀」與「宏觀」，就科學實證層面的研究成果來作進一步之印證，以見「雙螺旋層次邏輯學」體系之大，能從各種領域作不同層面與內容的跨界研究，充分凸顯出「雙螺旋層次邏輯學」這一門新學科是有其創立之必要性的。其三為〈語文讀講教學應有的基本認識〉一文，語文教學有許多活動，其中最核心的就是文本之讀講，而文本即「辭章」，因此語文教師必須對「辭章內涵」有基本的認識，才能讀講清楚。有鑑於此，本文試著聚焦於「語文能力」，用「思維（意象）系統」，定首度兼顧「四六結構」（「四六結構」是辭章學家鄭頤壽參考古今中西理論而建立 [2]，是可完整統合「辭章內涵」的。「四六」指「四元六維」，其中「四元」為「宇宙元」（又稱物事元、世界元、現實元、生活元、第一自然元）、「表達元」（又稱情意元、說寫元、作家元、編碼元、創美元）、「話語元」（又稱文辭元、文本元、作品元、代碼元、第二自然元）與「鑑賞元」（又稱聽讀元、解碼元、審美元、理解元、接受元、批評元）；而「六維」則由「四元」兩兩互動而形成。）切入，並結合「0 一二多」螺旋結構，將「辭章內涵」作統整梳理，並舉例作說明，以作為語文教師讀講文本的參考。

個人在《國文天地》之外，在這一年裡，也有三篇論文發表在兩岸大學學報的，特列舉於下，供作對照：

2　見鄭頤壽：《辭章學導論》（臺北市：萬卷樓圖書公司，2003年11月初版），頁39-373。

1　〈章法學三觀論〉，高雄師範大學《國文學報》21期‧特約稿，2015年1月，頁1-33。

2　〈哲學螺旋與科學螺旋的對應、貫通——以「多 ←→ 二 ←→ 一（0）」與「DNA」雙螺旋結構為重心作探討〉，《南京曉莊學院學報》2015年4期，2015年7月，頁36-39。

3　〈意象研究與跨界整合——以篇章意象組織為例作觀察〉，彰化師範大學《國文學誌》31期‧特約稿，2015年12月，頁1-38。

自二〇一六年迄今，在《國文天地》共發表了如下幾篇主要論文：

1　〈辭章鑑賞與思維系統——以集蘇辛詞各一首有關古今人評注為例作說明〉，《學術論壇》31卷8期，2016年1月，頁112-135。

2　〈層次邏輯規律在羅門、蓉子詩作的呈現——為羅門、蓉子夫婦鑽石婚慶而作〉32卷2期，2016年7月，頁60-72。

3　〈論篇章「異、同」互動的雙螺旋層次系統——以「0一二多」為鍵軸、蘇辛詞「篇章結構」為實例作探討〉，《學術論壇》32卷3期，2016年8月，頁102-136。

4　〈「章法學三觀體系」中「微觀」層之建構〉32卷7期，2016年12月，頁38-52。

5　〈88陰陽雙螺旋互動系統〉，《學術論壇》32卷12期，2017年5月，頁101-136。

6　〈88論陰陽「包孕」雙螺旋互動——以「0一二多」層次邏輯系統切入作探討〉，《國文天地‧學術論壇》33卷3期，2017年8月，頁112-135。

這幾篇論文，可以一提的，其一為〈辭章鑑賞與思維系統〉一

文，以人類的各種「思維」而言，其對象離不開「意象」，主要藉「形象」、「邏輯」與「綜合」三種「思維」以統合「觀察」、「記憶」、「聯想」、「想像」等思維力，產生「創造力」，而形成「0 一二多」的「思維（意象）雙螺旋系統」。這種系統落於「辭章」內涵，便以「綜合思維」（「0 一」）組合一篇「風格」與「主題（主旨）」，呈現「篇意象」；以「邏輯思維」與「形象思維」（「二」）組合「章法」、「文（語）法」（邏輯）與「修辭」、「詞彙」，呈現「章」、「句」、「字」等「意象」（「多」），而形成「0 一二多」的「辭章創作 ⟷ 鑑賞雙螺旋系統」。本文即以此為依據，聚焦於「辭章鑑賞」，首度特舉蘇辛詞各一首為例，分別搜集有關古今人評注的幾種資料加以組合，將此一系統呈現出來，儘量為「直觀表現（客觀存在）」⟷「模式探索（科學研究）」的雙螺旋互動提出實證，以供語文教師或學者作「辭章」鑑賞或研究時的參考。其二為（層次邏輯規律在羅門、蓉子詩作的呈現）一文，大體說來，以大自然萬事萬物「轉化」的動態歷程而言，是初由原動力促使「陰陽二元」開始由對待而互動，再經「移位」（秩序）或「轉位」（變化）與「對比、調和」（聯貫）的轉化過程，然後透過「包孕」徹下（陰陽分）、徹上（陰陽合），產生「相反相成」的作用，由「統一」（包孕）將「秩序」（移位）或「變化」（轉位）、「聯貫」（對比、調和）等「四大轉化」的邏輯規律，產生雙螺旋作用加以整合，終於形成「0 一二多」之「雙螺旋邏輯系統」的。而此系統，就哲學而言，是屬於形而上的假設性演繹；從科學來說，是屬於形而下的實證性歸納；兩者形成雙螺旋互動，使得這種「雙螺旋邏輯系統」，既一面上徹於「哲學」，形成「方法論」或「方法論系統」，又一面下徹於「科學」，在各種學術領域作層層科學之研究，提出實證成果，以不斷創造出新的知識或研究出新的成果。本文即著眼於此，首度特用這種大自然之「轉化」四律，亦即「層次邏輯規

律」，結合「0 一二多」雙螺旋邏輯系統，對天才詩人羅門、蓉子的代表詩作各一篇進行研究，藉表現成果，以見其高度詩心、詩藝於一斑。其四為〈「章法學三觀體系」中「微觀」層之建構〉一文，個人從四十多年前開始，聚焦於「章法」加以研究，經由「歸納（科學）↔演繹（哲學）」的雙螺旋互動，先從各體辭章名作之解析中，歸納為人人所共用之「模式」；再以演繹，歸根於《周易》與《老子》，為「模式」尋出哲理依據，成為「方法論」之「三觀」系統。就這樣，不斷地「求異↔求同」，作「互動、循環、往復而提高」之研討，才逐漸地使「章法學」由「微觀」（章法類型、結構）、「中觀」（章法規律、族姓、多元、比較）而「宏觀」（0 一二多系統），終於建構了「一以貫之」的「陰陽雙螺旋層次邏輯體系」。本文特著眼於「微觀」一層所主要涉及「章法類型」與「章法結構」，首度分三期作說明其建構歷程，以供初學者或一般人參考。其五為〈88 陰陽雙螺旋互動系統〉一文，宇宙間萬事萬物之「轉化」，都離不開「陰陽雙螺旋」之對待、互動運作。自古以來，首先將它形象（符號）化來呈現的，就是《太極圖》。由於圖中涉及「陰包孕陽」、「陽包孕陰」，便有許多學者指其形象（符號）就是正「S」或反「S」；而個人以為：兩者「一實一虛」、「一顯一隱」或「一正一反」、「一左一右」，使陰陽產生雙螺旋作用，便形成「8」。而這種「8」，正是無所不在的「0 一二多」與「DNA」雙螺旋結構作層層迴旋之形象化軌跡。總結起來說，這種由「陰陽二元」而「8」而「88」（統合順逆移轉位與包孕等各種轉化）所形成之「陰陽雙螺旋互動系統」，既可藉以貫通中國古代哲學層面之「0 一二多」、「（無極）『太極』陰陽」（含「神化」之卜筮與科學實證），更能貫通近代西洋科學層面的「DNA」，以呈現「88」陰陽雙螺旋之對待、互動在形成「陰陽雙螺旋層次邏輯系統」過程中之關鍵性地位。一九五七年諾貝爾物理學獎得主楊振寧曾說：

「科學的極致是哲學，哲學的極致是宗教。」[3] 假如用「雙螺旋」切入，並將「宗教」改作「神學」，則為：「科學 ⟷『極致』⟷ 哲學 ⟷『極致』⟷ 神學」，如又以「0 一二多」、「DNA」（顯性）與「88」（隱性）加以顯隱對應、通貫，那麼可以如此表示：

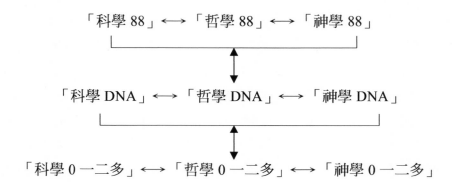

由此可看出三者顯隱對應、通貫之密切關係；而「88 陰陽雙螺旋互動系統」之內涵與重要性，也從中凸顯出來。如此通貫「神學」、「哲學」、「科學」，並結合「0 一二多」與「DNA」，全面建構「88 陰陽雙螺旋互動系統」，又《老子·四十二章》所謂「萬物負陰而抱陽」、《周易·繫辭下》所謂「陽卦多陰，陰卦多陽」，指的就是「陰陽包孕」。陰陽有了這種「包孕」之「雙螺旋互動」作用，才能由「S、ƨ」⟷「8」⟷「8 ⟷ 8」⟷「88 ⟷ 88」產生層層「轉化」而形成其「以大（大宇宙）包小（小宇宙）」的龐大系統：「0 一二多」。以古今中外而言，該算是首次嘗試，疏漏之處，必所難免！

3　佚名：〈楊振寧＆李政道：敢於質疑和挑戰權威〉，引自《蝌蚪五線譜》：http://story. kedo.gov.cn/kxjqw/351119.shtml。

個人在《國文天地》之外，在二〇一六年迄今，也有兩篇論文發表在大學學報，特列舉於下，供作對照：

1 〈論《老子》「二生三」的螺旋互動──以「0一二多」、「DNA」雙螺旋系統作對應、統合觀察〉，《高雄師大國文學報》23期・特刊，2016年1月，頁1-30。

2 〈論篇章「異、同」互動的雙螺旋層次系統──以「0一二多」為主軸切入作考察〉，《興大中文學報》39期，2016年5月，頁131-164。

綜上所述，「章法學」之體系，個人由四十多年（1963）前開始努力起，好不容易地建構起來了。而其中有相當多新的觀點、構想或嘗試，都先見於《國文天地》（創刊於 1985 年）。回想起來，此一新大廈之設計，甚至所用之一樑一柱、一磚一瓦，都不是憑空撿來、隨意搬用的；而它一樓層又一樓層地臻於完工，更不是一朝一夕之事；即以發表於《國文天地》之論文而言，也是如此。所謂「卻顧所來徑，蒼蒼橫翠薇」（李白〈下終南山過斛斯山人宿置酒〉詩），內心充盈著無限感激之情。

本來同樣一篇論文是不可兩投的，而我個人大體上也守住這一規定。不過，由於個人研究的「章法學」，可以說是「空前」（鄭頤壽〈臺灣辭章學研究述評〉《國文天地》17 卷 10 期，2001 年 3 月，頁99）的，非常希望研究之成果，很快就能得到多方面的批評與指正，因此有幾篇論文，便設法將它的主題或內容加以調整，分為短（淺）、中、長（深）三篇或短（淺）、長（深）兩篇，以適應不同（兩岸學者、研究生與中小學教師）之讀者群，尤其是《國文天地》在「發揚中華文化」、「普及文史知識」外，還特別注重「輔助國文教

學」此一宗旨,可藉以檢驗成果,作為改進之參考,所以同一觀點、構想或嘗試,偶爾會出現在不同的刊物,這是很不得已的,希望讀者能寬容體諒!

　　「三一語言學」創始學者王希杰說:「陳教授是一位國學家。他研究的首先是經學,他是經學家。他信仰中庸之道。他是文人,他研究詩詞,講授詩詞,是文藝學家。他富有文彩,有文人習氣。他是語文教育家。他得天下英才而教之。臺灣章法學團隊只是他眾多弟子的一部分。這樣的陳滿銘教師,才能創建獨特的章法學理論體系,並建設了章法學團隊。陳滿銘教授的成功還在於,他不是傳統的中國文人,他熟悉西方學術,他接受了現代科學的訓練。陳滿銘教授是一位成功者。成功的奧秘在於他富裕旺盛的學術生命力!」[4] 而修辭學大家孟建安則說:「在漢語辭章章法學研究的歷史上,不同的學者自然會提出不同的章法觀點,這也表現出了學界『百花齊放,百家爭鳴』的學術氛圍。根據對陳先生的研究性學術論著的考察與檢視,不難發現陳先生在對章法學的系統性研究中向學界奉獻了很多新的觀點和新的思想。他依據自己對漢語辭章章法的感受和理解首次提出並闡釋了許多章法理論問題,填補了章法理論和辭章學研究的許多空白。這些新觀點、新思想具有真正意義上的理論價值和現實指導意義。……這麼多的『第一次』,這麼多的『首度』,足見陳先生對章法學的傑出貢獻。因此可以說,陳先生的章法學理論體系的形成是由其深厚的學術積澱作為堅實的基礎的。而且,這些眾多的新思想、新主張必定會引起學界的高度重視,啟迪人們從不同的角度、不同的側面全方位地思考漢語辭章章法問題……。」並且指出:「陳滿銘先生……建構了科學

4　王希杰:《陳滿銘與辭章章法學・序》(臺北市:文津出版社,2007年12月初版),頁3-4。

而完備的漢語辭章章法學體系⋯⋯形成了自己獨具特色的研究路子，其所創建的漢語辭章章法學已經成熟並成為一門學科，達到了前所未有的高度，具有很強的生命力和感召力。」[5] 孟建安所說的「這麼多的『第一次』，這麼多的『首度』，足見陳先生對章法學的傑出貢獻。」這雖說的只是二〇〇七年前之事，而且也不限於《國文天地》，但借過來指發表在《國文天地》的論文，還是很切當的。因此《國文天地》這一塊園地，對我個人開發「章法學」而言，能持續有如此之豐收，是該大大感謝它的。

　　個人從四十多年前開始走進「章法」，先由其「類型」、「結構」（微觀）、「轉化規律」（中觀）而「0 一二多」（宏觀），再以此為基礎，拓展為「陰陽雙螺旋層次邏輯」，然後向「88 陰陽雙螺旋系統」提升，而將「科學 ⟷ 哲學 ⟷ 神學」融貫為一。一路走來，雖十分辛苦，卻得到許多學者的鼓勵，這是值得永遠感謝的。

5　孟建安：〈陳滿銘與辭章章法學研究〉，《陳滿銘與辭章章法學》，同上注，頁106-133。

第二章

「88」陰陽雙螺旋之確認

　　宇宙間萬事萬物的「轉化」，都脫不開「互動、循環、往復而提升（或下降）」之「雙螺旋」作用，這樣自然與個人多年來所研究「陰陽雙螺旋層次邏輯系統」的「章法學」[1]，關係至為密切；於是對這種「陰陽雙螺旋」之對待、互動就十分關切。自古以來，首先將它形象（符號）化來呈現的，就是《太極圖》，由於圖中涉及「陰包孕陽」、「陽包孕陰」，便有許多學者指其形象（符號）就是正「S」或反「S」，而個人以為正「S」或反「S」，「一實一虛」、「一正一反」或「一左一右」，兩者使陰陽產生雙螺旋作用，由相對待而互動，便形成「8」。而這種「8」（隱性），正是無所不在的「DNA」、「0 一二多」雙螺旋結構（顯性）作層層雙螺旋之運作跡象。因此要確認「88」陰陽雙螺旋系統，可源自「（無極）太極」與「DNA」、「0 一二多」，進行論述。

第一節　（無極）太極、S → 8

　　《易經》原是一部「卜筮之書」，帶有遠古「神權」時期預測吉凶的神祕色彩；待出現《易傳》「以傳解經」後，才正式成為「哲學之書」。《易經・繫辭上》說：「太極生兩儀，兩儀生四象，四象生八

1　個人之相關著作頗多，其主要內容可參見一篇訪問記錄：梁錦興（主持）、余崇生（設計提問內容）、蒲基維、顏智英、張晏瑞（偕同提問並討論）、陳滿銘（回答）：〈辭章章法學座談會〉，《國文天地》30卷7期（2014年12月），頁14-29。

卦，八卦生吉凶，吉凶生大業。」而歷來對其中「生兩儀（陰陽）」
之「太極」論述極多，因非本文所論重點，在此撇開不談，直接落到
《太極圖》來說：據說《太極圖》是宋朝處士陳摶所傳出，原叫《無
極圖》。陳摶是五代至宋初的一位隱士，相傳對內丹術和易學都有很
深造詣。據史書記載，陳摶曾將《先天圖》傳給其學生种放，种放以
之分別傳穆修等人；种放又有傳《河圖》、《洛書》給李溉等人。後來
穆修則將《太極圖》傳給周敦頤。周敦頤便寫了《太極圖說》加以解
釋。據說現在我們看到的《太極圖》，就是周敦頤所傳 [2]；且提出
「太極本無極」之說 [3]，有附詳圖。

在此，有兩個問題需要作進一步說明：

一是《易經》與「卜筮」的關係，對此，杜保瑞認為：「《易經》
原為卜筮之書，是中國古代傳統占卜成果之集結的作品，可以說夏有
《夏易》，商有《商易》，周有《周易》。可惜現存夏、商之《易》資
料不全，今日所見，基本上就是《周易》。在占卜的學問中，包括了
占卜的法則、結果的詮釋、預測的準確與否等問題，然而這些問題的
解決，又需要一套世界觀的知識，所以就在占卜行為的全部過程中，
建立了中國古代對世界認識的諸多知識。至周代以後，周文王等重要
周文化的創建者，又對易學的知識作了重新的檢討，建立了周初的定
本，流傳至今，是為《周易》。《周易》成書之後，因為其中體例完
備，架構森然，反過頭來提供了後人對於世界觀知識再作研究時的參
考起點，因此《周易》以其符號系統與觀念系統，對中國哲學的儒家
形上學、道教世界觀、科技文明知識等自然哲學上，都形成了重大的
影響，包括：中醫、天文、曆算、氣象、命相等。」

2　見朱震：《漢上易傳》。引自：http://www.eee-learning.com/article/1819。

3　周敦頤：〈太極圖說〉：「太極本無極。」見黃宗羲撰、全祖望補《宋元學案》上
　　（臺北市：世界書局，2009年7月一版六刷），頁291-292。

　　又說：「《周易》之書，簡言之成於先民『卜筮』之要求，『卜筮』的結果而有種種不可預測性在，《周易》的經文，只是將過往的預測結果以一套較合理的文字系統形成定稿，以便於問告者瞭解其問告結果之吉凶，當它以六十四卦之卦爻辭系統出書時，當然又會引起許多新的問題及知識的創造。但是，在卦爻象及卦爻辭的關係中，理論上已預設一不易知之超自然界，及可以前知之可能性，即鬼神感應之世界。當《周易》擺設出六十四卦、三百八十四爻及其卦爻辭之架構後，不論卦爻辭內容反映著怎樣的世界觀或倫理學背景，僅就『卜筮』行為本身而言，作為向超自然存有者探尋的意義已出現。至於卦爻辭內容，只是一種約定，是作為一套符號與義理之間約定性的媒介物，讓探問者與告知者雙方得以有意思傳達的媒介物。因此，鬼神存在或天人感應，是《周易》作為『占筮』之作的必然預設。當然，《周易》思想的發展可以跳出這樣的背景，而純粹以理性教化為使用目的，但這仍是《周易》成書時的原始情境。這個預設是一種形上學的預設，關聯著其後千百年中國形上學發展的基本心靈，即對鬼神問題或天人感應問題的處理，或承認而建構而發揮，或否認而重創而演變。道教世界觀多走鬼神之路，儒家形上學多走天人感應之路，且盡量將天道說為理性的秩序原理而減少其位格性。但無論如何，問告與感應還是這個活動的根本結構意義。」[4]

　　又，徐醒民也首先指出：「一部《易經》，廣大悉備，仁者見之謂之仁，智者見之謂之智。秦始皇焚書時，李斯只見《易經》是『卜筮之書』，所以未投秦火，這是一大幸事。然而一部大易絕不像李斯所見的那樣簡單。就以『卜筮』而論，小而言之，可以趨吉避凶，講到高深處，則如〈繫辭傳〉所說：『以通天下之志，以定天下之業，以

4　杜保瑞：〈易學傳統簡介〉（2015年7月6日），引自：http://homepage.ntu.edu.tw/~duhbauruei/5rso/materials/mt16.htm。

斷天下之疑』。再就義理而論，由有形的卦爻，到形而上的大道，更是超凡入聖的境界。所以『孔子讀《易》韋編三絕』，又說『加我數年，五十以學《易》，可以無大過矣。』」

其次說：「《周易》是講變化之道的經書，但變化是事相，是作用，事必有理，用必有禮，理體則不變，所以易經有變動的事用，有不變的理體。〈繫辭傳〉說：『《易》，無思也，無為也，寂然不動，感而遂通天下之故』。又說：『形而上者謂之道，形而下者謂之器。』形而上的道，無思，無為，寂然不動，這是解釋不變的理體。形而下的器，感而遂通天下之故，這是解釋變化的事用。理體是事用的根源，事用是理體的顯現，兩者不可分離。〈繫辭傳〉說：『《易》有太極，是生兩儀，兩儀生四象，四象生八卦，八卦定吉凶，吉凶生大業』。在『太極』未生『兩儀』之前，只是渾然不動的理體，不見森羅萬象。既生『兩儀』之後，便有『四象』、『八卦』，則是變動不居的事用。」

再次認為：「八卦每一卦由三爻構成，再由八卦重之而為六十四卦，每一卦由六爻構成，這些都是符號，代表天地人動植礦等萬有事物。學易須先認識這些符號，及其代表的種種事物，再研究卦爻變動的法則，以及『卜筮』的原理和方法。因此，《周易·繫辭上、下傳》、〈說卦傳〉、〈序卦傳〉、〈雜卦傳〉，上下經〈繫辭〉、〈彖象〉、〈文言〉，都要研讀，然後始能觀變玩占。最後必須思維，人世間與自然界，一切現象瞬息萬變，每一變化都有吉凶禍福之幾，而一切變化盡攝在一卦的六爻之中，〈繫辭傳〉說：『精氣為物，游魂為變』，又說：『周流六虛，上下無常』，且以人類為例，人在日常生活中的身心隱微變化，以及死生之際的顯著變化，盡在這虛設的六道卦爻中來回轉變，不能休息，惟有超出六虛，始能不受困擾。要超出六虛，則須想見六虛是來自太極所生的『陰陽兩儀』，而『陰陽兩儀』只是一

明一暗的幻影。只要看破這幻影，便能打破時空假相，而歸於形而上的理體，死生周流的問題自然解決。」

　　然後總結說：「《周易》確是一部奇書，奇妙之處就在由事入理，攝用歸體，也就是寓大道於『卜筮』之中。但是攝用歸體並不容易，必須用真實的功夫，那就要舉心動念都須觀察有無過失，到了無過的境界，可謂工夫已熟，成就聖人的修養。孔聖人不自以為聖，所以只期許無大過。」[5]

　　可見《周易》原為「卜筮之書」，涉及「神權」、「神秘」是很合理的。

　　二是《太極圖》與《周易》的關係，對此，有學者以為「《太極圖》早於《周易》」，他說：「《周易》往往用《太極圖》來表示，八卦、六十四卦、三百八十四爻皆秩然於一圖，突出了《周易》的主要內容。《太極圖》的畫法在歷史上有多種多樣，總計約有數十種。從考證來看，《太極圖》與《周易》並非同時產生，而是先有古《太極圖》，而後有『太極』一詞，以《太極圖》來表示《周易》更晚。」

　　他的理由是「《周易》的八卦、六十四卦、三百八十四爻的卦爻辭中沒有出現『太極』一辭。在〈乾〉、〈坤〉等卦中提到『大』或『始』的時候用『元』來表示。如『大哉乾元』、『乾元者，始而亨者也』、『至哉坤元』。『太極』一辭是在《周易》的《繫辭》中出現的。《繫辭》第十章載：『易有太極，是生兩儀，兩儀生四象，四象生八卦，八卦定吉凶，吉凶生大業。』關於『太極』的解釋，歷史上認識不盡相同。有人認為，『太極』是指宇宙最初渾然一體的元氣；有人以虛無本體為『太極』；也有人認為『大衍之數的四十九數未分為太

5　徐醒明：〈讀易簡說：卜筮之道〉，引自：http://www.minlun.org.tw/3pt/3pt-1-5/t/024.htm。

極』；還有人認為『陰陽混合未分為太極』。諸多說法儘管不同，其意均為大、盡、極點、宇宙本源、變化之源。」

又說：「從已出土文物中畫有《太極圖》有關『太極』的記載相比，《太極圖》的出現遠比『太極』一詞在先。在甘肅省永靖縣出土的伏羲時代的雙耳彩陶壺上畫有雌雄雙龍蟠繞的古《太級圖》，距今約六千五百多年，是我們已知最早的古《太極圖》，現藏瑞典遠東博物館。商、周兩代的青銅器上，也多次發現契刻著雌雄雙龍纏繞的古《太極圖》，可見《太極圖》歷史悠久。」[6]

而有學者兼顧先後，說：「《太極圖》起源之爭涉及到另一個問題——《周易》與《太極圖》何者為先。前兩種說法認為在《易》之前《太極圖》就產生了，後兩種說法則認為在《易》之後才產生《太極圖》。言先有《易》後有《太極圖》，證據好找；若說先有《太極圖》後有《易》，證據難找。故而，對《太極圖》的起源，大多數人更容易認同後兩種觀點。但筆者以為前兩種說法也不無道理。理由之一是，圖形雖是對思想的反映，然記載思想的文字卻產生於圖形之後。先民的陰陽思想當源於對自然界的觀察，而最早記載先民陰陽思想的當是圖形。換言之，《陰陽圖》與陰陽思想的次序當為：自然界陰陽現象——早期陰陽對稱圖形——陰陽思想——《陰陽魚圖》形。考古發現也在證明這種推斷的有效性：陰陽對稱的圖案在河姆渡遺址有出土，距今已七千年；新石器時代有大量的與《陰陽魚》相近的圖形。因此，這些圖形當視為《陰陽魚圖》的早期雛形，也即是說，若認同《太極圖》的產生得益於中華先民陰陽《易》理的宇宙人生觀念的滋養，就需承認原始時期那些蘊含著陰陽《易》理觀念的圖形是《陰陽魚太極圖》的圖形淵源。理由之二是，《周易》作為陰陽

6　〈論《周易》與《太極圖》〉，《中國三誇網》，引自http://3kua.com/582.html。

《易》理思想的集大成者，它的產生除了得益於撰寫《周易》的三賢
對先民陰陽思想的概括、總結與詮釋外，還來自於《周易》三賢對先
民陰陽對稱圖形的領悟與研讀。因此，原始時代那些蘊含著陰陽
《易》理觀念的圖形也應為《陰陽魚太極圖》的圖形淵源。」

　　他再指出：「如此，人們對《太極圖》詮釋歷史的溯源常常追溯
到《易傳‧繫辭上》，就顯得合乎邏輯了。一般認為，『太極』一詞最
早見於《易傳‧繫辭上》：『《易》有太極，是生兩儀，兩儀生四象，
四象生八卦，八卦定吉凶，吉凶生大業。』孔子認為『太極』不僅是
宇宙之『本』，也是宇宙演變之大道。宇宙之『本』運行，使陰陽相
分並產生天地兩儀。陰陽不斷相分，便產生春、夏、秋、冬四象與宇
宙萬物。《老子‧四十二章》也同樣表達了一元論與變化論的『太
極』哲思：『道生一，一生二，二生三，三生萬物。萬物負陰而抱
陽，沖氣以為和。』『太極』是『一』，是宇宙萬物之根；宇宙萬物生
生不息的運動與發展是『太極』之真性。與孔子不同的是，老子參透
了『太極』法則中的矛盾論與和諧論。『太極』之『道』天然包含著
對立的陰陽兩面，但陰陽二氣的互相激盪與矛盾運動最終成就了宇宙
新的和諧體。後世人們據老子、孔子的『太極』哲思而圖解《太極
圖》，並逐漸推演出成熟的太極觀念。三國的魏孟康以『太極元氣，
含三為一』解釋《太極圖》。『三』指《陰陽魚太極圖》中的白、黑及
白黑的分界線。『含三為一』的字面意義是指白、黑及其分界線都包
含在《太極圖》的大圓圈內。實際上，後人認為『含三為一』既指事
物由正、反、合三者組成的矛盾整體結構，也指天、地、人『三極』
合一的宇宙結構。魏孟康之說既繼承了老子『萬物負陰而抱陽，沖氣
以為和』的『太極』思想，同時也將前人的『太極』觀念從宇宙萬物
鏈結至社會人生。到了宋代，儒學大師以人學視角解讀《太極圖》，
把『太極』法則設定為人的一切行為的標準，從而把『太極』學說發

展為『人極』學說。周敦頤在《太極圖說》中如是說,『無極而太極。太極動而生陽,動極而靜,靜而生陰,靜極復動。一動一靜,互為其根。分陰分陽,兩儀立焉。陽變陰合,而生水火木金土。五氣順布,四時行焉。五行一陰陽也,陰陽一太極也,太極本無極也。五行之生也,各一其性。無極之真,二五之精妙合而疑。乾道成男,坤道成女。二氣交感,化生萬物。萬物生生,而變化無窮焉。惟人也得其秀而最靈。形既生矣,神發知矣。五性感動,而善惡分,萬事出矣。聖人定之以中正仁義而主靜,立人極焉。故聖人與天地合其德,日月合其明,四時合其序,鬼神合其吉凶。君子修之,吉;小人悖之,凶。故曰:『立天之道,曰陰與陽。立地之道,曰柔與剛。立人之道,曰仁與義』。又曰:『原始反終,故知死生之說。大哉《易》也,斯之至矣。』該文承繼了前人『太極學說』中的一元論、發展觀、矛盾論與和諧論等思想,但特別強調人作為萬物之靈對太極之道的參悟,並提出『立人極』即樹立『中正仁義』的做人標準。周敦頤的人學解讀理路影響了後人對《太極圖》的詮釋,北宋邵雍,南宋胡宏、陸九淵,乃至清代的戴震都從太極圖中闡釋了以人為萬物之秀,以人為天地之心的思想。」

他又說:「由上可知,《太極圖》雖簡單明瞭,一個圓圈、一條曲線、兩個圓點,兩條黑白魚圖形,但經過歷代的圖解與詮釋,它構成了一個涵義豐富深邃的龐大的『太極哲學』體系。這個哲學體系的關鍵字就是陰陽。陰陽既蘊含著形而上的宇宙之道與天人之際的大法則,也包括形而下的人生法則。其中『太極和』辯證法是『太極哲學體系』的核心。『太極和』思想認為,事物發展的終極目標不是事物的矛盾對立,而是事物之間的包容與妥協、共存與共容,共容與共存才是事物發展的根本規律。簡言之,圓潤的《太極圖》形啟迪我們,在一個矛盾對立體中追求平衡,在眾多矛盾平衡體中追求相互的包

容、化合，在矛盾對立中最終走向多元的和諧統一，這才是事物發展的終極目的與永恆動力。作為哲學圖形，遠在文字還未出現的六、七千年前，《太極圖騰》通過圖形語言便揭示了矛盾對立統一規律。它內含的陰陽兩儀，其實質就是當今辯證矛盾學說最直觀、最簡潔的表達。《太極圖》以均衡對稱的圖形方式，揭示了追求陰陽平衡觀點，鮮明地強調陰陽變化（矛盾運動）以平衡、和諧為根本目的，從而揭示了宇宙萬物在運動中平衡發展的規律和人類進步、社會發展在於求『和』這一根本目的。」

　　然後總結說：「通過以上溯源我們大約可以推斷以下兩個結論：其一是《太極圖》以簡易的圖形語言涵蓋了中國『百經之首』——《易經》的大義要旨，創造了一個龐大的、根深葉茂的『太極哲學體系』，彰顯了中華先民領悟宇宙萬物變化之道的非凡智慧，因而享有『中華第一圖』之美譽。其二是我們的祖先早在六至七千年前就已通過《太極圖》陰陽這一辯證矛盾來概括宇宙萬物的起源與變化，比兩千六百年前的古希臘哲學起源至少早了兩三千年，這充分說明《太極圖》是中華哲學的起源，同時也是世界哲學的起源。」[7]

　　據此可知在宋代陳摶、周敦頤之前就有《太極圖》，只不過是由他們承襲發揚罷了；但他們卻能大加發揚，其功甚大，是不可磨滅的。

　　以下為縮小討論範圍，特借用如下簡圖來表示：

7　以上數則引文，見《周易文摘的博客》，引自http://blog.sina.com.cn/u/2726784941。

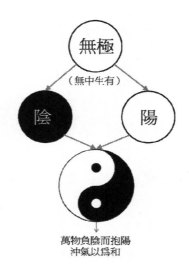

取材自 https://www.google.com.tw/search?q

而其中的《太極圖》又稱《太極陰陽魚圖》，對此，陳怡魁解釋說：

《太極陰陽魚圖》是陰陽螺旋力場的直觀顯現，而陰陽螺旋力
場是宇宙萬物混化、運行、演變時普遍存在的規律。宇宙萬
物，無論是高維時空的存在，還是低維時空的存在，一律受到
陽性正力與陰性反力的作用，存在於陰陽螺旋力場中。……黑
白二色，代表陰陽兩方，天地兩部，黑白兩方的界限，就是劃
分天地陰陽界的人部。白中黑點，表示陽中有陰，黑方白點，
表示陰中有陽。一物一太極。《太極陰陽魚圖》可以直觀地表
達人的生命狀態：從人自身角度而言，醒覺時，可以理解為處
在《太極陰陽魚圖》的陽性一面，睡眠時，可以理解為處在
《太極陰陽魚圖》的陰性一面。《太極圖》是研究「周易學」
原理的一張重要的圖像。「太」有「至」的意思；「極」有「極
限」之義，就是「至於極限」，無有相匹之意。既包括了至極

之理，也包括了至大至小的時空極限，放之則彌六合，捲之退藏於心。可以大於任意量而不能超越圓周和空間，也可以小於任意量而不等於零或無，以上是「太極」二字的含義。[8]

對《太極圖》中之這種「陽中有陰」、「陰中有陽」的雙螺旋包孕結構，有些專家學者從不同角度，認為就是正「S」形或反「S」形。如楊作龍即分「左旋」、「右旋」指出：

> 左旋、右旋以及順逆究竟如何解釋？我們且看前面引述過的幾張《陰陽魚太極圖》：朱長文圖，上陽下陰，曲線為「S」形；張行成圖，上陽下陰，曲線反「S」形；徐爌圖，左陽右陰，曲線為反「S」形；胡渭圖，上陽下陰，曲線為反「S」形。由此我認為古《太極圖》應是上陽下陰的反「S」形曲線，這樣的《陰陽魚太極圖》配以先天八卦則為陰魚之陽眼與離日相對，而陽魚之陰眼與坎月相準。這一點應該是《陰陽魚太極八卦圖》的繪製準則。這樣，在離的位置，與中環的《太極圖》是兩陽一陰，正合八卦離中虛之象（兩陽是陽魚尾和陰魚陽眼）；坎的位置是兩陰夾一陽，正合八卦坎中滿之象（兩陰為陽魚陰眼和陰魚尾）。我們且把環中的《太極圖》與其周圍的八卦分開旋轉，則陰陽魚順旋（向魚頭方向）時八卦為左旋。這時，經過某一點的八卦順序，就是如邵雍所說的由震而離而兌而乾，是為數往；相反‧陰陽魚逆旋（向魚尾方向）時，八卦為右旋，這時經過某一點的八卦順序則由乾而兌而離

8　陳怡魁：〈陰陽魚與陰陽太極圖的含義（圖）〉，引自：http://www.secretchina.com/news/b5/2016/06/23/611082.html。

而震,是為知來,這又恰是離日由東而西的升落過程,也是知來的過程。由此可得出陰陽魚的旋轉規律為:向魚頭方向為順旋,向魚尾方向為逆旋。[9]

又如劉英敏指出它牽涉「波粒二象性」,認為:

> 《太極圖》,中國古代概括陰陽易理和反映世界發生、發展變化規律的總圖:外圓象徵「太極」,內以「S」曲線分黑白環弧形,白中一黑點,黑中一白點。黑為陰白為陽,象徵陰陽互根;環弧形如兩魚交游,以示陰陽變化迴旋不已。今人認為《太極圖》是對「波粒二象性」的概括:其圓形是粒子性,中間「S」曲線是波動性;還認為:《太極圖》為宇宙天體球在水平面內的投影,其中兩個小點為定南北向之用,「S」形曲線是日、月、五大行星等天體運行軌道在水平面內投影的圖示……見解有爭議,卻證明太極圖生命永恆。[10]

再如清塵居士藉由多種《太極圖》加以說明:

> 《太極圖》(《語類》卷一百)後世所繪《太極圖》很多,大致可分二類:一類為數層圖組合的圖式,如《無極圖》、《太極先天之圖》、《周氏太極圖》等,形式基本相同,最上一圈以單圓表示術極,二圈分黑白三層,標有陽動陰靜字樣,表示陰陽交

---

9 楊作龍:〈太極圖河洛探原〉,原載《洛陽師範學院學報》2004年第6期。而此引文引自:http://bmzy.lynu.edu.cn:88/hlwhweb/hlsum/sum2005-06-23.html。

10 劉英敏:〈太極黑白:中國色彩的原色〉,人民網:人民日報海外版,2015年6月18日16:39,引自:http://rufodao.qq.com/a/20150618/041655.html。

錯，運動變化；另一類為以《陰陽魚圖》為主的圖式，如《古
太極圖》、《先天太極圖》、《來氏太極圖》等，其圖外圓象徵太
極，內以「Ｓ」曲線分黑白環弧形，白中有一黑點，黑中有一
白點。亦稱《伏羲八卦方位太極圖》、《參同契太極圖》。[11]

而陳克恭、馬如雲則以「數學表達」，仔細推算，結論指出：

> 《太極圖》的「Ｓ」曲線，並不是隨意性的美工圖，它實際上
> 貫徹了以畢氏定理為基礎的中國古代數學智慧。[12]

又，嚴健民更指明其淵源，關涉日東升西沉位移變化規律，並附圖作
說明：

> 《太極圖》與太極「Ｓ」曲線，是在天地定點陣圖基礎上演繹
> 來的。只不過江氏將上魚頭左旋，不能說叫「冬至一陽初生」。
> 因此我們將上魚頭修正作右旋式，（圖4甲）再將此圖整體左旋
> 九十度，得傳統《太極陰陽圖》（圖4乙）。……我們認為：我
> 國太極「Ｓ」曲線淵源於賈湖文化、裴李崗文化已遠，特別是
> 淵源於河南濮陽M45號墓蚌塑二分日道圖，是遠古以顓頊部族、
> 伏羲部族為代表的先民們常年對日東升西沉位移變化規律觀察
> 記錄的結果。太極「Ｓ」曲線淵源於六千五百年前先民常年對
> 日東升西沉位移規律的認識，淵源於天地定位概念的創立。[13]

---

11 清勤居士：〈太極圖〉，引自：http://www.360doc.com/relevant/503747758_more.shtml。
12 陳克恭、馬如雲：〈《太極圖》的數學表達〉，2016年10月17日8：35，來源：《光明
　日報》，引自：http://www.npopss-cn.gov.cn/BIG5/n1/2016/1017/c219470-28783745.html。
13 見〈遠古太極圖S曲線探源──論天地定點陣圖演繹為太極圖〉，發佈日期：2013年

附「圖4甲、乙」如下：

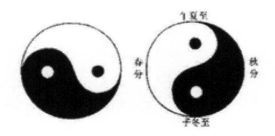

魚頭右旋式天地定位圖、太極陰陽圖

此外，謝陸鳴也關涉地球上二十四節氣作說明：

> 我們在浙江大學繼續教育學院工商管理培訓中心成立的《易經
> 文化的創新應用》課題組，為探索「易經的起源，於二○一三
> 年六月對中國國家天文臺興隆基地進行考察，給我們的研究方
> 向受到了重大啟發，回來後在二○一三年七月、八月連續二次
> 對杭州玉皇山下南宋時期所建的「八卦田遺址」進行實地考察
> 研究，課題組研究員、主任中醫師范仲毓老師帶領同仁查閱了
> 《皇帝內經》、《相對論》、《孫子兵法》、《溫病條辯》、《類
> 經》、《四書五經》、《周易全解》、《運氣辯證》、《修辭縱橫》、
> 《難經》、《史記》、《河洛理數》、《道德經》、《引力理論》、《醫
> 宗金鑒》等五十一部文獻資料，經課題組綜合研究、分析、對
> 比、考證得出結論是《太極圖》中間的「S」線豎著看，是地
> 球南北兩極晨昏線冬夏二至「晝弧夜弧」的光照變化圖；而橫

9月28日7：55：26編輯：劉玲來源《中華醫史雜誌》2012年1月42卷1期，引自：
http://www.qhyxwhw.com/newsdetail/225.html。

著看「S」線，是太陽光照直射點，在地球上二十四節氣位置變化的連線。……杭州南宋時期所建的「八卦田遺址」從衛星上可以看到中間的「S」線是橫著的。……我們把天文曆法中一年二十四個節氣，在地球經緯度上太陽光照的直射點，畫在世界地圖上面，作了點位的對應，發現了一個驚人的秘密：原來太陽光照在地球上二十四節氣的直射點，是「S」形的走向，太陽光在以赤道為中心、南北回歸線之間作來回的迴旋「S」運動。[14]

所謂「來回的迴旋」，即合「左旋」、「右旋」為一。

總結上述，《太極圖》，就其曲線而言，可大分為兩種：

標準版太極圖　　　　正 "S" 太極圖

取材自：https://www.google.com.tw/search?q

亦即有人認為《太極圖》，有順時針右旋成「ƨ」（反「S」形）的；也有逆時針左旋成「正S」形的：

14 謝陸鳴：〈易經起源（十）：太極圖橫看S線是二十四節氣的連線〉，2013年11月12日 9：58：43 引自《謝陸鳴的易慈傳播的博客》：http://blog.sina.com.cn/yidaociai。

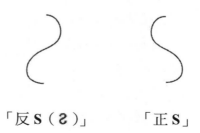

「反 S（ƨ）」　　　「正 S」

而兩者一實一虛、一顯一隱或一正一反，便使陰陽由相待而互動，便
形成「8」：

也就是說：位於左邊的曲線「8」，是由「反 S（ƨ）」（虛線：「白」
中包孕「黑」）與「正 S」（實線：「黑」中包孕「白」）兩相對待而形
成所謂的「標準《太極圖》」；而位於右邊的曲線「8」，則由「正 S」
（實線；「黑」中包孕「白」）、「反 S（ƨ）」（虛線：「白」中包孕
「黑」）兩相對待而形成所謂的「正 S」《太極圖》」。

　　如此以之照應神學（神權、宗教）的嘗試性理解、哲學的演繹
性假設與科學的歸納性實證來看待，該是相當合理的。所以有學者就
指出：

　　太極「S」曲線是地球人以前無法完美描述的最神秘的宇宙時
　　間曲線。它不僅表達了時間和物質運動速度密不可分的內在關
　　係，而且把時間的過去、現在和未來表達得盡善盡美。亞里斯
　　多德對時間有一個非常好的定義，他認為：「離開了『現在』，

時間不可能存在，也是不可思議的，加之『現在』是一種中點，它既是將來時間的開端又是過去時間的結尾。所以，時間是一直存在的」。但要用數學、幾何圖形來表達時間時，從來都是一根直線，只能表達時間的開端和連續性，而無法表示時間隨速度快慢的變化性。可「太極『S』曲線」就不一樣，「太極『S』曲線」在表達時間時，它隨速度的快慢變化可隨屈就伸，它完美地體現出了時間的相對性！如果把兩個相反的「太極『S』曲線」重合，會形成一個完整的「8」字圖形，「8」字的中點就是時間的「現在」，左旋「太極『S』曲線」象徵過去，右旋「太極『S』曲線」象徵未來，如果處在時間的中點，那就既可看到過去，又能迎接未來。「8」字時間曲線既是開端，又是結尾，這兩個「太極『S』曲線」巧妙組合的「8」字時間曲線毫無爭議地代表了宇宙生生不息、波動迴旋的永恆規律。無論是現宇宙還是反宇宙，都可從時間「8」字曲線的反演中看到它們的前世、今生與來世。但需要指出的是，宇宙並不重複自己，它隨時間變化而變化，永遠沒有終態結構。宇宙中存在的平衡都是暫時的，只有非線性的不平衡才是宇宙生命的本源。宇宙不可能回到昨天，宇宙中的物質青春一旦過去，就不可能回來，因為時間是有序有方向的，任何人都不能讓它逆轉重演！

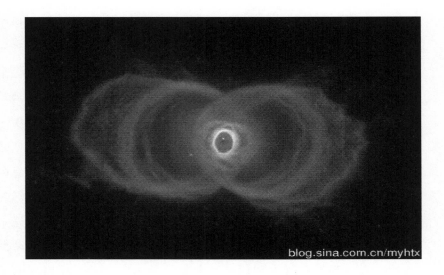

blog.sina.com.cn/myhtx

圖片版權與提供：R. Sahai and J. Trauger (JPL), WFPC2, HST, NASA

　　哈勃望遠鏡拍攝的十張圖片中位居第五位的沙漏星雲，距地球八千光年。在這張圖片中，可以看見發出紅色輝光的氮氣、綠色輝光的氫氣和藍色輝光的氧氣，這些多彩氣體組成了沙漏壁上的細緻環狀結構。它呈現出了明顯的太極「**8**」字迴旋波動發展趨勢。[15]

而據阿波羅新聞網二〇一六年二月七日訊也指出：

　　據國外媒體報導，一張照片能否包含太陽全年運行軌跡嗎？這是可以的。下面幾張照片展現了太陽在一年中運行的「**8**」字曲線軌跡，其中一張照片上，太陽軌跡看上去竟堪比項鏈墜：

15　十年補鞋：轉載〈量子力學、相對論與古太極八卦圖〉，2016年3月12日10：59：56，引自：http://blog.sina.com.cn/s/blog_6d371d6a0102w3gv.html。

太陽盤面如項鏈墜。（網路圖片）

在已知最早一張展現日全食的太陽「**8**」字軌跡圖中，太陽盤
面看上去像項鏈上的吊墜一樣閃閃發光。這張照片包括二〇〇
六年三月出現在土耳其安塔利亞上空的日全食曝光畫面。剩餘
部分則顯示了太陽在二〇〇五年七月至二〇〇六年七月間在安
塔利亞以北三一一英里（約合 500 公里）的布爾薩上空的路
線。在日食奇觀出現時，月球恰好處於地球和太陽之間，遮住
了大部分陽光。日全食上演期間，唯一可見的是太陽相對昏暗
的外層大氣——日冕。在這張太陽「**8**」字軌跡圖中，被遮住

的太陽之所以看上去更加明亮，是因為拍攝者沒有使用濾光片，同時曝光時間更長，結果捕捉到日冕和昏暗的安塔利亞城市景色（照片中突出位置）。[16]

又，有媒體轉載〈太極圖與宇宙學〉一文同樣指出：

> 以《太極圖》為代表的我國古代的易學基本原理，實質上就是一門「廣義宇宙學」。它包含自然、人、社會等世間一切事物存在演化的基本原理。具有高度抽象性和概括性，然而，高度的概括就限制了它只能用具有概括性的形象符號表示，不能用具體的某一學科概念術語進行表述。後來人們運用「易學」的基本原理進行預測算卦，只不過是「易學」原理的一項應用。「易學」也可以稱之為「大哲學」、「宇宙哲學」。涵蓋現代一切科學的基本規律。現代科學，包括「現代宇宙學」、「天文學」、「天體物理學」、「化學」、「量子理論」等等。則是研究宇宙的局部科學。無論運用再先進的哈勃望遠鏡、射電望遠鏡，都不可能從本質上觀察到宇宙的全貌，不可能研究總體的宇宙。與「易學」相比，包括愛因斯坦的廣義相對論和宇宙大爆炸學說，都是宇宙的一個時期、一個階段、一個區域、相對的局部科學或階段性科學。如同一個個的「子宇宙學」。必然有待於繼續完善和發展。……在一個無限的宇宙空間的有限範圍內，即一個「圓圈」內。宇宙分化為陰陽兩大系列，分成兩個「黑白魚」，兩個陰陽魚以「S」型曲線為界，「S」型的變幻

---

16 〈阿波羅新聞網〉，2016年2月7日訊，引自：http://www.aboluowang.com/2016/0207/688672.html。

實質上是個「**8**」字型，首尾相接，陰陽週期性的相互轉換，沿「**8**」字曲線循環，可以是無限的，兩個相對應週期，兩個週期又同時是一個更大週期（太極）的半週期。在兩個週期的焦點處「**8**」字的中心軸，大圓的圓心），是陰陽移位的臨界點。預示著萬物「週期性」的、「波浪性」的、「曲折性」的前進發展變化。[17]

可見凡為「陰陽二元」由對待（靜）而互動（動）的形象化雙螺旋運作軌跡，就是「**8**」，可以說是超越時空，無所不在的。

第二節 8、88 → DNA → 0 一二多

「陰陽二元」由對待（靜）而互動（動）的形象化雙螺旋運作軌跡，既然是「**8**」（隱性），就必定和無所不在的「**DNA**」雙螺旋結構（顯性）、「**0** 一二多」雙螺旋系統（顯性）相對應、貫通[18]。對此，有學者即認為：

由於太陽的周日圓道視運動和周年回歸視運動，所以「**S**」生命曲線呈螺旋、迴旋狀態（案：即形成「**8**」，下併同），這正是宇宙的一般運動規律。宇宙由無數星系組成。它們大多與太陽系一樣呈螺旋、迴旋狀態，其大的星系則稱為螺旋星雲。宇

---

17 〈「太極圖」與「宇宙學」〉壹讀，2014年9月7日00：23：38，原文網址：https://read01.com/mMMnQm.html。

18 陳滿銘：〈哲學螺旋與科學螺旋的對應、貫通——以「多 ⟷ 二 ⟷ 一（0）」與「DNA」雙螺旋結構為重心作探討〉，《南京曉莊學院學報》2015年4期（2015年7月），頁36-39。

宙體的「S」曲線運動規律，影響著萬物的生化，這是一切生命活動的基本運動形式。蛋白質是生命的物質基礎，蛋白質肽鏈的基本構造就是雙螺旋狀態。生物的遺傳密碼「DNA」也是雙螺旋結構。[19]

為說明方便，在此，先略述中國古代哲學層面的雙螺旋系統：「0 一二多」（含順逆雙向），再舉西洋近代科學層面的雙螺旋實證：「DNA」，以見兩者對應、貫通之梗概。

就「0 一二多」之「雙螺旋層次邏輯系統」而言，其根本為「陰陽二元」之對待（靜）、互動（動），成為一切事物作雙螺旋「轉化」之根源。這在《老子》、《易傳》中就可找到這種觀點，如：

> 道生一，一生二，二生三，三生萬物。萬物負陰抱陽，沖氣以為和。（《老子・四十二章》）
>
> 易有太極，是生兩儀，兩儀生四象，四象生八卦。（《周易・繫辭上》）

這樣，結合《周易》和《老子》來看，它們所主張的「道」，如僅著眼於其「同」，則它們主要透過「相反相成」、「返本復初」而循環不已的雙螺旋作用，不但將「一→多」的順向歷程與「多→一」的逆向歷程前後銜接起來，更使它們層層推展，「循環、往復而提高」不已，而形成了雙螺旋式之結構，以呈現宇宙創生、含容而轉化萬物的基本運作規律。

而最值得注意的是：就在這「由一而多」（順）、「由多而一」

---

19 見《三命七運的新浪博客》，引自：http://blog.sina.com.cn/fuyinjushi。.

（逆）的過程中，是有「二」介於中間，以產生承「一」啟「多」的
作用的。而這個「二」，從「道生一，一生二，二生三，三生萬物」等
句來看，該就是「一生二，二生三」的「二」。雖然對這個「二」，歷
代學者有不同的說法，大致說來，以為「二」是指「陰陽二（兩）
氣」[20]。而這種「陰陽二氣」的說法，其實也照樣可包含「天地」在
內，因為「天」為「乾」為「陽」，而「地」則為「坤」為「陰」；所
不同的，「天地」說的是偏於時空之形式，用於持載萬物[21]；而「陰
陽」指的則是偏於「二氣之良能」[22]，用於創生萬物。這樣看來，老
子的「一」該等同於《易傳》之「太極」、「二」該等同於《易傳》之
「兩儀」（陰陽），因此所呈現的，和《周易》（含《易傳》）一樣，是
「一→二→多」與「多→二→一」之原始結構。不過，值得一提的
是：（一）即使這「一」、「二」、「多」之內容，和《周易》（含《易
傳》）有所不同，也無損於這種結構的存在。（二）「道生一」的
「道」，既是「創生宇宙萬物的一種基本動力」，而它「本身又體現了
無（无）」[23]，那麼正如王弼所注「欲言無（无）耶，而物由以成；欲
言有耶，而不見其形」[24]，老子的「道」可以說是「无」，卻不等於實
際之「無」（實零）[25]，而是「恍惚」的「无」（虛零），以指在「一」
之前的「虛理」[26]。這種「虛理」，如勉強以「數」來表示，則可以是

---

20 以上諸家之說與引證，見黃釗：《帛書老子校注析》（臺北市：臺灣學生書局，1991
　　年10月初版），頁231。

21 徐復觀：《中國人性論史・先秦篇》（臺北市：臺灣商務印書館，1978年10月四
　　版），頁335。

22 朱熹：《四書集注》（臺北市：學海出版社，1984年9月初版），頁31。

23 林啟彥：《中國學術思想史》（臺北市：書林出版社，1999年9月一版四刷），頁34。

24 王弼：《老子王弼注》（臺北市：河洛圖書出版社，1974年10月臺景印初版），頁16。

25 馮友蘭：《馮友蘭選集》上卷（北京市：北京大學出版社，2000年7月一版一刷），
　　頁84。

26 唐君毅：《中國哲學原論・導論篇》（香港：新亞研究所，1966年3月），頁350-351。

「（0）」。這樣，順、逆向的結構，就可調整為「（0）一→二→多」（順）與「多→二→一（0）」（逆），以補《周易》（含《易傳》）之不足，這就使得宇宙萬物創生及含容的順、逆向歷程，更趨於完整而周延了[27]。

而這種「完整而周延」的雙螺旋層次邏輯體系，脫離不了「轉化四大律」：是由其「二元（陰陽）」的「移位」或「轉位」、「調和或對比」與「包孕」而形成的。其中由「移位」呈現「秩序律」；「轉位」呈現「變化律」；「對比、調和」徹下、徹上以呈現「聯貫律」；由「包孕」徹下、徹上以呈現「統一律」。而這種「層次邏輯」之四大規律，乃先由「秩序」或「變化」而「聯貫」，然後趨於「統一」，形成雙螺旋層次邏輯系統。這種理論可見於《周易》與《老子》[28]。在此，也只歸本於《周易》作簡要探討。

先以「秩序」而言，涉及「移位」，此乃「陰陽二元」最基本的一種互動，是在對待往來中起伏消息、迭相推盪而產生的。因為事物之發展是統一物分裂為兩相對待，而相互作用的運作過程，而此對待面的相互作用，在《周易》的《易傳》中以相互推移（剛柔相推）、相互摩擦（剛柔相摩）、與相互衝擊（八卦相盪）等各種表現形式[29]，為順向移位與逆向移位，提出了最精微的論證。就以〈乾卦〉來看，由初九的「潛龍，勿用」，移向九二的「見龍在田，利見大人」，移向九三的「君子終日乾乾，夕惕若。厲，無咎」；再移向九四的「或躍在淵，無咎」；然後躍升，移向九五的「飛龍在天，利見大人」，形成

27 陳滿銘：〈論「多、二、一（0）」的螺旋結構——以《周易》與《老子考察重心》，臺灣師範大學《師大學報・人文與社會類》48卷1期（2003年7月），頁1-20。

28 陳滿銘：〈論章法四大律之方法論原則——以多二一（0）螺旋結構作系統探討〉，臺灣師範大學《中國學術年刊》33期・春季號（2011年3月），頁87-118。

29 馮友蘭：《中國哲學史新編》二（臺北市：藍燈文化公司，1991年12月初版），頁376。

一連串的順向位移。上九，則因已到達了極限、頂點，會由吉變凶，漸次另形成逆向移位，開始向對待面轉化，造成另一種轉位，故說是「亢龍有悔」了。而這種「移位」全離不開雙向「陰陽互動」作用：

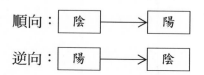

而六爻之所以能夠用以模擬事物的運動變化，是因「六位」能體現「道」的陰陽互動、統一之規律性。而此「六位」原則一確立，整個自然界與人類社會的基本規律全都可加以反映，故〈說卦傳〉將其概括為「分陰分陽」，「六位而成章」，以「六位」體現著哲學原理。「六爻」體現著事物在一定規律支配下的變化運動過程，從時間性上可劃分為潛在的與顯露的兩大階段，以一卦的卦象去體現，而其運動變化即可以由此清楚地瞭解而加以掌握[30]。因此，內外卦之間可以相互往來升降，六個爻畫之間也可以相互往來升降；通過這種往來升降的相互作用，就使種種的變化和運動，產生了一連串的順向移位與逆向移位。這種「移位」全離不開「陰陽互動」之作用，由此呈現「秩序律」。

次以「變化」而言，涉及以「移位」為基礎的「轉位」[31]。由於陰陽互動、生生而一，使《周易》哲學之發展形成開放的序列。這一序列正體現在〈乾〉、〈坤〉兩卦的「用九」、「用六」上。而「用

---

30 徐志銳：《周易陰陽八卦說解》（臺北市：里仁書局，2000年3月初版四刷），頁60-73。

31 陳滿銘：〈章法的「移位」、「轉位」結構論〉，臺灣師範大學《師大學報‧人文與社會類》49卷2期（2004年10月），頁1-22。又，黃淑貞：〈《周易》「移位」、「轉位」論〉，《孔孟月刊》44卷5、6期（2006年2月），頁4-14。

九」、「用六」並不侷限於〈乾〉、〈坤〉兩卦，而是為六十四卦發其通例，然後每一卦位在九、六互變中，均可一一尋出因「移位」而造成「轉位」的變動歷程。由〈乾〉、〈坤〉，而至〈既濟〉、〈未濟〉，〈序卦〉不但說明了由運動變化而形成秩序的無窮盡歷程，也表示了宇宙萬物由六十四卦的位位互移，運動變化到達極點時，即會形成「大反轉」，返本而回復其根，形成另一個互動的循環系統。這一個「大反轉」，就是一個「大轉位」。這種「大轉位」可用下圖來表示：

這雖是就「大轉位」而言，但「小轉位」又何嘗不是如此呢？就在這互動的「循環系統」中，自然涵蘊著無限的陰陽之「轉位」，如下圖：

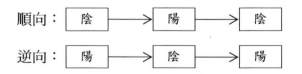

這種互動之「循環系統」，由陰陽、剛柔的相摩相推，太儀而兩儀，兩儀而四象，四象而八卦，八卦而六十四卦；再由六十四卦的位位互移、反轉，運動變化到達極點，形成「大位移」、「大反轉」，返本而回復其根，使萬物生生而無窮。因此，《周易》講「生生之德」的「生生」，即不絕之意，也深具新陳代謝之意。說明了由陰陽互動而轉化，宇宙萬物就在一次又一次的大小「移位」、「轉位」中，循環反覆，永無止境，而由此呈現「變化律」。

　　再以「聯貫」而言，這種「轉化」有兩種：「對比」與「調和」。

以「對比」而言，也稱「異類相應的聯繫」，如上引〈雜卦〉所謂的
「剛」與「柔」、「樂」與「憂」、「與」與「求」、「起」與「止」、
「衰」與「盛」、「時」與「災」、「見」與「伏」、「速」與「久」、
「離」與「止」、「否」與「泰」……等都是，對此，戴璉璋說：「以
上各卦所標示的特性或要義：剛和柔、樂和憂、與和求、起和止、盛
和衰等等，都是異類相應的聯繫。」[32]。以「調和」而言，是由史
伯、晏嬰「同」的觀念發展出來的。原來的「同」，指「同一物的加
多或重複」，到了《周易》，則指同類事物的「相從」，〈雜卦〉云：
「屯，見而不失其居；蒙，雜而著。……大壯，則止；遯，則退也。
大有，眾也；同人，親也。……小畜，寡也；履，不處也。需，不進
也；訟，不親也。……歸妹，女之終也；漸，女歸待男行也。」這是
以「止」和「退」、「眾」和「親」、「寡」和「不處」、「不進」和「不
親」、「女之終」和「女歸待男行」等的相類而形成「同類相從的聯
繫」（調和），對此，戴璉璋說：「依〈序卦傳〉，屯與蒙都是代表事物
始生、幼稚時期的情況，〈雜卦傳〉作者用『見而不失其居』、『雜而
著』來描述屯、蒙兩卦的特性，也都是就始生的事物而言。此外引
〈大壯〉以下各卦的『止』和『退』、『眾』和『親』、『寡』和『不
處』、『不進』和『不親』、『女之終』和『女歸待男行』，都是同類相
從的聯繫。」[33]而這所謂的「調和」、「對比」，是對應於「剛柔」來說
的 [34]。如說得徹底一點，即一切「調和」與「對比」，都是由於陰
（柔）陽（剛）相對、相交、相和的結果，以凸顯了相反相成的對

32 戴璉璋：《易傳之形成及其思想》（臺北市：文津出版社，1988年11月初版），頁
 196。

33 同上注，頁195。

34 歐陽周、顧建華、宋凡聖編著《美學新編》（杭州市：浙江大學出版社，2001年5月
 一版九刷），頁81。又，仇小屏《古典詩詞時空設計美學》（臺北市：文津出版社，
 2002年11月初版一刷），頁332。

待、互動作用而趨於「統一」的雙螺旋層次邏輯結構;而由此呈現「聯貫律」。

　　終以「統一」而言,涉及「包孕」。在《周易》六十四卦中,除「乾」、「坤」兩卦,一為陽之元,一為陰之元外,其他的六十二卦,全是由「陰陽二元」對待、互動而含融、聯貫而統一的。《周易·繫辭下》說:「陽卦多陰,陰卦多陽。其故何也?陽卦奇,陰卦偶。」對此,清焦循注云:「陽卦之中多陰,則陰卦之中多陽。兩相孚合捋多益寡之義也。如〈萃〉陽卦也,而有四陰,是陰多於陽,則以〈大畜〉孚之。〈大有〉陰卦也,而有五陽,是陽多於陰,則以〈比〉孚之。設陽卦多陽,則陰卦必多陰,以旁通之;如〈姤〉與〈復〉、〈遯〉與〈臨〉是也。聖人之辭,每舉一隅而已。……奇偶指五,奇在五則為陽卦,宜變通於陰;偶在五則為陰卦,宜進為陽。」[35] 可見《周易》六十四卦,有陽卦與陰卦之分,而要分辨陽卦與陰卦,照焦循的意思,是要看「奇在五」或「偶在五」來決定,意即每卦以第五爻分陰陽,如是陽爻則為陽卦,如為陰爻則是陰卦 [36]。如此卦卦都產生「陰陽包孕」之作用。這種作用,如鎖定單一結構,擴及全面,以「陽/陰或陽」而言,則可形成下列三種不同的包孕式結構:

35　陳居淵:《易章句導讀》(濟南市:齊魯書社,2002年12月一版一刷),頁209。

36　陽卦與陰卦之分,或以為要看每一卦之爻畫線段的總數來決定,如為奇數屬陽,如是偶數則為陰。見鄧球柏:《帛書周易校釋》(長沙市:湖南人民出版社,2002年6月三版一刷),頁536。

其中 1、2 兩種，可形成「移位」結構（對比或調和）外，3 又可合而形成「轉位」結構（對比或調和）。

以「陰／陽或陰」而言，則可形成下列三種不同的包孕式結構：

其中 1、2 兩種，一樣各可形成「移位」結構（對比或調和）外，3 又可合而形成「轉位」結構（對比或調和）[37]。

於是就在這種作用下，統合了「秩序、變化、聯貫」的轉化運動，而由此呈現「統一律」。

而順、逆向的統合，可用「0 一二多」（顯性）來表示。其關係可用如下簡圖呈現：

（一）單層「0 一二多雙螺旋層次邏輯結構」圖：

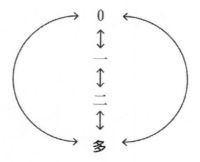

---

[37] 其中有關於《易傳》的論述，詳見陳滿銘：〈章法包孕式結構論——以「多」、「二」、「一（0）」螺旋結構切入作考察〉，《江南大學學報・人文社會科學版》5卷4期（2006年8月），頁85-90。又，陳滿銘：〈論章法包孕結構之陰陽變化——以蘇辛詞為例作觀察〉，臺北大學《中文學報》15期（特稿）（2014年3月），頁1-24。

（二）單層在「轉化四律」融貫下的「0 一二多雙螺旋層次邏輯結
　　　構」圖：

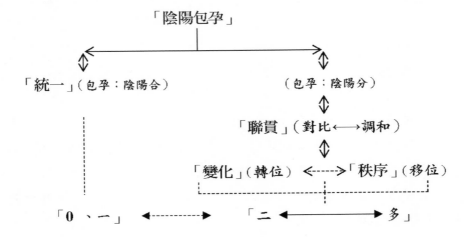

（三）層層「0 一二多雙螺旋層次邏輯系統」圖：

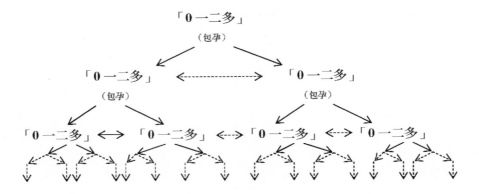

而此「雙螺旋層次邏輯系統」中每一層的內容或意象，雖可以萬變、
億變，但每一層都以「陰陽二元」之對待、互動為「二」，「秩序（移
位）、變化（轉位），聯貫（對比、調和）」為「多」，「統一（包孕）」
為「一（0）」，亦即由「0」包孕「一」（陰陽未分），由「一」包孕

「二」（分陰分陽），由「二」包孕「多」，呈現不變之雙螺旋層次邏輯結構；而由此層層「包孕」，便形成「以大（大宇宙）包小（小宇宙）」之龐大系統。

　　就科學的雙螺旋實證：以「**DNA**」（顯性）而言，它的發現（1953），是近年來科學界最重大的之成就之一。王淑鷥（2013）在〈**DNA** 雙股螺旋結構——跨領域之美麗結晶〉一文中指出：

　　　西元二十世紀初期，當科學家們在爭論生命的遺傳本質（基因）是 DNA 或蛋白質時，也是量子力學大放光彩的年代。……西元一九五三年四月二十五日，來自英國劍橋卡文迪西實驗室的華生（James Watson）和克里克（Francis Crick）共同在國際知名期刊《自然》發表了完整的「DNA」雙股螺旋結構模型。這個關鍵性的結果不僅確立了生命的遺傳物質為「DNA」而非蛋白質，同時更提供「DNA」複製模式的分子機制以及準確的遺傳法則，也敞開分子生物學的新時代。……克里克和華生從一九五一年開始合作建構「DNA」的三維模型，期間陸續有許多關於「DNA」物理化學本質的研究被發表，像是著名的「查加夫法則」發現「DNA」的核苷酸存在著 A:T=G:C=1:1 現象；化學家格里菲斯（J. Griffith）透過計算表明，A 必須與 T 鍵結，G 必須與 C 鍵結；多諾霍（J. Donohue）提出 A-T 和 G-C 配對是靠氫鍵維繫的。最重要也最具爭議的是，華生和克里克從魏爾金手上看見了由富蘭克林（Rosalind Franklin）所拍攝的一張極為清晰的「DNA」X 光繞射圖，讓他們推論「DNA」是由兩條走向相反單鏈所組成的雙螺旋。而從化學的角度來看，為了能夠符合 A-T 和 G-C 的氫鍵鍵結，唯有鹼基朝內，醣—磷酸骨架在外，且兩條單鏈

走向相反才能形成穩定的分子。綜合這些資料，華生和克里克構築完整的三維「DNA」分子模型並發表結果在期刊上，之後與魏爾金在 1962 年獲得諾貝爾生物醫學獎的榮耀，也成功引領生物學邁向更深入的分子生物學研究領域。[38]

又，張大慶、韓啟德也作如下說明：

> 「DNA」雙螺旋結構的模型有四個重要特點：①「DNA」分子是由兩條成對的鏈，以雙螺旋方式按一定空間距離相互平行盤繞；「DNA」分子中的兩條相對的平行鏈從頭至尾都嚴格遵守鹼基配對原則。②兩條長鏈的方向是相反的。③腺嘌呤（A）與胸腺嘧啶（T）以兩個氫鍵聯結配對，胞嘧啶（C）與鳥嘌呤（G）以三個氫鍵聯結配對。比如，一條鏈上的鹼基排列順序是 TCGACTGA，那麼，另一條鏈上的鹼基排列順序一定是 AGCTGACT。這就意味著，「DNA」中一條鏈的鹼基順序一旦確定，那麼另一條鏈的鹼基順序也就確定了。④「DNA」雙螺旋結構對鹼基順序不存在任何限制。[39]

而約翰・格里賓（John Gribbin）著、方玉珍等譯《雙螺旋探密——量子物理學與生命》也早在二〇〇一年指出「這一發現為分子生物學揭開了新的一頁」，並附「DNA」分子的雙螺旋結構圖 [40] 如下：

---

38 王淑鸝：〈DNA雙股螺旋結構——跨領域之美麗結晶〉，《成大校刊》24期（2013年2月），頁48-49。

39 張大慶、韓啟德：〈超越雙螺旋——DNA對科學與社會文化的影響〉，北京大學《醫學與哲學》（2003年7月），頁1-6。

40 約翰・格里賓著、方玉珍等譯：《雙螺旋探密——量子物理學與生命》（上海市：上海科技出版社，2001年7月），頁221-225。

其一：

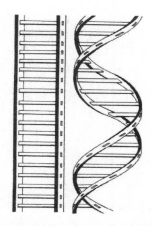

兩條 DNA 鏈相互盤旋，形成一個雙螺旋

其二：

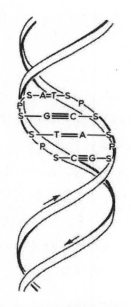

部分 DNA 雙螺旋近視圖

另外，如：

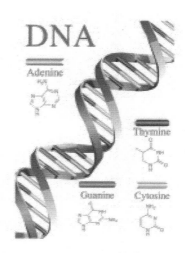

取材自：https://cn.pixtastock.com/illustration/7974176

從圖中可看出「**DNA**」一連串作「**8**」迴旋形跡之雙螺旋結構。對此，有一則報導說：

> 一九九〇年十一月二十日，《科技日報》頭版頭條登載了《我國科學研究的又一新發現——我國首次利用 STM 觀察到變性噬菌體「**DNA**」三鏈狀結構》的報導，引起科學界的重視。人體膠原蛋白的分子結構也像一條三股撐成的麻繩。這也是宇宙螺旋氣場的派生物。宇宙螺旋氣場有順時針左旋、逆時針右旋和由左右旋組成的「**8**」字形三種基本氣旋組成，在三種氣旋的指揮控制下，創造出變化萬千的生物基本細胞結構，從而衍生出種類繁多的生物種類[41]。

41 見《家居風水》2009年12月5日17：00評論：〈微波——創造生命的「上帝」〉，引自：http://www.daxishi.com/article/769.html。

而最近另有一則報導：〈美院士首次揭示「**DNA**」超螺旋的三維結構〉[42]，有附圖如下：

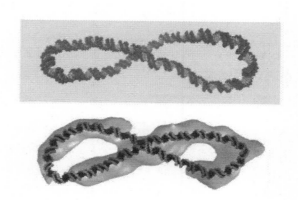

該圖像顯示，超級電腦模擬實驗計算出的「**DNA**」結構（有顏色）疊加了低溫電子斷層掃描資料（白色或黃色）。（沒有疊加到低溫電子斷層掃描資料為紫色圖「**8**」的形狀）你可以看到熟悉的雙螺旋結構已經簡單地彎曲成圓環狀，或撐成「**8**」字形。

圖片來源：Thana Sutthibutpong

依據以上所舉的圖示與說明，試先將鹼（碱）基雙雙配對，用梯形配合「0 一 二 多」與「轉化四律」呈現，可形成下圖：

---

42 2015年10月13日，由《今日科學》發表於《科學》，引自：https://kknews.cc/zh-tw/science/pkylo2.html。

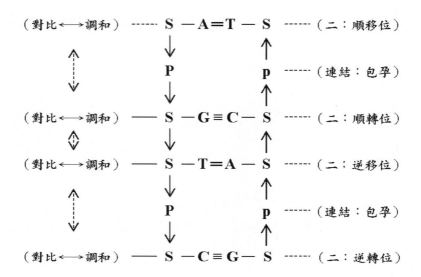

其中「**A**（Adenine：腺嘌呤）**↔T**（Thymine：胸腺嘧啶）」、「**G**（Guanine：鳥嘌呤）**↔C**（Cytosine：胞嘧啶）」為鹼基四密碼（雙雙形成「陰陽互動」）；「**S**」表示端點；「**P**」（磷酸根）表示連結（形成層次：涉及「包孕」之分合[43]與「對比 ↔ 調和」）；「**＝**」表示兩組（對）「氫鍵」，力度較弱（涉及「移位」）、「**≡**」表示三組（對）「氫鍵」，力度較強（涉及「轉位」）。由此層層以「對比 ↔ 調和」下徹、上徹並加以「包孕」，趨於「統一」，形成每一單元「**DNA**」的「０一二多雙旋螺層次邏輯結構」，呈現如下簡表：

---

43 陳滿銘：《陰陽雙螺旋互動論——以「０一二多」層次邏輯系統作通貫觀察》第四章（臺北市：萬卷樓圖書公司，2016年7月），頁111-146。今收入《跨界章法學研究叢書》中。

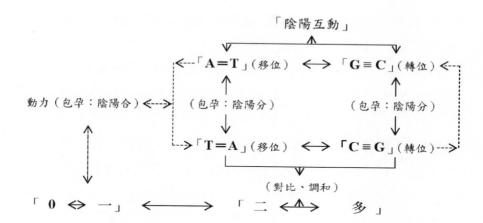

如單就「轉化四律」來看，則可呈現如下簡圖：

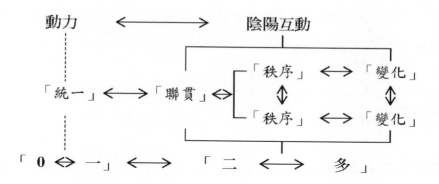

可見這種「雙螺旋層次邏輯結構」，都一律由「一順一逆」的「0 一二多」雙螺旋邏輯結構，按「轉化四律」加以層層組織，以體現大自然「生生不息」的雙螺旋「轉化」運作規律[44]。

---

44 陳滿銘：〈論螺旋邏輯學的創立──以哲學螺旋與科學螺旋為鍵軸探討其體系之建構〉，《國文天地・學術論壇》31卷1期（2015年6月），頁116-136。又，陳滿銘：〈哲學螺旋與科學螺旋的對應、貫通──以「多二一（0）」與「DNA」雙螺旋結構為重心作探討〉，同注18，頁19-22。

　　對這種無所不在的「DNA」，【哈佛大學聲稱在 DNA 中發現上帝的信息】說：「哈佛大學的研究人員宣佈，他們已經發現了人類基因組中隱藏著來自上帝的信息。一隊頂級遺傳學家在對非編碼 DNA 部分進行探查，發現了一個由二十二個古代亞拉姆文字組成的信息，證實了上帝的存在，以及他在創造地球生命中所扮演的角色。這個驚人的發現是上帝存在無可辯駁的證據，並說明了他在自然選擇進化過程中的地位。當時研究人員注意到基因組內某一部分出現了奇怪的數學模式，結果就發現了這條信息。該項目的首席科學家查爾斯‧沃森說：『我們知道這個模式不是自然發生的，但我們不能拿出任何令人信服的解釋。』我們當時一時興起，開始將這個模式與語言數據庫交叉引用」他解釋說：『結果震驚地發現，這個模式相當於古代亞拉姆語。』團隊人員被這個發現驚呆了，急忙聯繫了熟悉亞拉姆語的語言專家──耶穌基督在日常生活中就是使用這種語言：

　　　　"Hallo may childen. This is Yahweh, the one ture Lord. You have found creation's secret. Now share it peacefully with the world."

經過完全解碼，這條信息的意思是：『你好，我的孩子，我是耶和華，真正唯一的主，你已經找到了創造的秘密，現在可以和世界平靜地分享它。』」[45]

　　又，當代最偉大科學計畫「人類基因計畫」主持人法蘭西斯‧柯林斯先說[46]：「我身為一個化學家，當然知道 DNA 的性質如何的不

45　〈哈佛大學聲稱在DNA中發現上帝的信息〉，節錄自原網址：http://dailycurrant.com/2013/02/01/message-god-hidden-dna-sequence/

46　法蘭西斯‧柯林斯著、林宏濤譯：《上帝的語言》（臺北市：啟示出版，2010.6年10月二版二刷），頁119-123。

同凡響，而關於生命密碼的答案又有多麼的精彩，因此對於這個分子深感敬畏。就讓我試著解釋一下 DNA 有多麼優雅。」

其次說：「如圖 4.1 所示，DNA 分子有許多很讓人驚奇的特徵。外部的脊骨是兩條由磷酸和糖排列的單調骨架，但是有趣的東西是在內部。各階梯是由四種化合物組成的，它們稱為「鹼基」（bases）。我們（根據 DNA 鹼基的實際名稱）把它們簡稱為 A、C、G、T。每個化學鹼基都有一個特殊的模型。」

又說：「現在想像在這四種模型當中，模型 A 只能互補配對到模型 T 的相鄰階梯，而模型 G 也只能接到模型 C 的階梯。它們就是「鹼基對」（bases pairs）。於是你可以把 DNA 分子描繪成扭曲的梯子，每一階都由一個鹼基對組成。一共有四種可能的階梯：A-T、T-A、C-G、G-C。如果任何一股上面的鹼基受損，可以依據另一股去修復：例如說，唯有 T 才能夠取代 T。雙股螺旋最優雅的地方在於它自我複製的工具，因為每一股都可以作為產生新的一股的模子。如果把所有鹼基對拆開，從中間剖開每一個階梯踏板，那麼每一邊的梯子都包含了複製原來的梯子所需要的全部訊息。」

再說：「初步看來，我們會認為 DNA 就像是存在於細胞核裡的指令文字或軟體程式。它的編碼語言只有四個字母（有如電腦裡的兩位元）。一個指令（即基因）由數百個或數千個密碼字母組成。細胞所有的精緻功能，包括和我們一樣複雜的生物體，都必須由文字裡的字母排序決定。」

接著說：「科學家們起初不清楚那個程式是怎麼「跑」的。「傳訊 RNA」（RNA messenger, mRNA）的辨識則很靈巧地解開了謎題。構成個殊基因的 DNA 訊息複製出單股的傳訊 RNA 分子，那就像是搖晃著踏板的半邊梯子。單股的梯子從細胞核（訊息庫）輸出到細胞質（由蛋白質、油脂和碳水化合物組成的複雜膠狀混合物），進入一個

很優雅的蛋白質工廠,稱為核糖體(ribosome)。工廠裡有許多聰明的轉譯者,它們負責解讀漂浮著的傳訊 RAN 梯子上面突出的鹼基,把分子裡的訊息轉譯為一種由氨基酸組成的特殊蛋白質,三個『階梯』的 RNA 訊息組成一個氨基酸。蛋白質負責細胞的工作並維持其結構完整。」

又說:「如此簡單的描繪只是浮光掠影地看看 DNA、RNA 和蛋白質的優雅,而它們會繼續創造敬畏和驚奇。A、C、G、T 有六十四種可能的組合(即密碼子),卻只有二十種氨基酸。那意味著有內建的重複:例如,DNA 和 RNA 裡的 GAA 和 GAG 都對應到稱為「穀氨酸」(glutamic acid)的同一個氨基酸。」

然後說:「對於從細菌到人類眾多生物體的研究顯示,DNA 和 RNA 藉以轉譯為蛋白質的『基因密碼』遍佈於所有已知的生物體。生命的語言裡不容許有巴別塔。在土壤細菌、芥草、短吻鱷以及你的姑媽的生命語言裡,GAG 都意指著『穀氨酸』」。

最後說:「這些科學的進展催生了微生物學的領域。各種微型的化學驚奇的發現,包括作用像剪刀和漿糊一樣的蛋白質,讓科學家們可以藉由從不同地方一片片拼湊這些指令性的分子而控制 DNA 和 RNA。這些分子生物學的實驗把戲都稱為「重組 DNA」,鼓舞了整個生物科技界,結合其他的研究進展,更可望讓許多疾病的治療有革命性的改變。」

附圖 4.1：

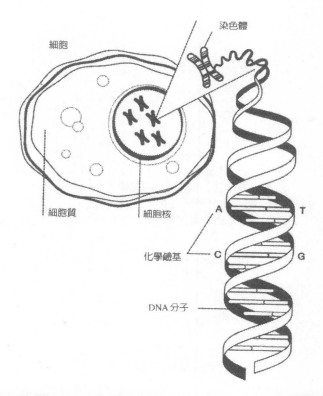

DNA 的雙股螺旋，由化學鹼基（A.C.B.T）的排列攜帶其訊息。
DNA 組成染色體，存在於細胞核裡。

附圖 4.2：

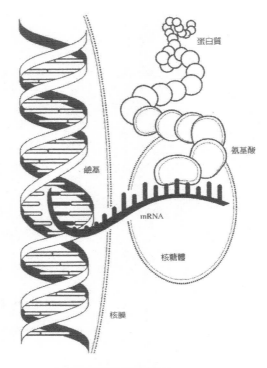

蛋白質的合成途徑

　　可見「DNA」源自「上帝」的說法，是相當響亮的。而「神學的
DNA」也可大聲宣揚了。

　　而如果就以此「**DNA**」（含原動力：**sidRNAs** [47]）切入，對應於
上舉「0 一二多」三種圖示，則可調整如下：

---

47 王小康、前偉強：〈DNA甲基化起始的原動力：sidRNAs〉，《中國科學・生命科學》
　　46卷3期（2016年3月），頁343-345。

一、單層「**DNA** 陰陽雙螺旋層次邏輯結構」圖：

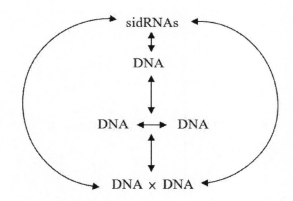

二、單層「**DNA**」在「轉化四律」融貫下的「陰陽雙螺旋層次邏輯結構」圖：

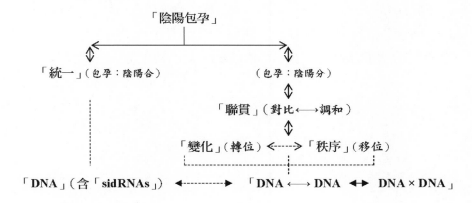

三、層層「DNA陰陽雙螺旋層次邏輯系統」圖：

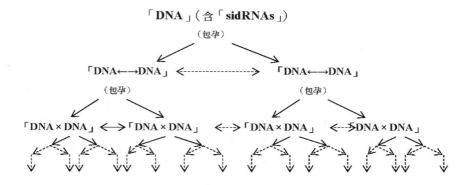

如此結合「轉化四律」與「0 一二多」，不斷作雙螺旋之「包孕」運動，便形成「DNA」層層「以大（大宇宙）包小（小宇宙）」之龐大系統；而天地人都整個包孕在其中了。

接著由此「轉化四律」中，「8」表「無極 ←→ 太極」的陰陽動力、「88」系列呈現「兩儀 ←→ 四象 ←→ 八卦 ←→ 六十四卦」的層層「轉化」之雙螺旋系統。其中「8（88）」之「轉化」，可整合如下表：

「8、88」互動	轉化類型
「8（1：陰）←→8（2：陽）」	順、逆向移位
「8（1：陰）→8（2：陽）→8（3：陰）」	順轉位
「8（1：陽）→8（2：陰）→8（3：陽）」	逆轉位
「對比（陰88）←→對比（陽88）」	順、逆移位
「調和（陰88）←→調和（陽88）」	順、逆移位
「對比（陽88）→調和（陰88）」	逆移位
「調和（陰88）→對比（陽88）」	順移位
「8（1：陰）／8（2：陰）」	陰包孕陰
「8（1：陰）／8（2：陽）」	陰包孕陽
「8（1：陽）／8（2：陽）」	陽包孕陽
「8（1：陽）／8（2：陰）」	陽包孕陰

如此以「**8（88）**」來概括順逆移轉位與包孕，而統合於「**0 一二多**」，則「**DNA**」之「轉化四律」可改用下圖來表示：

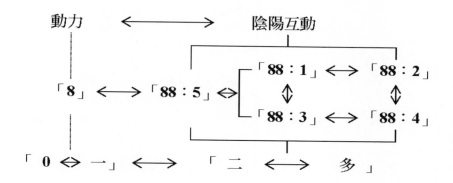

而如果以「**8（88）**」（隱性）切入，對應於上舉「0 一二多」（顯性）三種圖示，則可調整如下：

一、單層「『**S、ƨ**』、『**8**』、『**8←→8**』、『**88←→88**』」的「**88 陰陽**

雙螺旋層次邏輯結構」圖：

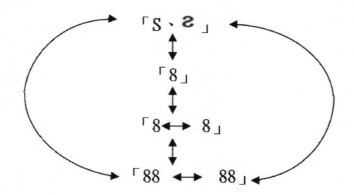

二、單層「『S、ƨ』、『8』、『8⟷8』、『88⟷88』」在「轉化四
　　律」融貫下的「88陰陽雙螺旋層次邏輯結構」圖：

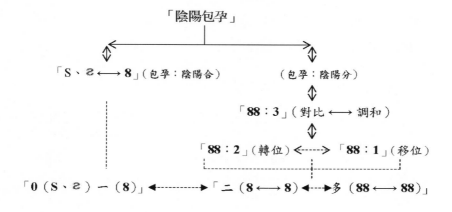

三、層層融貫「『S、ƨ』、『8』、『8⟷8』、『88⟷88』」的「88
　　陰陽雙螺旋層次邏輯系統」圖：

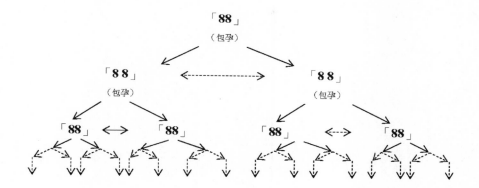

如此結合「轉化四律」與「0 一二多」，不斷作雙螺旋之「包孕」運動，便形成「『S、ƨ』、『8』、『8 ←→ 8』、『88 ←→ 88』」層層「以大（宇宙）包小（小宇宙）」之龐大系統：「88 陰陽雙螺旋系統」；而天地人都整個包孕在其中了 [48]。

---

48 陳滿銘：《陰陽雙螺旋互動論——以「0一二多」層次邏輯系統作通貫觀察》，同注43，頁123。

第三章
「0一二多」與「轉化四律」之「88」雙螺旋系統

　　大自然萬事萬物層層「轉化」的雙螺旋運動，主要是在「陰陽二元」對待、互動之持續作用下，以「秩序」（移位）、「變化」（轉位）、「聯貫」（對比、調和）與「統一」（包孕）之「轉化四律」加以規範，形成龐大之「0一二多」雙螺旋層次邏輯系統的。本章分三節依序進行論述。

第一節　「0一二多」與「轉化四律」

　　「陰陽雙螺旋層次邏輯」，俗稱「章法」，是研究深藏於宇宙人生「萬事萬物」之間，以「陰陽二元」之對待與互動為基礎，而形成其「陰陽雙螺旋層次邏輯」關係。若要挖掘這種「萬事萬物」之「雙螺旋層次邏輯」，將它們彰顯出來，則非靠由一般「科學方法」提升到哲學層面的「方法論」不可。而這些「方法論」，是可在「陰陽二元」不斷之對待與互動下，經「移位」（秩序）、「轉位」（變化）、「對比、調和」（聯貫）與「包孕」（統一），產生「互動、循環、往復而提升」之「0一二多」雙螺旋層次邏輯運動，構成其「微觀」（方法論：個別）、「中觀」（方法論原則：概括）而「宏觀」（方法論系統：體系）的完整體系，以呈現其普遍性與適應性，而由此打開「陰陽雙

螺旋層次邏輯學」研究的一扇大門[1]。

　　而此「三觀」可彼此對待、互動而形成雙螺旋層次邏輯關係，這種關係，可用如下簡圖呈現：

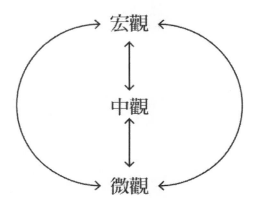

　　凡事物之轉化，脫離不了之「起因」、「過程」與「結果」。如《易》有「三易」（簡易、變易、不易）、「三才」（天、地、人），儒家主張「三德」（智、仁、勇）、三綱（明明德、親民、止於至善），佛家主張「三觀」（空觀、假觀、中觀）、史家主張三長（才、學、識）……等，不一而足。這是形成此「三觀」理則之主因[2]，而就「方法論」而言，也可由此觀察。本章特分三層依序論述。

1　此扇門自一九七四年開始逐漸打開，見陳滿銘：《比較章法學》（臺北市：萬卷樓圖書公司，2012年11月）。頁1-377。即以個人專著而言，除《比較章法學》外，《學庸義理別裁》（2002）、《論孟義理別裁》（2003）、《蘇辛詞論稿》（2003）、《意象學廣論》（2006）、《辭章學十論》（2006）、《多二一（0）螺旋結構論——以哲學、文學、美學為研究範圍》（2007）、《篇章意象學》（2011），皆屬「跨界章法學」之性質。。

2　陳滿銘：〈章法學三觀論〉，高雄師範大學《國文學報》21期・特約稿（2015年1月），頁1。

一　微觀層面

　　以微觀而言，主要是就「雙螺旋層次邏輯類型」，即「章法類型」[3] 而言的。凡是「章法」都由「陰陽二元」之對待、互動，呈現其層次邏輯關係，而形成多種類型。這種「陰陽二元」對待、互動觀念的論述，在我國的哲學古籍裡，很容易找到。其中以《周易》與《老子》二書，為最早而最明顯。

　　先以《周易》來看，它以「陰陽」為其一對基本概念，是由此陰（斷 --）陽（連 一）二爻而衍為四象，再由四象而衍為八卦、六十四卦的。而八卦之取象，是兩相對待的，即乾（天）為「三連」（☰）而坤（地）為「六斷」（☷）、震（雷）為「仰盂」（☳）而艮（山）為「覆碗」（☶）、離（火）為「中虛」（☲）而坎（水）為「中滿」（☵）、兌（澤）為「上缺」（☱）而巽（風）為「下斷」（☴）；而所謂「三連」（陰）與「六斷」（☷）、「仰盂」（☳）與「覆碗」（☶）、「中虛」（☲）與「中滿」（☵）、「上缺」（☱）與「下斷」（☴），正好形成四組兩相互動之運作關係，以呈現其簡單的「二元互動」之邏輯結構。後來將此八卦重疊，推演為六十四卦，雖更趨複雜，卻依然存有這種「二元互動」的運作關係，如「坎（☵）上震（☳）下」（〈屯〉）與「震（☳）上坎（☵）下」（〈解〉）、「艮（☶）上巽（☴）下」（〈蠱〉）與「巽（☴）上艮（☶）下」（〈漸〉）、「乾（☰）上兌（☱）下」（〈履〉）與「兌（☱）上乾（☰）下」（〈夬〉）、「離上（☲）坤（☷）下」（〈晉〉）與「坤（☷）上離（☲）下」（〈明夷〉）……等，就是如此。而〈雜卦〉云：

3　陳滿銘：《章法學綜論》（臺北市：萬卷樓圖書公司，2003年6月），頁17-33。又，蒲基維：〈章法類型概說〉，《大學國文選・教師手冊・附錄三》（臺北市：普林斯頓國際有限公司，2011年7月二版修訂），頁483-523。

乾，剛；坤，柔。比，樂；師，憂。臨、觀之意，或與或
求。……震，起也；艮，止也。損、益，衰盛之始也。大畜，
時也；無妄，災也。萃，聚，而升，不來也。謙，輕；而豫，
怡也。……兌，見；而巽，伏也。隨，無故也；蠱，則飭也。
剝，爛也；復，反也。晉，晝也，明夷，誅也。井，通；而
困，相遇也。咸，速也；恆，久也。渙，離也；節，止也。
解，緩也；蹇，難也。睽，外也；家人，內也。否、泰，反其
類也。……革，去故也；鼎，取新也。小過，過也；中孚，信
也。豐，多故也；親寡，旅也。離，上；而坎，下也。……大
過，顛也；頤，養正也。既濟，定也；未濟，男之窮也。姤，
遇也，柔遇剛也；……夬，決也；剛決柔也。君子道長，小人
道憂也。

這些卦的要義或特性，都兩兩對待、互動，如剛和柔、樂和憂、與和
求、起和止、衰和盛、時和災、見和伏、速和久、離和止、外和內、
否和泰、去故和取新、多故和親寡、上和下……等等。由此反映宇宙
人生之「雙螺旋層次邏輯」，為人生行為找出準則，以適應宇宙自然
之動態規律 [4]。

　　後以《老子》來看，這種「陰陽二元」之對待、互動，也處處可
見，如：

---

4 陳滿銘：〈論螺旋邏輯學的創立——以哲學螺旋與科學螺旋為鍵軸探討其體系之建
　構〉，《國文天地·學術論壇》31卷1期（2015年6月），頁116-136。又參見徐復觀：
　《中國人性論史·先秦篇》（臺北市：臺灣商務印書館，1978年10月四版），頁
　202；陳望衡：《中國古典美學史》（長沙市：湖南教育出版社，1998年8月一版一
　刷），頁182。

天下皆知美之為美，斯惡已；皆知善之為善，斯不善已。故有無相生，難易相成，長短相較，高下相傾，音聲相和，前後相隨。（二章）

寵辱若驚，貴大患若身。何謂寵辱若驚？寵為下，得之若驚，失之若驚，是謂寵辱若驚。（十三章）

曲則全，枉則直，窪則盈，敝則新，少則得、多則惑，是以聖人抱一，為天下式。（二十二章）

知其雄，守其雌，為天下谿；常德不離，復歸於嬰兒。知其白，守其黑，為天下式；為天下式，常德不忒，復歸於無極。知其榮，守其辱，為天下谷；為天下谷，常德乃足，復歸於樸。（二十八章）

如上所引，「美」（喜）與「惡」（怒）、「善」（是）與「不善」（非）[5]、「有」與「無」、「難」與「易」、「長」與「短」、「高」（上）與「下」、「前」與「後」、「寵」（榮）與「辱」、「得」與「失」、「曲」（偏）與「全」、「枉」（曲）與「直」、「窪」與「盈」、「敝」與「新」、「少」與「多」、「重」與「輕」、「靜」與「躁」、「雄」與「雌」、「白」與「黑」等，都是兩相對待而互動的。

到目前為止，透過「模式研究」（人為探索）以對應「客觀存在」（自然呈現）[6]的努力結果，已發現之「章法類型」有：今昔、久暫、遠近、內外、左右、高低、大小、視角轉換、知覺轉換、時空交

5 王弼注二章：「美者，人心之所進樂也；惡者，人心之所惡疾也。美、惡，猶喜、怒也；善、不善，猶是、非也。喜、怒同根，是、非同門；故不得而偏舉也。此六者，皆陳自然不可偏舉之名數。」見《老子王弼注》（臺北市：河洛圖書出版社，1974年10月臺景印初版），頁3。

6 陳滿銘：〈論辭章之無法與有法——以客觀存在與科學研究作對應考察〉，彰化師範大學《國文學誌》23期（2011年12月），頁29-63。

錯、狀態變化、本末、淺深、因果、眾寡、並列、情景、論敘、泛
具、虛實（時間、空間、假設與事實、虛構與真實）、凡目、詳略、
賓主、正反、立破、抑揚、問答、平側（平提側注、平提側收）、縱
收、張弛、插補、偏全、點染、天（自然）人（人事）、圖底、敲
擊……等類型 [7]，都由「陰陽二元」互動所形成。大抵而論，屬於
本、先、靜、低、內、小、近……的，為「陰」為「柔」，屬於末、
後、動、高、外、大、遠……的，為「陽」為「剛」[8]。如「正反」
法以「正」為「陰」而「反」為「陽」、「因果」法以「因」為「陰」
而「果」為「陽」，而其他的也皆如此，以反映自然運動的雙螺旋層
次邏輯準則。

就單以「偏（陽）全（陰）」而言，「三一」語言學派創始人王希
杰認為就是「方法論」，說：「值得一提的是，在〈從偏全的觀點試解
讀四書所引生的一些糾葛〉一文 [9] 中，「滿銘教授說：『讀古書，尤
其是有關義理方面的專著，很多時候是不能一味單從「偏」（局部）
或「全」（整體）的觀點來瞭解其義的。讀《四書》也不例外，必須
審慎地試著辨明「偏」還是「全」的觀點來加以理解，才不至於犯混
同的毛病。』……我認為，滿銘教授的這一說法是具有『方法論』意
義的。」[10]

可見這些由「陰陽二元」對待、互動所形成之「章法類型」，亦
即「雙螺旋層次邏輯類型」，能在《周易》、《老子》中尋得其哲理根
源，成為「雙螺旋層次邏輯學」中屬於「微觀」層面之「方法論」。

7　陳滿銘：《章法學綜論》，同注3，頁17-32。

8　陳望衡：《中國古典美學史》，同注4，頁184。

9　陳滿銘：〈從偏全的觀點試解讀《四書》所引生的一些糾葛〉，臺灣師範大學《中國
　　學術年刊》13期（1992年4月），頁11- 22。

10　王希杰：〈陳滿銘教授和章法學〉，《畢節學院學報》總96期（2008年2月），頁1-5。

二　中觀層面

　　這主要是就「螺旋層次邏輯規律」，亦即「章法規律」而言的。章法結構是在「陰陽二元」對待、互動之作用下，由「移位」或「轉位」與「對比、調和」、「包孕」而形成的。其中由「移位」呈現「秩序律」；「轉位」呈現「變化律」；「對比、調和」徹下、徹上以呈現「聯貫律」；由「包孕」徹下、徹上以呈現「統一律」。而這種「雙螺旋層次邏輯」之四大規律，乃先由「秩序」而「變化」而「聯貫」，然後趨於「統一」，形成「雙螺旋層次邏輯系統」。這種理論，可見於《周易》與《老子》[11]。在此，也只歸本於《周易》作簡要探討。

　　先以「秩序」而言，涉及「移位」，此乃「陰陽二元」最基本的一種對待、互動，以起伏消息、迭相推盪而產生的。因為事物之發展是統一物分裂為兩相對待、互動的運作過程，而此對待面的相互作用，在《周易》的《易傳》中以相互推移（剛柔相推）、相互摩擦（剛柔相摩）、與相互衝擊（八卦相盪）等各種表現形式[12]，為順向移位與逆向移位，提出了最精微的論證。就以〈乾卦〉來看，由初九的「潛龍，勿用」，移向九二的「見龍在田，利見大人」，移向九三的「君子終日乾乾，夕惕若。厲，無咎」；再移向九四的「或躍在淵，無咎」；然後躍升，移向九五的「飛龍在天，利見大人」，形成一連串的順向位移。上九，則因已到達了極限、頂點，會由吉變凶，漸次另形成逆向移位，開始向對待面轉化，造成另一種轉位，故說是「亢龍有悔」了。而這種「移位」全離不開雙向「陰陽」待、互動之作用：

---

11 陳滿銘：〈論章法四大律之方法論原則──以多二一（0）螺旋結構作系統探討〉，臺灣師範大學《中國學術年刊》33期春季號（2011年3月），頁87-118。

12 馮友蘭：《中國哲學史新編》二（臺北市：藍燈文化公司，1991年12月），頁376。

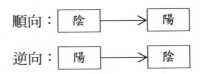

而六爻之所以能夠用以模擬事物的運動變化，是因「六位」能體現
「道」的陰陽對待、互動、統一之規律性。而此「六位」原則一確
立，整個自然界與人類社會的基本規律全都可加以反映，故〈說卦
傳〉將其概括為「分陰分陽」，「六位而成章」，以「六位」體現著哲
學原理。「六爻」體現著事物在一定規律支配下的變化運動過程，從
時間性上可劃分為潛在的與顯露的兩大階段，以一卦的卦象去體現，
而其運動變化即可以由此清楚地瞭解而加以掌握[13]。因此，內外卦之
間可以相互往來升降，六個爻畫之間也可以相互往來升降；通過這種
往來升降的相互作用，就使種種的轉化運動，產生了一連串的順向移
位（陰→陽）與逆向移位（陽→陰）；如：

（一）「正反」法：「正（陰）→反（陽）」（順向）、「反（陽）→
　　　正（陰）」（逆向）
（二）「因果」法：「因（陰）→果（陽）」（順向）、「果（陽）→
　　　因（陰）」（逆向）

這種「移位」全離不開「陰陽二元」之對待、互動作用，由此呈現
「秩序律」。

---

13 徐志銳：《周易陰陽八卦說解》（臺北市：里仁書局，2000年3月初版四刷），頁60-
　　73。

　　次以「變化」而言，涉及以「移位」為基礎的「轉位」[14]。由於「陰陽」對待、互動、生生而一，使《周易》哲學之發展形成開放的序列。這一序列正體現在〈乾〉、〈坤〉兩卦的「用九」、「用六」上。而「用九」、「用六」並不侷限於〈乾〉、〈坤〉兩卦，而是為六十四卦發其通例，然後每一卦位在九、六互變中，均可一一尋出因「移位」而造成「轉位」的變動歷程。由〈乾〉、〈坤〉，而至〈既濟〉、〈未濟〉，〈序卦〉不但說明了由運動變化而形成秩序的無窮盡歷程，也表示了宇宙萬物由六十四卦的位位互移，運動變化到達極點時，即會形成「大反轉」，返本而回復其根，形成另一個對待、互動的循環系統。這一個「大反轉」，就是一個「大轉位」。這種「大轉位」可用下圖來表示：

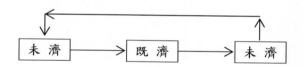

這雖是就「大轉位」而言，但「小轉位」又何嘗不是如此呢？就在這對待、互動的「循環系統」中，自然涵蘊著無限的陰陽之「轉位」，如下圖：

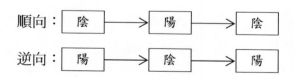

---

14 陳滿銘：〈章法的「移位」、「轉位」結構論〉，臺灣師範大學《師大學報・人文與社會類》49卷2期（2004年10月），頁1-22。又，黃淑貞：〈《周易》「移位」、「轉位」論〉，《孔孟月刊》44卷5、6期（2006年2月），頁4-14。

這種對待、互動之「循環系統」，由陰陽、剛柔的相摩相推，太儀而兩儀，兩儀而四象，四象而八卦，八卦而六十四卦；再由六十四卦的位位互移、反轉，運動變化到達極點，形成「大位移」、「大反轉」，反本而回復其根，使萬物生生而無窮。因此，《周易》講「生生之德」的「生生」，即不絕之意，也深具新陳代謝之意。說明了由「陰陽二元」互動而轉化，宇宙萬物就在一次又一次的大小「移位」、「轉位」中，循環往復，永無止境。其中以「轉位」來說，產生「陰 →陽 → 陰」（順向）與「陽 → 陰 → 陽」（逆向）的變化，如：

（一）「正反」法：「正（陰）→ 反（陽）→ 正（陰）」（順向）、
　　　「反（陽）→ 正（陰）→ 反（陽）」（逆向）

（二）「因果」法：「因（陰）→ 果（陽）→ 因（陰）」（順向）、
　　　「果（陽）→ 因（陰）→ 果（陽）」（逆向）

而由此呈現「變化律」。

　　再以「聯貫」而言，這種「轉化」主要有兩種：「對比」與「調和」。以「對比」而言，也稱「異類相應的聯繫」，如上引〈雜卦〉所謂的「剛」與「柔」、「樂」與「憂」、「與」與「求」、「起」與「止」、「衰」與「盛」、「時」與「災」、「見」與「伏」、「速」與「久」、「離」與「止」、「否」與「泰」……等都是，對此，戴璉璋說：「以上各卦所標示的特性或要義：剛和柔、樂和憂、與和求、起和止、盛和衰等等，都是異類相應的聯繫。」[15]以「調和」而言，是由史伯、晏嬰「同」的觀念發展出來的。原來的「同」，指「同一物的加多或重複」，到了《周易》，則指同類事物的「相從」，〈雜卦〉

---

15 戴璉璋：《易傳之形成及其思想》（臺北市：文津出版社，1988年11月），頁196。

云：「屯，見而不失其居；蒙，雜而著。……大壯，則止；遯，則退也。大有，眾也；同人，親也。……小畜，寡也；履，不處也。需，不進也；訟，不親也。……歸妹，女之終也；漸，女歸待男行也。」這是以「止」和「退」、「眾」和「親」、「寡」和「不處」、「不進」和「不親」、「女之終」和「女歸待男行」等的相類而形成「同類相從的聯繫」（調和），對此，戴璉璋說：「依〈序卦傳〉，屯與蒙都是代表事物始生、幼稚時期的情況，〈雜卦傳〉作者用『見而不失其居』、『雜而著』來描述屯、蒙兩卦的特性，也都是就始生的事物而言。此外引〈大壯〉以下各卦的『止』和『退』、『眾』和『親』、『寡』和『不處』、『不進』和『不親』、『女之終』和『女歸待男行』，都是同類相從的聯繫。」[16] 而這所謂的「對比」、「調和」，是對應於「剛柔」來說的[17]。如說得徹底一點，即一切「對比」與「調和」，都是由於陰（柔）陽（剛）相對、相交、相和的結果，如單以「章法類型」來說，「正反」為「對比」、「因果」為「調和」[18]。這樣結構由單一而系統、下徹而上徹，以凸顯了相反相成的對待、互動作用，而趨於「統一」的「雙螺旋層次邏輯結構」；「聯貫律」即由此呈現。

終以「統一」而言，主要涉及「包孕」。在《周易》六十四卦中，除「乾」、「坤」兩卦，一為陽之元，一為陰之元外，其他的六十二卦，全是由「陰陽二元」對待、互動而含融、聯貫而統一的。《周易‧繫辭下》說：「陽卦多陰，陰卦多陽。其故何也？陽卦奇，陰卦偶。」對此，清焦循注云：「陽卦之中多陰，則陰卦之中多陽。兩相

---

16 戴璉璋：《易傳之形成及其思想》，同上注，頁195。

17 歐陽周、顧建華、宋凡聖編著：《美學新編》（杭州市：浙江大學出版社，2001年5月一版九刷），頁81。又，仇小屏：《古典詩詞時空設計美學》（臺北市：文津出版社，2002年11月初版一刷），頁332。

18 仇小屏：〈論辭章章法的對比與調和之美〉，《章法學論文集》上冊（福州市：海潮攝影藝術出版社，2002年12月第一版），頁78-97。

孚合捋多益寡之義也。如〈萃〉陽卦也，而有四陰，是陰多於陽，
則以〈大畜〉孚之。〈大有〉陰卦也，而有五陽，是陽多於陰，則以
〈比〉孚之。設陽卦多陽，則陰卦必多陰，以旁通之；如〈姤〉與
〈復〉、〈遯〉與〈臨〉是也。聖人之辭，每舉一隅而已。……奇偶
指五，奇在五則為陽卦，宜變通於陰；偶在五則為陰卦，宜進為
陽。」[19] 可見《周易》六十四卦，有陽卦與陰卦之分，而要分辨陽卦
與陰卦，照焦循的意思，是要看「奇在五」或「偶在五」來決定，
意即每卦以第五爻分「陰陽」，如是陽爻則為陽卦，如為陰爻則是陰
卦 [20]。如此卦卦都產生「陰陽包孕」之作用。這種作用，如鎖定單一
結構，擴及全面，以「陽／陰或陽」而言，則可形成下列三種不同的
包孕式結構：

$$
\text{（一）陽}
\begin{cases}
\text{陽} \\
\text{陰}
\end{cases}
\qquad
\text{（二）陽}
\begin{cases}
\text{陰} \\
\text{陽}
\end{cases}
\qquad
\text{（三）陽}
\begin{cases}
\text{陽} \\
\text{陰} \\
\text{陽}
\end{cases}
$$

其中（一）、（二）兩種，如：

（一）「正反」法：「反（陽）／反（陽）→正（陰）」、「反（陽）
　　　／正（陰）→反（陽）」

（二）「因果」法：「果（陽）／果（陽）→因（陰）」、「果（陽）
　　　／因（陰）→果（陽）」

---

19 陳居淵：《易章句導讀》（濟南市：齊魯書社，2002年12月一版一刷），頁209。

20 陽卦與陰卦之分，或以為要看每一卦之爻畫線段的總數來決定，如為奇數屬陽，如
　是偶數則為陰。見鄧球柏：《帛書周易校釋》（長沙市：湖南人民出版社，2002年6月
　三版一刷），頁536。

這些都可形成「移位」結構外，（三）又可合而形成「轉位」結構，如：

（一）「正反」法：「反（陽）／反（陽）→正（陰）→反（陽）」
（二）「因果」法：「果（陽）／果（陽）→因（陰）→果（陽）」

以「陰／陽或陰」而言，則可形成下列三種不同的包孕式結構：

（一）陰┬陽　　（二）陰┬陰　　（三）陽┬陰
　　　├　　　　　　├　　　　　　　├陽
　　　└陰　　　　　└陽　　　　　　└陰

　其中（一）、（二）兩種，如：

（一）「正反」法：「正（陰）／反（陽）→正（陰）」、「正（陰）
　　　／正（陰）→反（陽）」
（二）「因果」法：「因（陰）／果（陽）→因（陰）」、「因（陰）
　　　／因（陰）→果（陽）」

這些都一樣可形成「移位」結構外，（三）又可合而形成「轉位」結構[21]，如：

（一）「正反」法：「反（陽）／正（陰）→反（陽）→正（陰）」

---

21 其中有關於《易傳》的論述，詳見陳滿銘：〈章法包孕式結構論──以「多」、「二」、「一（0）」螺旋結構切入作考察〉，《江南大學學報・人文社會科學版》5卷4期（2006年8月），頁85-90。又，陳滿銘：〈論章法包孕結構之陰陽變化──以蘇辛詞為例作觀察〉，臺北大學《中文學報》15期（特稿）（2014年3月），頁1-24。

（二）「因果」法：「果（陽）／因（陰）→果（陽）→因（陰）」

於是就在這種作用下，結構由單一而系統，以產生下徹的作用，統合了「秩序、變化、聯貫」的轉化運動，而由此呈現「統一律」。

可見這四大「轉化規律」，對「章法類型」來說，有「概括」作用，都可從《周易》（《老子》）裡尋得其哲理源泉，成為「章法學」中屬於「中觀」層面之「方法論原則」。對此，王希杰說：「陳滿銘教授……把章法變成一門科學——可以把握，有規律規則可以遵循的學問。這是一個了不起的貢獻。……但是……法則太多，可能顯得繁瑣、瑣碎，使人難以把握的。可貴的是，陳滿銘教授……力圖建立統率這些比較具體的法則的更高的原則。……創建了四大原則：（一）秩序律，（二）變化律，（三）聯貫律，（四）統一律……這符合科學的最簡單性原則，而且也是變化無窮的。這其實就是《周易》的方法論原則，乾坤兩卦，生成六十四卦。所以他的章法學是一個具有生成轉化潛能的體系，或者說是具有生成性。因此是具有生命力的。」[22]

三　宏觀層面

這主要是就「雙螺旋層次邏輯系統」，即「0 一二多」而言的。從根本來看，「陰陽二元」的對待、互動乃一切「轉化」之根源，就拿八卦與由八卦重疊而成的六十四卦來說，即全由「陰陽」二爻所構成，以象徵並概括宇宙人生的各種變化，〈說卦〉說的「觀變於陰陽而立卦」，就是這個意思。《易傳》以為就在這種「陰陽」的相對、相

---

22 王希杰：〈陳滿銘教授和章法學〉，同注10。又，陳滿銘：〈論章法四大律之方法論原則——以多二一（0）螺旋結構作系統探討〉，同注11。

交、相和之「互動」作用下，變而通之，通而久之，於是創造了天地萬物（含人類），達於「統一」的境地[23]。而《易傳》這種「對待、互動」的「轉化」思想，也可推源到「和」的觀念，它始於春秋時之史伯，他從四支（肢）、五味、六律、七體（竅）、八索（體）、九紀（臟）到十數、百體、千品、萬方、億事、兆物、經入、姟極，提出「和」的觀點，[24]「作為對事物的多樣性、多元性衝突融合的體認」[25]，而後到了晏子，則作進一步之論述，認為「和」是指兩種相對事物之融而為一，即所謂「清濁、小大、短長、疾徐、哀樂、剛柔、遲速、高下、出入、周疏，以相濟也」[26]。如此由「多樣的和（統一）」（史伯）進展到「兩樣（對待）的和（統一）」（晏子），再進一層從對待多數的「兩樣」中提煉出源頭的「剛（陽）柔（陰）」，而成為「剛（陽）柔（陰）的統一」（《易傳》），形成了「『多』（多樣事物、多樣對待）→『二』（剛柔、陰陽）→『一』（統一）」的順序，進程逐漸是由「委」（有象）而追溯到「源」（無象），很合於歷史發展的軌跡。而這種結構，如對應於「三易」（《易緯・乾鑿度》）而言，則「多」說的是「變易」、「二」說的是「簡易」，而「一」說的是「不易」。因此「三易」不但可概括《周易》之內容與特色，也

---

23 陳望衡：「《周易》中的陰陽理論強調的不是相反事物的對立，而是相反事物的相交、相和。《周易》認為，陰陽相交是生命之源，新生命的產生不在於陰陽的對立，而在陰陽的交感、統一。因此陰陽的相合不是量的增加，而是新質的產生，是創造。因此，陰陽相交、相合的規律就是創造的規律。」見《中國古典美學史》，同注4，頁182。

24 易中天注譯，侯迺慧校閱：《國語・鄭語》，《新譯國語讀本》（臺北市：三民書局，1995年11月），頁707-708。

25 張立文：《中國哲學邏輯結構論》（北京市：中國社會科學出版社，2002年1月一版一刷），頁22。

26 楊伯俊：《左傳・昭公二十年》，《春秋左傳注》（臺北市：源流文化公司，1982年4月再版），頁1419-1420。

可藉以呈現「多 ←→ 二 ←→ 一」的雙螺旋層次邏輯系統 [27]。

以順向而言，其結構為「多 → 二 → 一」，若倒過來，由「源」而「委」地來說，就成為「一 → 二 → 多」[28] 了。在《老子》、《易傳》中就可找到這種說法，如：

> 道生一，一生二，二生三，三生萬物。萬物負陰抱陽，沖氣以為和。(《老子·四十二章》)
>
> 易有太極，是生兩儀，兩儀生四象，四象生八卦。(《周易·繫辭上》)

這樣，結合《周易》和《老子》來看，它們所主張的「道」，如僅著眼於其「同」，則它們主要透過「相反相成」、「返本復初」而循環不已的螺旋作用，不但將「一 → 多」的順向歷程與「多 → 一」的逆向歷程前後銜接起來，更使它們層層推展，「循環、往復而提高」不已，而形成了螺旋式結構，以呈現宇宙創生、含容而轉化的萬物基本動態規律。

而最值得注意的是：就在這「由一而多」(順)、「由多而一」(逆)的過程中，是有「二」介於中間，以產生承「一」啟「多」的

---

27 《周易》六十四卦，由第一卦〈乾〉至第六十三卦〈既濟〉為一循環，而由第六十四卦〈未濟〉倒回〈乾卦〉開始為又一循環，如此不斷循環就有「螺旋」意涵在內。見陳滿銘：〈論「多」、「二」、「一(0)」的螺旋結構——以《周易》與《老子》為考察重心〉，臺灣師範大學《師大學報·人文與社會類》48卷1期(2003年7月)，頁1-21。

28 就由「無」而「有」而「無」的整個循環過程而言，可以形成「(0)一、二、三(多)」(正)與「三(多)、二、一(0)」(反)的螺旋關係。此種螺旋關係，涉及哲學、文學、美學……等，見陳滿銘：〈意象「多」、「二」、「一(0)」螺旋結構論——以哲學、文學、美學作對應考察〉，《濟南大學學報·社會科學版》17卷3期(2007年5月)，頁47-53。

作用的。而這個「二」，從「道生一，一生二，二生三，三生萬物」等句來看，該就是「一生二，二生三」的「二」。雖然對這個「二」，歷代學者有不同的說法，大致說來，以為「二」是指「陰陽二（兩）氣」[29]。而這種「陰陽二氣」的說法，其實也照樣可包含「天地」在內，因為「天」為「乾」為「陽」，而「地」則為「坤」為「陰」；所不同的，「天地」說的是偏於時空之形式，用於持載萬物[30]；而「陰陽」指的則是偏於「二氣之良能」[31]，用於創生萬物。這樣看來，老子的「一」該等同於《易傳》之「太極」、「二」該等同於《易傳》之「兩儀」（陰陽），因此所呈現的，和《周易》（含《易傳》）一樣，是「一→二→多」與「多→二→一」之原始結構。不過，值得一提的是：（一）即使這「一」、「二」、「多」之內容，和《周易》（含《易傳》）有所不同，也無損於這種結構的存在。（二）「道生一」的「道」，既是「創生宇宙萬物的一種基本動力」，而它「本身又體現了無（无）」[32]，那麼正如王弼所注「欲言無（无）耶，而物由以成；欲言有耶，而不見其形」[33]，老子的「道」可以說是「无」，卻不等於實際之「無」（實零）[34]，而是「恍惚」的「无」（虛零），以指在「一」之前的「虛理」[35]。這種「虛理」，如勉強以「數」來表示，則可以是「0」。這樣，順、逆向的結構，就可調整為「0→一→二→

---

29 以上諸家之說與引證，見黃釗：《帛書老子校注析》（臺北市：臺灣學生書局，1991年10月），頁231。

30 徐復觀：《中國人性論史·先秦篇》，同注4，頁335。

31 朱熹：《四書集注》（臺北市：學海出版社，1984年9月），頁31。

32 林啟彥：《中國學術思想史》（臺北市：書林出版社，1999年9月一版四刷），頁34。

33 王弼：《老子王弼注》，同注5，頁16。

34 馮友蘭：《馮友蘭選集》上卷（北京市：北京大學出版社，2000年7月一版一刷），頁84。

35 唐君毅：《中國哲學原論·導論篇》（香港：新亞研究所，1966年3月），頁350-351。

多」（順）與「多→二→一→0」（逆），以補《周易》（含《易傳》）之不足，這就使得宇宙萬物創生、含容的順、逆向歷程，更趨於完整而周延了 [36]。而順、逆向的統合，可用「0 一二多」來表示。其關係可用如下簡圖加以呈現：

（一）單層「0 一二多雙螺旋層次邏輯結構」圖：

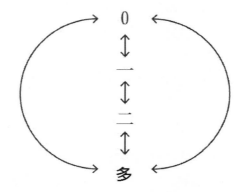

（二）單層「0 一二多」「轉化四律」融貫下的「雙螺旋層次邏輯結構」圖：

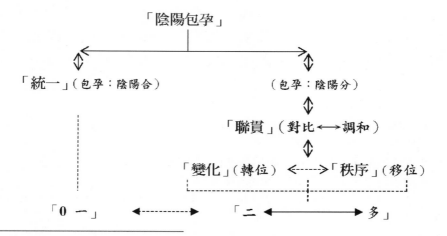

---

36 陳滿銘：〈論「多」、「二」、「一（0）」的螺旋結構——以《周易》與《老子》為考察重心〉。同注21。

（三）層層「0一二多雙螺旋層次邏輯系統」圖：

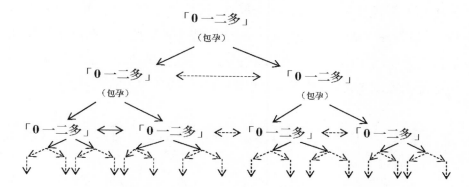

　　而此「雙螺旋層次邏輯系統」中每一層的內容或意象，雖可以萬變、億變，但每一層都以「陰陽二元」之對待、互動為「二」，「秩序（移位）、變化（轉位），聯貫（對比、調和）」為「多」，「統一（包孕）」為「一→0」，亦即由「0」包孕「一」（陰陽未分），由「一」包孕「二」（分陰分陽），由「二」包孕「多」，呈現不變之雙螺旋層次邏輯結構；而由此層層「包孕」，便形成「以大包小」之龐大系統。

　　如此以「0一二多」配合「章法類型」（微觀）與「四大規律」（中觀）來看，它們的關係可表示如下簡圖：

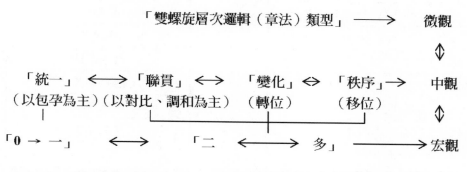

由此可見「宏觀」層的「0一二多雙螺旋層次邏輯系統──「方法論

系統」[37]，是可統合「微觀」層的「雙螺旋層次邏輯（章法）類型」、「中觀」層的「四大規律」（「秩序（移位）」、「變化（轉位）」、「聯貫」（以對比、調和為主）與「統一（以包孕為主）」，而形成其雙螺旋層次邏輯（章法）學「方法論」之「三觀」體系的。而這些動態的層次邏輯理則，都同樣源出於《周易》與《老子》，清晰可辨。

第二節　「0 一二多」與「轉化四律」之「88」系統

　　「0 一二多」與「轉化四律」中，「8」表「無極 ⟷ 太極」的陰陽動力、「88」系列呈現「兩儀 ⟷ 四象 ⟷ 八卦 ⟷ 六十四卦」的層層「轉化」之雙螺旋系統。其中「0 一二多」為「顯性」，「8（88）」為「隱性」，而其「轉化」，可整合如下表：

「88」互動	轉化類型
8（1：陰）⟷ 8（2：陽）	順、逆向移位
8 （1：陰）→ 8（2：陽）→ 8（3：陰）	順轉位
8（1：陽）→ 8（2：陰）→ 8（3：陽）	逆轉位
對比（陰88）⟷ 對比（陽88）	順、逆移位
調和（陰88）⟷ 調和（陽88）	順、逆移位
對比（陽88）→ 調和（陰88）	逆移位
調和（陰88）→ 對比（陽88）	順移位
8（1：陰）／8（2：陰）	陰包孕陰
8（1：陰）／8（2：陽）	陰包孕陽
8（1：陽）／8（2：陽）	陽包孕陽
8（1：陽）／8（2：陰）	陽包孕陰

---

37 陳滿銘：〈論章法結構之方法論系統——歸本於《周易》與《老子》作考察〉，臺灣師範大學《國文學報》46期（2009年12月），頁61-94。

而如果以「**8（88）**」（隱性）切入，對應於上舉「0 一二多」（顯性）
三種圖示，則可調整如下：

一　單層「88」雙螺旋層次邏輯結構」圖：

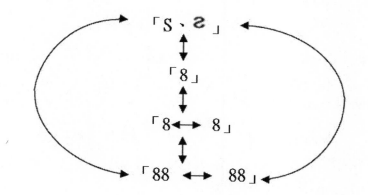

二　單層「88 在轉化四律融貫下的雙螺旋層次邏輯結
　　構」圖：

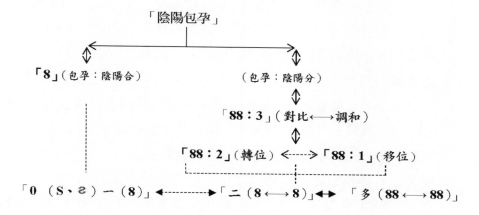

三 層層「88雙螺旋層次邏輯系統」圖：

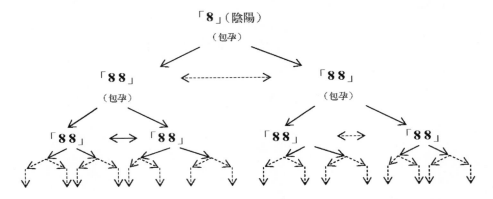

如此結合「轉化四律」與「0一二多」，不斷作雙螺旋之「包孕」運動，便形成層層「以大（宇宙）包小（小宇宙）」之「**88**」龐大系統；而天地人都整個包孕在其中了。

第三節 科學實證———完形理論之「**88**」系統

「完形」理論以「異質（同形）同構」與「部分相加不等於整體」，為其核心觀點。它們源自「似動現象」的實驗，表明「靜止的各個部分卻能夠產生運動的整體效果」，這顯然就含藏了「雙螺旋」的意涵在內。

「完形」理論之核心觀點，是「異質（同形）同構」與「部分相加不等於整體」。它源自維臺默（Max Wertheimer, 1880-1943）的一個實驗，朱立元、張德興等認為：「格式塔心理學……的一個著名原則便是：各種現象都是格式塔現象，整體不等於部分之和。一九一二年，維臺默做過一個著名的似動現象的實驗。他受到玩具影器的啟發，企圖用似動現象來解釋看活動電影時的運動現象。這個實驗表

明：在一定的條件下，靜止的各個部分卻能夠產生運動的整體效果。根據這個實驗，他首次提出了「部分相加不等於整體」的基本觀點，從而標誌了柏林格式塔心理學派的誕生。阿恩海姆關於知覺的概念遵循了這一基本原則，強調了知覺的整體性。」[38] 這一實驗的「部分」是「靜」的、「整體」是「動」的，由「靜」而「動」產生了「整體」之效果，是有「螺旋」意涵在內的，也就是說，「部分」與「整體」之間，因「由靜而動」而產生螺旋作用，致使「部分相加不等於整體」，藉此「強調了知覺的整體性」，而這種整體性，自然也涵蓋了「異質（同形）同構」中「心理場（力）」之整體與「物理場（力）」之部分的觀點。本文即著眼於此，進行探討，以凸顯「完形」理論與螺旋結構不可分的關係。

一 「完形」與「0 一二多」

大體說來，對於任何思想體系之形成，關涉得最密切的，莫過於「本末」問題。就以中國哲學中的「理」與「氣」、「有」與「無」、「道」與「器」、「體」與「用」、「動」與「靜」、「一」與「兩」、「知」與「行」、「性」與「情」、「天」與「人」……等「陰陽二元」之範疇 [39]而言，即有本有末。它們無論是「由本而末」或「由末而本」，均可形成「順」或「逆」的單向本末結構。而一般學者也都習慣以此單向來看待它們，卻往往忽略了它們所形成之「互動、循環而提升」的螺旋結構。

---

38 蔣孔陽、朱立元主編：《西方美學通史》第六卷（上海市，上海文藝出膽社，1999年11月第一版），頁709。

39 萬榮晉：《中國哲學範疇導論》（臺北市：萬卷樓圖書公司，1993年4月初版一刷），頁1-650。

　　而所謂「雙螺旋」，本用於教育課程之理論上，早在十七世紀，即由捷克教育家夸美紐斯（Comenius, Johann Amos, 1592-1670）所提出；而近代美國心理學家布魯納（J. S. Brunner, 1915-）更進一步提出認知學習理論，指出教材結構與學生的認知結構必須互相結合，以達到螺旋式提升的效果。《教育大辭典》：「螺旋式課程（spiral curriculum）圓周式教材排列的發展，十七世紀捷克教育家夸美紐斯提出，教材排列採用圓周式，以適應不同年齡階段的兒童學習。但這種提法，不能表達教材逐步擴大和加深的含義，故用螺旋式的排列代替。二十世紀六〇年代，美國心理學家布魯納也主張這樣設計分科教材：按照正在成長中的兒童的思想方法，以不太精確然而較為直觀的材料，儘早向學生介紹各科基本原理，使之在以後各年級有關學科的教材中螺旋式地擴展和加深。」[40] 以為「螺旋」即「圓周」、「逐步擴大和加深」。而《簡明國際教育百科全書》則補充云：「根據不同年齡階段（或年級），遵循由淺入深，由簡單到複雜，由具體而抽象的順序，用循環、往復螺旋式提高的方法排列德育內容。螺旋式亦稱圓周式。」[41] 可見「圓周」、「逐步擴大和加深」，就是「循環、往復、提高」的意思。

　　這種雙螺旋作用，可用下列簡圖來表示：

二元 ⟷ 互動 ⟷ 循環 ⟷ 往復 ⟷ 提高

這是著眼於「陰陽二元」，即「二」來說的，若以此「二」為基礎，

---

40 顧明遠主編：《教育大辭典》（上海市：上海教育出版社，1990年6月一版一刷），頁276。

41 許建鉞編譯：《簡明國際教育百科全書》（北京市：新華書局北京發行所，1991年6月一版一刷），頁611。

徹上於「一0」、徹下於「多」，則成為「0一二多」之系統。而這種系統可從《周易》（含《易傳》）與《老子》等古籍中獲知梗概，它們不但由「有象」而「無象」，找出「多、二、一、0」之逆向結構；也由「無象」而「有象」，尋得「0、一、二、多」之順向結構；並且透過《老子》「反者道之動」（四十章）、「凡物芸芸，各復歸其根」（十六章）與《周易·序卦》「既濟」而「未濟」之說，將順、逆向結構不僅前後連接在一起，更形成循環不息的「0一二多」雙螺旋層次邏輯系統，以呈現中國宇宙人生觀之精微奧妙[42]。

　　如此照應「0一二多」整體，則「雙螺旋結構」之體系可用下圖來表示：

$$動能 \longleftrightarrow 二元 \rightarrow 互動 \rightarrow 循環 \rightarrow 往復 \rightarrow 提高 \longleftrightarrow 完成$$

$$（「0、一」）\longleftrightarrow （「二」\longleftrightarrow 「多」）\quad \longleftrightarrow \quad （「一、0」）$$

又如果再依其順逆向，將「0一二多」加以拆解，則可呈現如下列兩式：

　　一、順向：「0、一」 $\longrightarrow$ 「二」 $\longrightarrow$ 「多」

　　二、逆向：「多」　$\longrightarrow$ 「二」 $\longrightarrow$ 「一、0」

而這兩式是可以不斷地彼此互動、循環而往復而提高，而形成層層雙螺旋結構系統，以反映宇宙人生生生不息的「轉化」規律。

---

42 陳滿銘：〈論「多二一（0）」的螺旋結構——以《周易》與《老子》為考察重心〉，同注27。

　　既然「0 一二多」螺旋結構系統在宇宙萬物創生、含容上可以統合順、逆向之歷程，便成為方法論原則或系統[43]，廣泛用於哲學、文學、美學……上[44]。如落到「完形」理論，配合「88」可用如下簡圖來表示：

　　（一）異質（同形）同構

$$\text{「心理場」} \longleftrightarrow \text{「同構」} \longleftrightarrow \text{「物理場」}$$

$$\text{「0（S、ㄹ）一（8）」} \longleftrightarrow \text{「二（8}\longleftrightarrow\text{8）}\longleftrightarrow\text{多（88}\longleftrightarrow\text{88）」}$$

　　（二）部分相加不等於整體：

$$\text{「整體」} \longleftrightarrow \text{「不等於」} \longleftrightarrow \text{「部分相加」}$$

$$\text{「0（S、ㄹ）一（8）」} \neq (>) \text{「二（8}\longleftrightarrow\text{8）} \longleftrightarrow \text{多（88}\longleftrightarrow\text{88）」}$$

下文試將這種關係略予說明。

二　「異質同構」理論的「88」系統

　　辭章離不開「意象」，其中「意」與「象」兩者是互動的。而在文學理論中最早標舉出「意象」這一藝術概念的，是劉勰《文心雕龍・神思》：「是以陶鈞文思，貴在虛靜，疏瀹五藏，澡雪精神；積學以儲寶，酌理以富才，研閱以窮照，馴致以繹辭；然後使玄解之宰，

43　落於章法結構而言即如此。見陳滿銘：〈論章法結構之方法論系統──歸本於《周易》與《老子》作考察〉，同注37，頁61-94。

44　陳滿銘：《多二一（0）螺旋結構論──以哲學、文學、美學為研究範圍》（臺北市：文津出版社，2007年1月），頁1-298。

尋聲律而定墨；燭照之匠，窺意象而運斤。此蓋馭文之首術，謀篇之大端。」[45] 在此，劉勰指出作家須使內心虛靜，才能醞釀文思、經營意象。一個作家如能如此啟動思維力來經營意象，自然就能推陳出新，創造出新的意象，而產生美感。

對此，張紅雨在《寫作美學》中說：「人們之所以有了美感，是因為情緒產生了波動。這種波動與事物的形態常常是統一起來的，美感總是附著在一定的事物上。」[46] 他更進一步地指出：事物之所以可以成為激情物，是因為它觸動人們的美感情緒，而為使美感情緒產生波動，所以我們對事物形態的摹擬，實際上是對美感情緒波動狀態的摹擬，是雕琢美感情緒的必要手段。因此，所謂靜態、動態的摹擬，也並不是對無生命的事物純粹作外形，或停留在事物動的表面現象上作摹狀，而是要挖掘出它更本質、更形象的內容，來寄託和流洩美感的波動。[47] 他所說的「情緒波動」，即作者主體之「意」；而「事物形態」之「更本質、更形象的內容」，則為客體之「象」。

對這種「意」與「象」之互動關係，格式塔心理學家用「同形同構」或「異質同構」來解釋。他們認為：審美體驗就是對象的表現性及其力的結構（外在世界：象），與人的神經系統中相同的力的結構（內在世界：意）的同型契合。由於事物表現性的基礎在於力的結構，「所以一塊突兀的峭石、一株搖曳的垂柳、一抹燦爛的夕陽餘暉、一片飄零的落葉……都可以和人體具有同樣的表現性，在藝術家的眼裡也都具有和人體同樣的表現價值，有時甚至比人體還更有用。」[48]

---

45 黃叔琳注：《增訂文心雕龍校注》卷六（北京市：中華書局，2000年8月一版一刷），頁369。

46 張紅雨：《寫作美學》（高雄市：麗文文化出版社，1996年10月），頁311。

47 張紅雨：《寫作美學》，同上注，頁311-314。

48 蔣孔陽、朱立元主編《西洋美學通史》第六卷，同注38，頁714。

基於此，格式塔學派的代表人魯道夫・安海姆（Rudolf Amheim）提出了「藝術品的力的結構與人類情感的結構是同構」之論點，以為推動我們自己情感活動起來的力，與那些作用於整個宇宙的普遍性的力，實際上是同一種力。他說：「我們自己心中生起的諸力，只不過是在遍宇宙之內同樣活動的諸力之個人的例子罷了。」[49] 也就是說：現實世界存在之本質乃一種力，它統合著客觀存在之「物理力」與主觀世界的「心理力」，在審美過程中，這種力使人類知覺搬演中介的角色，將作品中之「物理力」與人類情感的「心理力」因「同構」而結合為一。

對此，李澤厚在〈審美與形式感〉一文中說：「不僅是物質材料（聲、色、形等等）與視聽感官的聯繫，而更重要的是它們與人的運動感官的聯繫。對象（客）與感受（主），物質世界和心靈世界實際都處在不斷的運動過程中，即使看來是靜的東西，其實也有動的因素……其中就有一種形式結構上巧妙的對應關係和感染作用……格式塔心理學家則把這種現象歸結為外在世界的力（物理）與內在世界的力（心理）在形式結構上的『同形同構』，或者說是『異質同構』，就是說質料雖異而形式結構相同，它們在大腦中所激起的電脈衝相同，所以才主客協調，物我同一，外在對象與內在情感合拍一致，從而在相映對的對稱、均衡、節奏、韻律、秩序、和諧……中，產生美感愉快。」[50]

而歐陽周、顧建華、宋凡聖等在《美學新編》中也指出：

完形心理學美學依據「場」的概念去解釋「力」的樣式在審美

---

49 安海姆著、李長俊譯：《藝術與視知覺心理學》（臺北市：雄師圖書公司，1982年9月再版），頁444。

50 李澤厚：《李澤厚哲學美學文選》（臺北市：谷風出版社，1987年5月），頁503-504。

知覺中的形成，並從中引申出了著名的「同形論」或稱為「異質同構」的理論。按照這種理論，他們認為外部事物、藝術樣式、人物的生理活動和心理活動，在結構形式方面，都是相同的，它們都是「力」的作用模式。在安海姆看來，自然物雖有不同的形狀，但都是「物理力作用之後留下的痕跡」。藝術作品雖有不同的形式，卻是運用內在力量對客觀現實進行再創造的過程。[51]

他們這把「意」與「象」之所以形成、互動、趨於統一，而產生美感的原因、過程與結果，都簡要地交代清楚了。

　　若單從「辭章」層面來看，則「意象」和「辭章」的內容是融為一體的。而「辭章」內容的主要成分，不外情、理與事、物（景）。其中情與理為「意」，屬核心成分；事與物（景）乃「象」，為外圍成分。而此情、理與事、物（景）之辭章內容成分，就其情、理而言，是「意」；就其事、物（景）而言，是「象」。兩者因「異質同構」或「同形同構」而連結在一起。如王維〈輞川閒居贈裴秀才迪〉詩：

　　　　寒山轉蒼翠，秋水日潺湲。倚杖柴門外，臨風聽暮蟬。渡頭餘落日，墟里上孤煙。復值接輿醉，狂歌五柳前。

這首詩就意象之連結來看，凡分兩組：一是「象」（景物）之連結：即起聯「寒山轉蒼翠」兩句與頸聯「渡頭餘落日」兩句；二是「象」（事）之連結：即領聯「倚杖柴門外」兩句與尾聯「復值接輿醉」兩

---

51 歐陽周、顧建華、宋凡聖等：《美學新編》，同注17，頁253。安海姆之「同形說」，參見蔣孔陽、朱立元主編《西方美學通史》第六卷，同注38，頁715-717。

句。這兩組分別因「同構」而連結，相映成趣，形成物我一體的藝術境界，將「輞川閒居」之樂，亦即「閒逸之情」從篇外帶了出來。茲附簡圖供作參考：

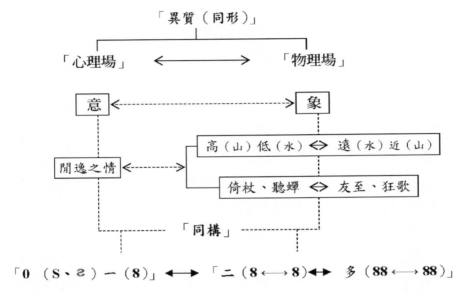

這樣產生「螺旋作用」（陰：意←→陽：象）使此詩之「異質（同形）」的「意」（心理場）與「象」（物理場）造成了「同構」的藝術效果。

三 「部分相加不等於整體」理論的「88」系統

「意象」提升到哲學層面來看，論述得最精要的，要推《易傳》，其〈繫辭上〉云：

> 聖人有以見天下之賾，而擬諸其形容，象其物宜，是故謂之象。

而〈繫辭下〉又云：

> 《易》者，象也。象也者，像也。……是故吉凶生而悔吝著
> 也。

對此，孔穎達在《周易正義》卷八中解釋道：

> 《易》卦者，寫萬物之形象，故《易》者，象也。象也者，像
> 也，謂卦為萬物象者，法像萬物，猶若乾卦之象法像於天也。[52]

可見在此，「象」是指近取諸身、遠取諸物而得來的卦象，可藉以表
示人事之吉凶悔吝。廣義地說，即藉具體形象來表達抽象事理，以達
到象徵（或譬喻）的作用。因此陳望衡說：

> 《周易》的「觀物取象」以及「象者，像也」，其實並不通向
> 模仿，而是通向象徵。這一點，對中國藝術的品格影響是極為
> 深遠的。[53]

而所謂「象徵」，就其表出而言，就是一種符號，所以馮友蘭說：

> 〈繫辭傳〉說：「易者，象也。」又說：「聖人有以見天下之
> 賾，而擬諸其形容，象其物宜，是故謂之象。」照這個說法，
> 「象」是模擬客觀事物的複雜（賾）情況的。又說「象也者，

---

52 孔穎達：《周易正義》卷八（臺北市：廣文書局，1972年1月），頁77。
53 陳望衡：《中國古典美學史》，同注4，頁202。

象此者也」；象就是客觀世界的形象。但是這個模擬和形象並
不是如照像那樣下來，如畫像那樣畫下來。它是一種符號，以
符號表示事物的「道」或「理」。六十四卦和三百八十四爻都
是這樣的符號。[54]

所謂「以符號表示事物的『道』或『理』」，和葉朗在《中國美學史大
綱》所說的：〈繫辭傳〉認為整個《易經》都是「象」，都是以形象來
表明義理，[55] 其道理是一樣的。

　　〈繫辭傳〉，指出了《易經》「象」的層面與「道或理」有關外，
還進一步論及「言不盡意」、「立象以盡意」的問題，這就涉及格式塔
「部分相加不等於整體」的道理。〈繫辭上〉云：

　　　子曰：「書不盡言，言不盡意。」然則，聖人之意，其不可見
　　　乎？子曰：「聖人立象以盡意，設卦以盡情偽，繫辭焉以盡其
　　　言，變而通之以盡利，鼓之舞之以盡神。

一般而言，語言在表達思想情感時，會存在著某種偏限性，此即「書
不盡言，言不盡意」的意思，這可被視為已初步具有「部分相加不
等於整體」的意涵。而對比於此，在〈繫辭傳〉中，卻特地提出了
「象可盡意、辭可盡言」的論點。王弼《周易略例‧明象》對此曾說
明云：

　　　夫象者，出意者也；言者，明象者也。盡意莫若象，盡象莫若

---

54 馮友蘭：《馮友蘭選集》上卷，同注34，頁394。
55 葉朗：《中國美學史大綱》（臺北市：滄浪出版社，1986年9月），頁66。

言。言生於象，故可尋言以觀象；象生於意，故可尋象以觀意。意以象盡，象以言著。[56]

由此可知，「情意」可透過「言語」、「形象」來表現，並且可以表現得很具體。而前者（情意）是目的、後者（言語、形象）為工具。陳望衡《中國古典美學史》釋此云：

> 王弼將「言」、「象」、「意」排了一個次序，認為「言」生於「象」、「象」生於「意」。所以，尋言是為了觀象，觀像是為了得意。言——象——意，這是一個系列，前者均是後者的工具，後者均為前者的目的。[57]

他把「意」與「象」、「言」的前後關係，說得十分清楚。不過，落於辭章上，他所謂的「言→象→意」，是就逆向的鑑賞（讀）一面來說的，如果從順向的創作（寫）一面而言，則是「意→象→言」了。此外，葉朗在《中國美學史大綱》裡，也從另一角度，將《易傳》所言之「象」與「意」，關涉到了「空白」、「補白」理論，闡釋得相當扼要而明白，他說：

> 「象」是具體的，切近的，顯露的，變化多端的，而「意」則是深遠的，幽隱的。〈繫辭傳〉的這段話接觸到了藝術形象，以「個別」表現「一般」，以「單純」表現

---

56 王弼：《周易略例·明象》，收於《易經集成》149（臺北市：成文出版社，1976年），頁21-22。

57 陳望衡：《中國古典美學史》，同注4，頁207。

「豐富」，以「有限」表現「無限」的特點。[58]

所謂的「個別」（象）與「一般」（意）、「單純」（象）與「豐富」（意）、「有限」（象）與「無限」（意），說的就是「象」永遠小於「意」、「意」永遠大於「象」之相互關係，凸顯「意」（「整體」）＞「象」（「部分＋部分」）的原則。因此「部分相加」自然≠（＜）「整體」。茲以王安石〈讀孟嘗君傳〉為例，略作說明如下：

> 世皆稱孟嘗君能得士，士以故歸之，而卒賴其力，以脫於虎豹之秦。
> 嗟呼！孟嘗君特雞鳴狗盜之雄耳，豈足以言得士！不然，擅齊之強，得一士焉，宜可以南面而制秦，尚何取雞鳴狗盜之力哉！
> 雞鳴狗盜之出其門，此士之所以不至也。

這篇文章，一開頭就直接以「世皆稱」四句，先立一個案，採「先因後果」的條理，藉世人之口，對孟嘗君之「能得士」，作一讚美，並從中抽出「卒賴其力，以脫於虎豹之秦」，隱含「雞鳴狗盜」之意，以作為「質的」，以引出下文之「弓矢」。再以「嗟呼」句起至末，在此用「實、虛、實」的條理，針對「立」的部分，以「雞鳴狗盜」扣緊「卒賴其力，以脫於虎豹之秦」，予以攻破。所謂「質的張而弓矢至」，真是一箭而貫紅心，雖文不滿百字，卻有極強的說服力。依此，其結構系統可表示如下：

---

58 葉朗：《中國美學史大綱》，同注55，頁26。

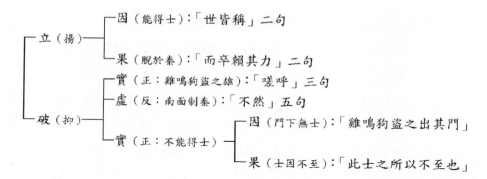

如對應於「0一二多」而言，則此文以兩層移位性的「先因後果」與轉位性的「實、虛、實」結構與節奏（韻律），形成了「多」；以「先立後破」的核心（移位）結構與節奏（韻律），自為陰陽對比，形成了「二」，以徹下徹上；而以孟嘗君「未足以言得士」之主旨與所形成的毗剛風格、韻律，所謂「筆力簡而健」[59]，則形成了「一（0）」。這篇短文之所以有極強之氣勢與說服力，與這種邏輯結構有著密切之關係。如配合「部分相加不等於整體」並「88」加以呈現，則是這樣子的：

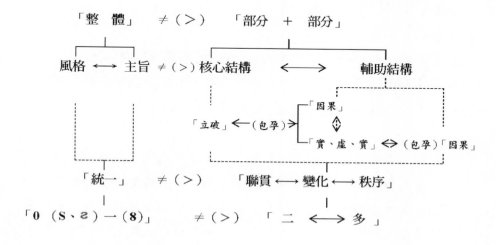

---

59 郭預衡：《中國散文史》中（上海市：上海古籍出版社，2000年3月一版一刷），頁485。

可見「部分相加不等於整體」，是具有螺旋意涵的。

綜上所述，可知透過維臺默的「似動現象的實驗」，表明「部分」是「靜」的、「整體」是「動」的，由「靜」而「動」產生了「整體」之效果，這顯然是有「螺旋」意涵在內的，也就是說，「部分」與「整體」之間，因「由靜而動」而產生「不斷互動、循環、往復而提高」的螺旋作用，致「部分相加不等於整體」，藉此「強調了知覺的整體性」，而這種整體性，自然也涵蓋了「異質（同形）同構」中「心理場（力）」之整體與「物理場（力）」之部分的觀點。這樣來看待「完形」理論，似乎更能凸顯它的「完形」特點。

第四節　科學實證二──包孕結構之「88」系統

一切事物都因「陰陽二元」由對待、互動而產生「動力」，才產生其「移位」、「轉位」、「調和、對比」與「包孕」的作用，而形成「秩序」、「變化」、「聯貫」與「統一」之結果。以下就以「辭章」微粒作說明。

而「辭章」上的這種「動力」，即直接關涉到陽剛或陰柔。在中國涉及此「剛」與「柔」的特性來談風格，而又強調用它們來概括各種風格的，首推清姚鼐的〈復魯絜非書〉：

> 鼐聞天地之道，陰陽剛柔而已。文者，天地之精英，而陰陽剛柔之發也。……其得於陽與剛之美者，則其文如霆，如電，如長風之出谷，如崇山峻崖，如決大川，如奔騏驥；其光也，如杲日，如火，如金鏐鐵；其於人也，如憑高視遠，如君而朝萬眾，如鼓萬勇士而戰之。其得於陰與柔之美者，則其文如升初日，如清風，如雲，如霞，如煙，如幽林曲澗，如淪，如漾，

如珠玉之輝，如鴻鵠之鳴而入寥廓；其於人也，漻乎其如嘆，邈乎其如有思，溔乎其如喜，愀乎其如悲。觀其文，諷其音，則為文者之性情形狀舉以殊焉。且夫陰陽剛柔，其本二端，造物者糅而氣有多寡、進絀，則品次億方，以至於不可窮，萬物生焉。故曰：一陰一陽之為道。夫文之多變，亦若是已。

而周振甫在《文學風格例話》中對它作了如下闡釋：

> 在這裡，姚鼐把各種不同風格的稱謂，作了高度的概括，概括為陽剛、陰柔兩大類。像雄渾、勁健、豪放、壯麗等都歸入陽剛類，含蓄、委曲、淡雅、高遠、飄逸等都可歸入陰柔類。……陽剛陰柔可以混雜，在混雜中，陰陽之氣可以有的多有的少，有的消有的長，這就造成風格的各種變化。[60]

可見風格之多樣，是由「剛」與「柔」的「多寡進絀」（多少、消長）而形成的，因此多樣的風格，可以概括為陽剛、陰柔兩大類，以其「剛」與「柔」之「多寡進絀」（多少、消長）而形成不同的風格。

而這種涉及「風格」之剛柔，其強度：「勢」，如就「章法」（88陰陽雙螺旋層次邏輯）而言，則當受到下列幾個因素的影響：

（一）章法本身的陰柔、陽剛屬性，如「近」為陰柔、「遠」為陽剛，「正」為陰柔、「反」為陽為剛，「凡」為陰柔、「目」為陽剛。

---

60 周振甫：《文學風格例話》（上海市：上海教育出版社，1989年7月一版一刷），頁13。

（二）章法結構的調和、對比屬性，如淺與深、賓與主、凡
　　　與目等形成調和，而正與反、抑與揚、立與破等則形成
　　　對比。

（三）章法結構之變化，如「移位」之「順」、「逆」與「轉
　　　位」之「拗」。其中「順」屬原型，「逆」與「拗」屬
　　　變型。

（四）章法結構由「包孕」所形成之層級，如底層、次層、三
　　　層、四層……等。

（五）章法「0一二多」的核心結構。

以上幾個因素，對於「陰陽（剛柔）」之「勢」（力量）之「消長」影
響極大，而這所謂的「勢」，可用涂光社在《因動成勢》中的說法來
說明：

> 「勢」有「順」有「逆」。「順」指其運動方式和取向與審美主
> 體的心理傾向或思維習慣協調一致，能使欣賞者有意氣宏深盛
> 壯、淋漓暢快的感受；「逆」則是其運動方式和取向與審美主
> 體的心理傾向或思維習慣相抵觸、相違背，於是波瀾陡起，衝
> 突、騷動和搏擊成為心態的主導方面。[61]

準此以觀，「順勢」較渾成暢快，「逆勢」較激盪騷動；「拗勢」則自
然地，比起順、逆來，更為渾成暢快、激盪騷動。而這些「勢」的本
身，雖然也有其陰陽（以弱、小者為陰，強、大者為陽），卻不能藉

---

61 涂光社：《因動成勢》（南昌市：百花洲文藝出版社，2001年10月一版一刷），頁
　265。

以確定章法結構之「陰」、「陽」，是完全要看結構內之運動而定的，如結構是向「陰」而動，則加強的是陰柔之「勢」；如「結構」是向「陽」而動，則加強的是陽剛之「勢」了。

如果這種看法或推測正確，則可根據以上所述幾種因素所形成的「勢」之大小強弱，約略地推算出一物一事之剛柔成分之比例來。如落於「辭章」來說，大抵可據上述因素加以推定：

（一）除判其陰陽外，以起始者取「勢」之數為「1」（倍）、終末者取「勢」之數為「2」（倍）。

（二）將「調和」者取「勢」之數為「1」（倍）、「對比」者取「勢」之數為「2」（倍）。

（三）將「順」之「移位」取「勢」之數為「1」（倍）、「逆」之「移位」取「勢」之數為「2」（倍）、「轉位」之「拗」取「勢」之數為「3」（倍）；而「拗」向「陽」者取「勢」之數為「1」（倍）、「拗」向「陰」者取「勢」之數為「2」（倍）。[62]

（四）在層層「包孕」下，將處「底層」者取「勢」之數為「1」（倍）、「次層」者取「勢」之數為「2」（倍）、「三層」者取「勢」之數為「3」（倍）……以此類推。

（五）以核心結構一層所形成「勢」之數為最高，過此則「勢」之數（倍）逐層遞降。

雖然這些「勢」之數（倍），由於一面是出自推測，一面又為了便於計算，因此其精確度是不足的，卻也已約略可藉以推測出一事一物或

---

[62] 「拗」向「陰」或「陽」部分，乃參酌仇小屏與謝奇懿之意見加以增訂。

一篇辭章剛柔成分之比例來 [63]。而且可由這種剛柔成分比例之高低，大概分為三等：

（一）首先為純剛或純柔：其「勢」之數為「66.66% → 71.43%」。
（二）其次為偏剛或偏柔：其「勢」之數為「55.78% → 65.65%」。
（三）又其次為剛柔互濟：其「勢」之數為「45.23% → 54.77%」。

其中「71.43」是由轉位結構的陰陽之比例「5/7」推得，這可說是陰陽之比例之上限；而「66.66」是由移位結構的陰陽之比例「2/3」推得，這可說是陰陽之比例之中限；至於「45.23」與「54.77」是以「50」為準，用上限與中限之差數「4.77」上下增損推得。如果取整數並稍作調整，則可以是：

（一）純剛、純柔者，其「勢」之數為「66% → 72%」。
（二）偏剛、偏柔者，其「勢」之數為「56% → 65%」。
（三）剛、柔互濟者，其「勢」之數為「45% → 55%」。

如此初步為姚鼐「夫陰陽剛柔，其本二端，造物者糅而氣有多寡、進絀，則品次億方，以至於不可窮，萬物生焉」的說法，作較具體的印證。

一 「88」陰陽「包孕」雙螺旋互動的實例說明

「章法」所探求的是「**88** 陰陽雙螺旋互動」之「層次邏輯」。而

---

63 以上見陳滿銘：〈論辭章的章法風格〉，《修辭論叢》五輯（臺北市：洪葉文化事業公司，2003年11月），頁1-51。

這種「層次邏輯」的類型，就目前來說，發現近四十種，那就是：今昔、久暫、遠近、內外、左右、高低、大小、視角轉換、知覺轉換、時空交錯、狀態變化、本末、淺深、因果、眾寡、並列、情景、論敘、泛具、虛實（時間、空間、假設與事實、虛構與真實）、凡目、詳略、賓主、正反、立破、抑揚、問答、平側（平提側注）、縱收、張弛、插補[64]、偏全、點染、天（自然）人（人事）、圖底、敲擊[65]等。這些章法，都涉及「陰陽」。大抵而論，屬於本、先、靜、低、內、小、近……的，為「陰」為「柔」；屬於末、後、動、高、外、大、遠……的，為「陽」為「剛」[66]。如「正反」法以「正」為「陰」而「反」為「陽」，「因果」法以「因」為「陰」而「果」為「陽」，而其他的也皆如此，而由此形成種種結構，以反映自然運動的「陰陽雙螺旋層次邏輯」準則。

　　而其「陰陽互動」「陰陽互動」，有順、逆之分：以「移位」來說，涉及「類型」，即：

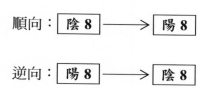

以「轉位」來說，涉及「類型」，即：

64 以上章法，見陳滿銘：〈談辭章章法的主要內容〉，《章法學新裁》（臺北市：萬卷樓圖書公司，2001年1月初版），頁319-360。

65 以上五種章法，見陳滿銘：〈論幾種特殊的章法〉臺灣師範大學《國文學報》31期（2002年6月），頁175-204。

66 陳望衡：《中國古典美學史》，同註4，頁182-184。

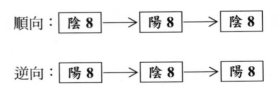

順向：陰8 ⟶ 陽8 ⟶ 陰8

逆向：陽8 ⟶ 陰8 ⟶ 陽8

以「對比」、「調和」來看，涉及「結構」，即：

　　逆向：對比（陽88）→ 調和（陰88）
　　順向：對比（陰88）→ 對比（陽88）
　　逆向：調和（陽88）→ 調和（陰88）
　　順向：調和（陰88）→ 對比（陽88）

以「包孕」來看，涉及「結構」，即：

　　逆向：陽（88）包孕陰（88）
　　順向：陰（88）包孕陽（88）
　　逆向：陽（88）包孕陽（88）
　　順向：陰（88）包孕陰（88）

以下就落於「辭章」中的「篇章」，將「S、ƨ」、「8」、「8 ⟷ 8」、「88 ⟷ 88」對應「章法」類型、結構與「0 一二多」舉例略作分析，以見其呈現之梗概。

　　在辭章內涵中，「主旨」與「風格」乃上徹的地位，是居於最為核心之層面的。而呈現「陰陽雙螺旋層次邏輯」之「章法結構」就起了關鍵作用。如果將「0 一二多」雙螺旋系統再由「辭章」落到「篇章結構」之上，則「二 ⟷ 多」指「章法結構」，由「陰陽二元」為

基礎以組合各個別意象或材料，形成一篇之核心結構[67]與各輔助結構；其中「一」指主旨，為作者所要表達的核心情、理；「0」指風格，為整體之「審美風貌」[68]。它們的關係結合「88」來看，可呈現如下圖：

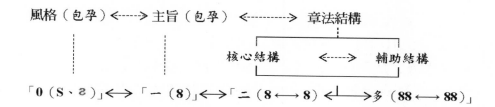

而這種結構系統，很普遍地可從不同文體之作品中獲得檢驗。在此，限於篇幅，僅舉古典文、詩、詞各一篇，略作解析，以見一斑。

古文如韓愈〈送董邵南游河北序〉：

> 燕趙古稱多感慨悲歌之士。董生舉進士，連不得志於有司，懷抱利器，鬱鬱適茲土，吾知其必有合也。董生勉夫哉！
> 夫以子之不遇時，苟慕義彊仁者，皆愛惜焉。矧燕趙之士，出於其性者哉！然吾嘗聞風俗與化移易，吾惡知其今不異於古所云邪？聊以吾子之行卜之也。

---

[67] 一篇辭章之「情」或「理」，亦即「主旨」，是決定一篇辭章內容與形式，以至於風格、境界等的最主要因素。所以認辨「核心結構」，也要以此為準，換句話說，就是要以「0一」與「多」作審慎之認定。見陳滿銘：〈論章法「多、二、一（0）」的核心結構〉，臺灣師範大學《師大學報‧人文與社會類》48卷2期（2003年12月），頁71-94。

[68] 顧祖釗：「風格的成因並不是作品中的個別因素，而是從作品中的內容與形式的有機整體的統一性中所顯示的一種總體的審美風貌。」見《文學原理新釋》（北京市：人民文學出版社，2001年5月一版二刷），頁184。

　　　　吾因子有所感矣。為我弔望諸君之墓，而觀於其市，復有昔時
　　　屠狗者乎？
　　　為我謝曰：「明天子在上，可以出而仕矣。」

此文為一贈序，寫以送董邵南往遊河北。由於當時河北藩鎮不奉朝
命，送行之人「斷無言其當往之理，若明言其不當往，則又多此一
送」[69]，所以作者採「先擊後敲」（上層）包孕「先正後反」、「先泛後
具」（次層）與「因、果、因」「先因後果」（底層）的結構，避開河
北之「今」，而從其「古」下筆。首先自開篇起至「出乎其性者哉」
句止，用「因、果、因」（底層）的「轉位」結構，說古時之燕趙
（即河北）多「慕義彊仁」的豪傑之士，從正面預卜董生此行必受到
「愛惜」而「有合」，以見其當往；其次自「然吾嘗聞」句起至「董
生勉乎哉」句止，用「先因後果」（底層）的「移位」結構，說如今
燕趙之風俗，或許已與古時有所不同，從反面勉董生聊以此行一卜其
「合與不合」[70]，以進一步見其當往；以上兩段，直接扣住董生之當
「遊河北」來寫，是「擊」的部分。最後以末段，筆鋒一轉，旁注於
燕趙之士身上[71]，用「先泛後具」（次層）的「移位」結構來表達，要
董生傳達「明天子在上」而勸他們來仕之意，含董生不當往的暗示作
收[72]；這是「敲」的部分。由此角度分析，可畫成如下結構系統表：

---

69 林雲銘：《古文析義合編》上冊，卷四（臺北市：廣文書局，1965年10月再版），頁
　216。
70 王文濡在首段下評注：「此段勉董生行，是正寫。」在次段下評注：「此段勉董生
　行，是反寫。」見《精校評注古文觀止》卷八（臺北市：臺灣中華書局，1972年11
　月臺六版），頁36-37。
71 王文濡於「吾因子而有所感矣」下評注：「上一正一反，俱送董生，此下特論燕
　趙」，同上注，頁37。
72 王文濡在篇末評注：「送董生，卻勸燕趙之士來仕，則董生之不當往，已在言
　外。」同上注，頁37。

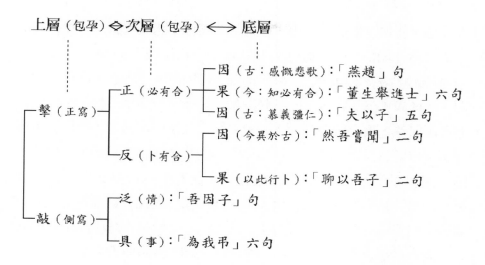

　　此文結構含三層，是用「先擊後敲」（上層）的結構[73]加以統合的。這個結構，足以涵蓋此文正面（擊）與側面（敲）的全部內容，可視為核心結構。其中「擊」的部分，先由一疊「因、果、因」（變化）與一疊「先因後果」（秩序）的調和性之輔助結構，造成第三層節奏（韻律），以轉位之「變化」（陽剛）與移位之「秩序」（調和）來支撐這「先正後反」之對比性（陽剛）結構，以造成第二層反覆與往復之節奏（韻律）；再由此對比性（陽剛）結構來為「擊」的部分

---

73 為「敲擊」結構之一種。「敲擊」一詞，一般用作同義的合義複詞，都指「打」的意思。但嚴格說來，「敲」與「擊」兩個字的意義，卻有些微的不同，《說文》說：「敲，橫擿也。」徐鍇《繫傳》：「橫擿，從旁橫擊也。」而《廣韻・錫韻》則說：「擊，打也。」可見「擊」是通指一般的「打」，而「敲」則專指從旁而來的「打」。也就是說，以用力之方向而言，前者可指正〔前後〕面，也可指側面，而後者卻僅可指側面。依據此異同，移用於章法，用「敲」專指側寫，用「擊」專指正寫，以區隔這種篇章條理與「正反」、「平側」（平提側注）、賓主等章法的界線，希望在分析辭章時，能因而更擴大其適應的廣度與貼切度。大體說來，「敲擊」，主要在用不同事物以表達同類情意時，藉「敲」加以引渡或旁推，來呼應「擊」的部分，與「正反」、「賓主」之彼此映襯或「平側」之有所偏重的，有所不同。見陳滿銘：〈論幾種特殊的章法〉，同注65，頁196-202。

作支撐，使得這個部分，由「移位」、「轉位」造成明顯而有變化的最二層節奏（韻律），以對比與調和形成「剛中寓柔」的強大力量，有力地帶出「敲」部分。而「敲」部分，則因離開了「送董邵南」的主題，故僅以「先泛後具」的一疊調和性結構，一面藉「移位」所造成的簡單節奏，與上個部分的「反覆」與「往復」之節奏（韻律）銜接呼應，串聯為最高一層的一篇韻律；一面藉此調和性結構，適切地表達「董生不當往」的「言外之意」。由此看來，這篇文章「先擊後敲」的核心結構本身，雖性屬調和，卻因隱含對比性極強之「正反」成分，已形成「二」以輔助結構之「多」，又帶有「剛中寓柔」的強大力量，所以上徹至「一 0」，便足以表達本文頗曲折之主旨，而形成「剛柔互濟」之風格。

如以「**88**」切入，則其分層簡圖如下：

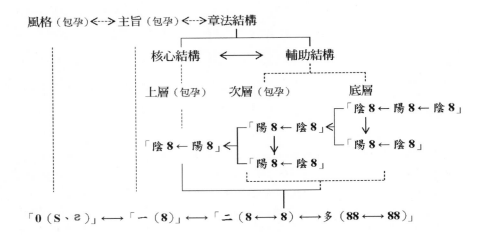

如以其剛柔成分呈現，則如下表：

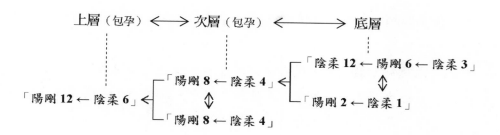

此文含三層結構：底層以「因→果→因（拗）」形成轉位結構、以「因→果」（順）形成移位結構，其「勢」之數為「陰柔：16、陽剛：8」；次層以「正→反（順）」、「泛→具（順）」形成移位結構，其「勢」之數為「陰柔：8、陽剛：16」；上層以「擊→敲（順）」形成移位結構，其「勢」之數為「陰柔：6、陽剛：12」；這樣累積成篇，其「勢」之數的總和為「陰柔：30、陽剛：36」，如換算成百分比（四捨五入），則為「陰柔：45、陽剛：55」，乃「剛柔互濟」的作品。

　　如對應於「0一二多」而言，則此文以「正反」、「因果」與「泛具」各一疊的「移位」性結構，與「轉位」性的「因、果、因」結構與節奏（韻律），形成了「多」（88←→88）；以「先擊後敲」的移位性核心結構與節奏（韻律），自為陰陽對比，是為關鍵性之「二」（8←→8），藉以統括輔助性結構，徹下徹上，形成一篇規律；以「董生不該往」之一篇主旨與「開闔變化」的風格為「一（8）←→0（S、ઽ）」。吳楚材說：「董生憤己不得志，將往河北求用於諸藩鎮，故公作此送之。始言董生之往必有合，中言恐未必合，終諷諸鎮之歸順，及董生不必往。文僅百十餘字，而有無限開闔，無限變化（剛），無限含蓄（柔）。」[74] 這種特色之形成，絕非偶然。

74 王文濡：《精校評注古文觀止》卷八，同注70，頁36-37。

近體詩如李白〈登金陵鳳凰臺〉：

鳳凰臺上鳳凰遊，鳳去臺空江自流。吳宮花草埋幽徑，晉代衣
冠成古邱。三山半落青天外，二水中分白鷺洲。總為浮雲能蔽
日，長安不見使人愁。

這首詩藉作者登臺之所見所感，以寫其身世之悲與家國之痛，是
採「圖、底、圖」[75]（上層）的結構加以統合而寫成的。它首先在起
聯，用「先昔後今」（次層）的結構，扣緊「金陵鳳凰臺」，突出登臨
之地點，用「遊」與「去」寫其盛衰，以寓興亡之感；這是頭一個
「圖」的部分。接著在頷、頸兩聯，用「先近後遠」（次層）包孕
「先近後遠」、「先遠後近」（底層）的結構，先以「吳宮」二句，就
「近」寫今日所見「幽徑」與「古邱」之「衰」景，而用「吳宮花
草」與「晉代衣冠」帶入昔日之「盛」況，形成強烈對比，以深化興
亡之感；後以「三山」二句，將空間拓大，就「遠」寫今日所見「三
山」與「二水」一直延伸到「長安」的山水勝景；這對上敘的「臺」
或下敘的「人」（不見長安之作者）而言，均有烘托、襯映的作用，
是「底」的部分。最後在尾聯，聚焦到自己身上，用「先因後果」
（次層）的結構，以「浮雲」之「蔽日」，譬眾邪臣之蔽賢，「長安」
之「不見」，喻己之謫居在外，既為自己被排擠出京而憤懣，又為唐

---

75 圖底，章法之一。一般說來，作者在辭章中所用之時、空（包括「色」）材料，有
一些是充當「背景」用的，也有某些是用來作為「焦點」的。就像繪畫一樣，用作
「背景」的，往往對「焦點」能起烘托的作用，即所謂的「底」；而用作「焦點」
的，則對「背景」而言，都會產生聚焦的功能，即所謂的「圖」。這種條理用於辭
章章法上，也可造成秩序、變化、聯貫的效果，而形成「先圖後底」、「先底後
圖」、「圖、底、圖」、「底、圖、底」等結構。見陳滿銘〈論幾種特殊的章法〉，同
注65，頁191-196。

王朝將重蹈六朝覆轍而憂慮；這是後一個「圖」的部分。循此角度切入，它的結構系統表是這樣子的：

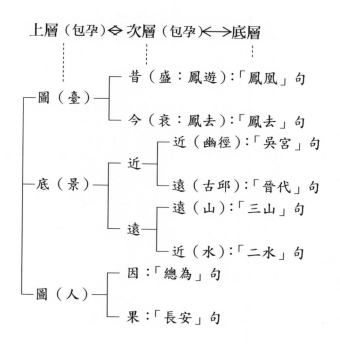

　　由上述可看出，作者此詩，經過「邏輯思維」，就「篇」而言，以「圖、底、圖」調和中有對比的結構，形成其條理；就「章」而言，以「先昔後今」、「先近後遠」、「先遠後近」與「先因後果」等，融合對比性與調和性兩種結構，形成其條理。而且其中「順」和「逆」並用而產生變化的，除「圖、底、圖」外，還有中間兩聯所形成的「近、遠、近」，這又增加了對比的強度。如此一來，在對比、變化中就帶有調和、整齊，而在調和、整齊中又含有對比、變化，其「邏輯思維」之精細，是值得人讚賞的。

如由「88」切入，則其分層簡圖如下：

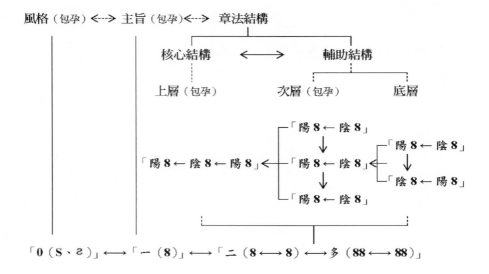

如以其剛柔成分呈現，則如下表`：

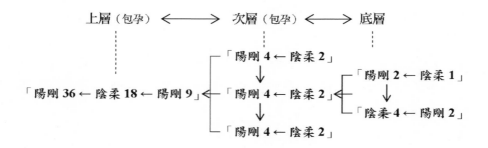

此文含三層結構：底層以「近→遠」、「遠→近」、形成兩疊移位結構、其「勢」之數為「陰柔：5、陽剛：4」；次層以「昔→今」、「近→遠」、「因→果」（順）形成三疊移位結構，其「勢」之數為「陰柔：6、陽剛：12」；上層以「圖→底→圖」（扚）」形成轉位結構，其「勢」之數為「陰柔：18、陽剛：45」；這樣累積成篇，其

「勢」之數的總和為「陰柔：35、陽剛：61」，如換算成百分比（四捨五入），則為「陰柔：36、陽剛：64」，乃「剛中帶柔」的作品。

如此對應於「0一二多」來看，則由「今昔」、「因果」各一疊與「遠近」三疊所形成之移位性結構，可視為「多（88 ←→ 88）；由「圖底」自為陰陽徹下徹上所形成之轉位性結構，可視為關鍵性之「二」（8 ←→ 8），藉以統括輔助性結構，形成一篇規律；而由此呈現的「憂國傷時」之主旨與「自然天成，清麗瀟灑」的風格，則可視為「一（88 ←→ 88）←→ 0（S、ƨ）」。張志英說：「這首詩，在登臨處極目遠眺，觸景生情；語言自然天成，清麗瀟灑，憂國傷時，寓意深厚。」[76] 以此對應於此詩之「0一二多」結構系統來看，是相當吻合的。

詞如周密題作「吳山觀濤」的〈聞鵲喜〉：

　　天水碧，染就一江秋色。鰲戴雪山龍起蟄，快風吹海立。
　　數點煙鬟青滴，一杼霞綃紅濕。白鳥明邊帆影直，隔江聞夜笛。

這闋詞詠錢塘江潮，由潮起（動）寫到潮過（靜），形成「先動後靜」（上層）的「篇結構」以統合全詞。寫潮起（動）的部分，為上片，用「先遠後近」（次層）包孕「由先而後」（底層）的「章結構」加以呈現：先以起二句寫「遠」，寫江天一碧的秋色，為潮起設下遠大的背景；後以「鰲戴」二句，寫潮水陡起的迅猛景象；作者在此，除用鰲背雪山、龍騰水底來加以形容外，又以「快風」來推波助瀾，這樣當然就使「海」空高立了。

---

76 張秉成主編：《山水詩歌鑑賞辭典》（北京市：中國旅遊出版社，1989年10月一版一刷），頁226。

　　而寫潮過（靜）的部分，為下片，用「先遠後近」（次層）包孕「由視覺後視覺」（底層）的「章結構」加以呈現：它先以「數點」二句寫「遠」，寫潮過後的遠山和雲霞，在煙水上，一青一紅，顯得格外綺麗。後以「白鳥」二句，就視覺，寫帆影邊的鷗鷺；就聽覺，寫隔江傳來的夜笛。作者就這樣以平和的靜景，和上片所寫潮來時壯觀的動景，形成強烈對比，產生了映襯的最佳效果。

　　李祚唐分析此詞說：「上片依人的視覺，由遠及近，潮來時雷霆萬鈞之勢，已全在眼前。下片復由上片的劇烈動態轉為平緩，逐漸消失為靜態。」又針對著下片說：「這種平靜，正是在洶湧喧囂過後，才體驗得分外真切；而它反過來，不也襯托出錢塘江潮的格外壯觀嗎？詞人寫潮，即充分借助了這種靜與動的相互對比和彼此轉換，因而著語雖不多，效果卻非常明顯」[77]。體會得很真切。雖然有人以為此詞「作意如題」[78]，但就其結句看來，卻該有杜牧「商女不知亡國恨，隔江猶唱後庭花」（〈泊秦淮〉）的感喟。蕭鵬認為此句「似收未收，似闋未闋，頗有『餘音裊裊，不絕如縷』之感，與唐人的『曲終人不見，江上數峰青』（錢起〈湘靈鼓瑟〉）同有『言有盡而意無窮』之妙」[79]，所謂「意無窮」之「意」，該是指這種江山雖麗卻已易色的亡國之痛吧！

---

77 陳邦炎主編：《詞林觀止》上（上海市：上海古籍出版社，1994年4月一版），頁694。

78 常國武：《新選宋詞三百首》（北京市：人民文學出版社，2000年1月一版一刷），頁492。

79 唐圭璋主編：《唐宋詞鑑賞集成》（香港：中華書局香港分局，1987年7月），頁1250。

附其結構系統表如下：

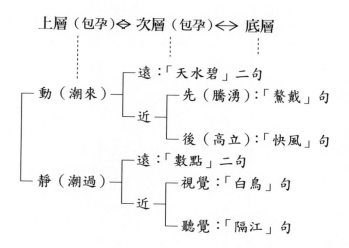

上層（包孕）⟷ 次層（包孕）⟷ 底層

動（潮來）—┬—遠：「天水碧」二句
　　　　　└近—┬—先（騰湧）：「鰲戴」句
　　　　　　　└—後（高立）：「快風」句

靜（潮過）—┬—遠：「數點」二句
　　　　　└近—┬—視覺：「白鳥」句
　　　　　　　└—聽覺：「隔江」句

　　作者在此詞，藉江潮之雄奇，暗寓江山雖麗卻已易色的亡國之痛，所謂「一切景語皆情語」[80]，就是這個意思。而作者特別將這種主旨隱藏起來，置於篇外，完全經由「邏輯思維」作最好之安排，並用「先動後靜」的核心結構，形成移位、對比；又用「先遠後近」、「先視覺後聽覺」、「先（昔）後（今）」等移位結構，形成調和；而將整個具體材料「一以貫之」，真正收到了「言有盡而意無窮」之效果。

　　如以「88」切入，則其分層簡圖如下：

---

80 王國維：《人間詞話刪稿》，《詞話叢編》五（臺北市：新文豐出版公司，1988年2月臺一版），頁4257。

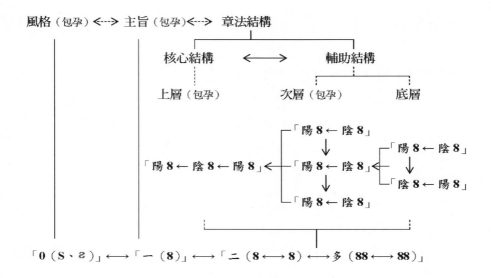

如以其剛柔成分呈現，則如下表：

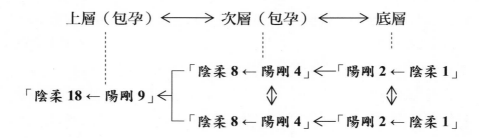

　　此詞含三層結構：底層以「先→後」「先視後聽」形成兩疊移位
結構，其「勢」之數為「陰柔：2、陽剛：4」；次層以「遠→近」兩
疊又形成移位結構，其「勢」之數為「陰柔：16、陽剛：8」；上層以
「動→靜」再形成移位結構，其「勢」之數為「陰柔：12、陽剛：
6」；這樣累積成篇，其「勢」之數的總和為「陰柔：36、陽剛：
21」，如換算成百分比（四捨五入），則為「陰柔：63、陽剛：37」，
乃「柔中帶剛」的作品。

　　這種結構安排，如對應於「0一二多」來看，則以核心結構之外的「遠近」（二疊）、「先後」（一疊）、「視聽」（一疊）等所形成移位性的調和結構與節奏（韻律），可視作「多：（88 ←→ 88）」，以呈現客體之「美」；以「動靜」一疊所形成一陰一陽的對比性（移位）結構與節奏（韻律），藉以徹下徹上，形成一篇規律，以呈現「善」的，可視作關鍵性之「二：（8 ←→ 8）」；以暗寓「亡國之痛」的主旨與「宏麗綿邈」之風格的，可視作「一（8）←→0（Ƨ、ƨ）」，以呈現「真」（含主體之美感）。這種結構系統，就相當於一棵樹之合其樹幹與枝葉而成整個形體、姿態與韻味一樣，是一體的，是密不可分的。

　　綜上所述，可知「88」陰陽「包孕」雙螺旋之互動，可帶動「移位」（秩序）、「轉位」（變化）與「對比 ←→ 調和」（聯貫）不斷產生層層「轉化」作用，形成「以大（大宇宙）包小（小宇宙）」的「0（Ƨ、ƨ）一（8）二（8 ←→ 8）多（88 ←→ 88）」之龐大系統。如缺少這種「88」陰陽「包孕」雙螺旋之互動作用，這一系統是無法形成的。其重要性，由此可知。

　　由於這一系統無所不包，而其大小也層層相對，永無止盡。所以在層層「轉化」中將它直接落到一篇「辭章」來說，就是一層「小宇宙」，而「篇章」又是其中的另一層「小宇宙」。無論落到哪一層面、哪一角度，雖各有不同內涵，而這種「88」陰陽「包孕」雙螺旋之互動作用，照樣運行。就以所舉的三篇作品而言，其「篇章邏輯」形成的三個「小宇宙」，「包孕」之運作，一樣周全，而由此凸顯其「層次邏輯」，可說各盡其妙。

　　由此可知，「層次邏輯」是由「包孕」所形成。對此，張春榮即指出：「文學與文化接軌。在文字、文學、文化的宏觀上，陳滿銘立足於傳統哲學（易傳思想、道家思想），結合現今美學，掌握辨證性的精義，建構其『多二一（0）螺旋結構論』，照見結構中『對立統

一」、『品質互變』、『相反相成』的原型，彰顯根源性的『層次邏輯系統』，體現文化底蘊的綜合考察。其中『層次思維』的揭示，『層次律』的動態觀照，均成為其章法結構分析的源泉活水。」[81] 而這種「層次邏輯」，換個角度說，就涉及「綜合」（大：同）與「分析」（小：異）的邏輯關係，所以黎運漢認為：「陳教授研究和構建章法規律體系就嫻熟地運用了分析與綜合相結合的方法。例如，在細緻分析每種單一的章法的基礎上，總結歸納出章法之四大規律和章法之四大家族來統帥各種具體章法，都是運用分析、綜合研究法的體現。」[82] 而鄭頤壽：「陳教授在論析章法層次圖表時，其第一層次對於第二層次，第二層次對於第三層次……層層分析下去，前一層次與後一層次的關係，都是綜合與分析的關係，同時又是把綜合與分析聯繫起來，層層遞析，理出篇章結構的肌理與脈絡。」又說：「風格，是格調與氣氛的綜合體。把風格量化，又是一種分析。對某一作品風格的總體的認知是綜合，對風格因素的細微鑒識是分析。兩者也是緊密聯繫的。」然後總結說：「辭章這門新學科具有融合性，或稱綜合性。對整個學科的認知靠綜合，若要分析學科的肌理，則要從多個角度切入，從哲學、文章學、語言學（含詞彙學、語法學、修辭學）、邏輯學、心理學、意象學、美學（含國畫、書法、園林、建築藝術）等角度切入，又要把這些學科綜合、融化起來，才能鑄成辭章學這門既富理論性又極實用的新學科。」[83] 這樣從「綜合」與「分析」兩者來說，涵蓋面雖廣，但兩者只要可形成「層次邏輯」，「包孕」即在其中。

---

81 張春榮：〈臺灣修辭學研究（2003-2013）評述〉，上海復旦大學《當代修辭學》183期（2014年6月），頁90-93。

82 黎運漢：〈陳滿銘對辭章章法貢獻〉，《陳滿銘與辭章章法學》（臺北市：文津出版社，2007年12月一版一刷），頁64。

83 鄭頤壽：〈研究篇章藝術的國學——讀陳滿銘的《篇章辭章學》、《辭章學十論》〉，《國文天地》22卷4期（2006年9月），頁83-90。

　　因此，「**88**」陰陽「包孕」雙螺旋之互動作用，在宇宙萬事萬物「轉化」的動態歷程中，是時時刻刻，無所不在的。

第四章
「DNA」之「88」雙螺旋系統

本章分三節進行研討。

第一節 「DNA」之雙螺旋結構

就「DNA」而言，是在一九五三年正式發現的。張夢然（2013）在〈DNA 雙螺旋結構發表六十周年：一頁紙改變人類〉一文中有如下附圖：

一頁紙改變人類的例子不多見。[1]

---

1 《科技日報》2013年4月25日，引自：http://news.sciencenet.cn/htmlnews/2013/4/277233.shtm。

而王淑鶯（2013）在〈DNA 雙股螺旋結構──跨領域之美麗結晶〉一文中指出：

> 西元二十世紀初期，當科學家們在爭論生命的遺傳本質（基因）是 DNA 或蛋白質時，也是量子力學大放光彩的年代。……一九五三年四月二十五日，來自英國劍橋卡文迪西實驗室的華生（James Watson）和克里克（Francis Crick）共同在國際知名期刊《自然》發表了完整的「DNA」雙股螺旋結構模型。……多諾霍（J. Donohue）提出 A-T 和 G-C 配對是靠氫鍵維繫的。最重要也最具爭議的是，華生和克里克從魏爾金手上看見了由富蘭克林（Rosalind Franklin）所拍攝的一張極為清晰的「DNA」X 光繞射圖，讓他們推論 DNA 是由兩條走向相反單鏈所組成的雙螺旋。而從化學的角度來看，為了能夠符合 A-T 和 G-C 的氫鍵鍵結，唯有鹼基朝內，醣─磷酸骨架在外，且兩條單鏈走向相反才能形成穩定的分子。綜合這些資料，華生和克里克構築完整的三維「DNA」分子模型並發表結果在期刊上，之後與魏爾金在一九六二年獲得諾貝爾生物醫學獎的榮耀，也成功引領生物學邁向更深入的分子生物學研究領域。[2]

可見「DNA」雙螺旋結構的發現及其普適性，是值得大家歌誦並重視的。

對此偉大發現，約翰·格里賓（John Gribbin）著、方玉珍等譯

---

[2]　王淑鶯：〈DNA雙股螺旋結構──跨領域之美麗結晶〉，《成大校刊》24期（2013年2月），頁48-49。

（2001）《雙螺旋探密——量子物理學與生命》也以為：

> 生命分子是雙螺旋這一發現為分子生物學揭開了新的一頁，而
> 不是標誌著它的結束。但在我們以雙螺旋發現為基礎去進一步
> 理解世界之前，如果能有實驗證明雙螺旋複製的本質，那麼關
> 於雙螺旋的故事就會更加完美了。

並附「DNA」分子的雙螺旋結構圖。[3]

　　其一、「DNA」四鹼（碱）基雙雙配對圖：

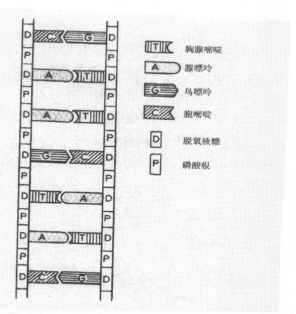

**鹼基之間的準確配對使兩條互補 DNA 鏈連接在一起，如該簡圖所
示。因為 A 只與 T 配對，G 只與 C 配對，所以一條鏈上的鹼基順
序就決定了另外一條鏈上的鹼基順序。**

3　約翰・格里賓著、方玉珍等譯：《雙螺旋探密——量子物理學與生命》（上海市：上
　海科技教育出版社，2001年7月），頁221-225。

其二、部分「DNA」雙螺旋近視圖：

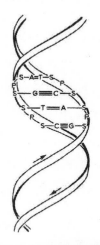

部分 DNA 雙螺旋近觀圖。

其三、「DNA」之「A ⟷ T」、「G ⟷ C」配對「氫鍵」圖：

**A-T 和 G-C 之間的氫鍵就像兩相插頭和三相插頭
可以準確地插入不同的插座一樣。**

對此，張大慶、韓啟德說明如下：

「DNA」雙螺旋結構的模型有四個重要特點：①「DNA」分子是由兩條成對的鏈，以雙螺旋方式按一定空間距離相互平行盤繞；「DNA」分子中的兩條相對的平行鏈從頭至尾都嚴格遵守鹼基配對原則。②兩條長鏈的方向是相反的。③腺嘌呤（A）與胸腺嘧啶（T）以兩個氫鍵聯結配對，胞嘧啶（C）與鳥嘌呤（G）以三個氫鍵聯結配對。比如，一條鏈上的鹼基排列順序是 TCGACTGA，那麼，另一條鏈上的碱基排列順序一定是 AGCTGACT。這就意味著，「DNA」中一條鏈的鹼基順序一旦確定，那麼另一條鏈的鹼基順序也就確定了。④「DNA」雙螺旋結構對鹼基順序不存在任何限制。[4]

依據以上三附圖而以「S、ƨ」、「8」、「8 ⟷ 8」、「88 ⟷ 88（兩個「8→8」結構或以上）」（隱性）切入，對應於「0 一二多」（陽性），則可用如下簡圖呈現：

4　張大慶、韓啟德：〈超越雙螺旋──DNA對科學與社會文化的影響〉，北京大學《醫學與哲學》（2003年7月），頁1-6。

（一）單層「『S、ƨ』、『8』、『8←→8』、『88←→88』」的「陰陽
　　　雙螺旋層次邏輯結構」圖：

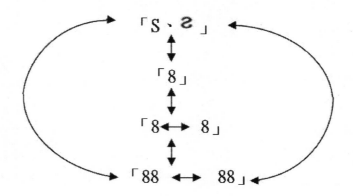

（二）單層「『S、ƨ』、『8』、『8←→8』、『88←→88』」融貫的
　　　「陰陽包孕雙螺旋層次邏輯結構」圖：

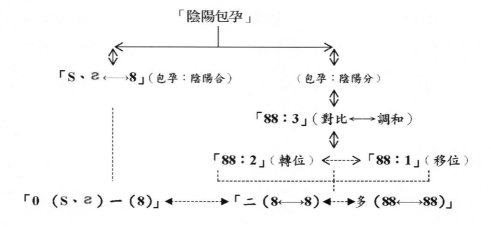

（三）層層在「轉化四律」融貫「『S、ƨ』、『8』、『8 ⟷ 8』、『88 ⟷ 88』」的「**88** 陰陽雙螺旋層次邏輯系統」圖：

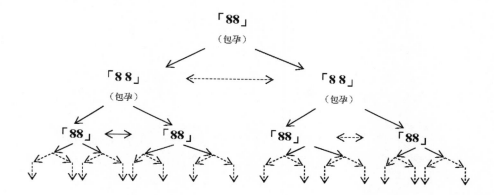

如此結合「轉化四律」與「0 一二多」，不斷作雙螺旋之「包孕」運動，便形成「『S、ƨ』、『8』、『8 ⟷ 8』、『88 ⟷ 88』」層層「以大（宇宙）包小（小宇宙）」之龐大系統；而天、地、人都整個包孕在其中了[5]。

　　依據以上所舉的圖示與說明，試先將鹼（碱）基雙雙配對，用梯形配合「0 一二多」呈現，可形成下圖：

5　陳滿銘：《陰陽雙螺旋互動論——以「0一二多」層次邏輯系統作通貫觀察》（臺北市：萬卷樓圖書公司，2016年7月初版），頁123。今收入《跨界章法學研究叢書》中。

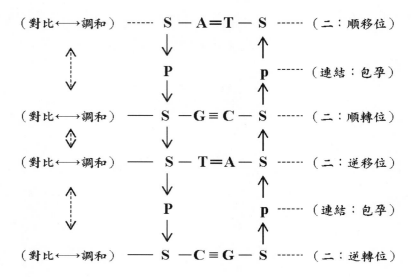

其中「**A**（Adenine：腺嘌呤）←→ **T**（Thymine：胸腺嘧啶）」、「**G**（Guanine：鳥嘌呤）←→ **C**（Cytosine：胞嘧啶）」為鹼基 4 密碼（雙雙形成「陰陽互動」）；「**S**」表示端點；「**P**」（磷酸根）表示連結（形成層次：涉及「包孕」之分合 [6] 與「對比 ←→ 調和」）；「＝」表示兩組（對）「氫鍵」，力度較弱（涉及「移位」）、「≡」表示三組（對）「氫鍵」，力度較強（涉及「轉位」）。由此層層以「對比 ←→ 調和」下徹、上徹並加以「包孕」，趨於「統一」，形成每一單元「**DNA**」的「**0 一二多**」陰陽雙旋螺層次邏輯結構，呈現如下簡表：

6 　陳滿銘：《陰陽雙螺旋互動論——以「0一二多」層次邏輯系統作通貫觀察·第四章》，同上注，頁111-146。

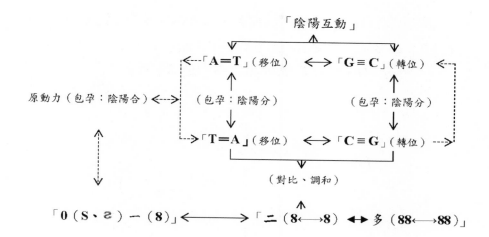

如單就「轉化四律」來看，則 可呈現如下簡圖：

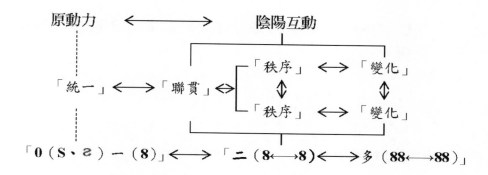

可見這種「雙螺旋層次邏輯結構」，都一律由「一順一逆」的「0 一二多」陰陽雙螺旋邏輯結構，按「轉化四律」加以層層組織，以體現大自然「生生不息」的雙螺旋「轉化」運作規律[7]。

---

7 陳滿銘：〈論螺旋邏輯學的創立——以哲學螺旋與科學螺旋為鍵軸探討其體系之建構〉，《國文天地・學術論壇》31卷1期（2015年6月），頁116-136。又，陳滿銘：〈哲學螺旋與科學螺旋的對應、貫通——以「多←→二←→ 一（0）」與「DNA」雙螺旋結構為重心作探討〉，《南京曉莊學院學報》2015年4期（2015年7月），頁36-39。

　　而如果就以此「**DNA**」（含原動力：**sidRNAs** [8]）切入，對應於上舉「**0** 一二多」三種圖示，則可調整如下：

　　一、單層「**DNA** 陰陽雙螺旋層次邏輯結構」圖：

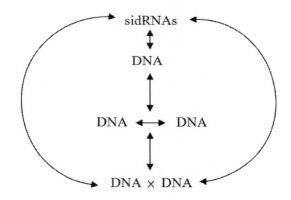

　　二、單層「**DNA**」在「轉化四律」融貫下的「陰陽雙螺旋層次邏輯結構」圖：

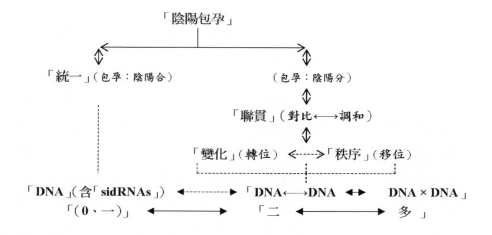

8　王小康、前偉強：〈DNA甲基化起始的原動力：sidRNAs〉，《中國科學‧生命科學》46卷3期（2016年3月），頁343-345。

三、層層融貫的「**DNA** 陰陽雙螺旋層次邏輯系統」圖：

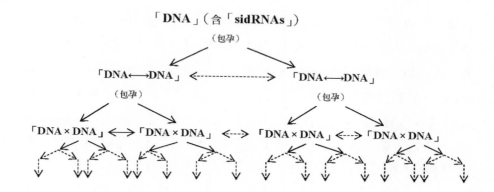

如此結合「轉化四律」與「**0** 一二多」，不斷作雙螺旋之「包孕」運動，便形成「**DNA**」層層「以大（大宇宙）包小（小宇宙）」之龐大系統；而天地人都整個包孕在其中了。

　　對這種「DNA 雙螺旋結構」，歐陽周、顧建華、宋凡聖（2001）編著的《美學新編》也從美學角度解釋說：

　　　　從微觀看，由於近代物理學與生物學、化學、數學、醫學等的相互交叉和滲透，對分子、原子和各種基本粒子的研究更加深入，並取得一系列的成果。……特別要指出的是，DNA 分子的雙螺旋結構模式，體現了自然美的規律：兩條互補的細長的核苷酸鏈，彼此以一定的空間距離，在同一軸上互相盤旋起來，很像一個扭曲起來的梯子。由於每條核苷酸鏈的內側是扁平的盤狀鹼基，當兩個相連的互補鹼基 A 連著 P〔應作 T〕，G 連著 C 時，宛若一級一級的梯子橫檔，排列整齊而美觀，

十分奇妙。[9]

這樣，對應於「0 一二多」雙螺旋結構來看，所謂「宛若一級一級的梯子橫檔」，該是「二」產生作用的整個歷程與結果，亦即「多」；所謂「當兩個相連的互補鹼基 A 連著 T，G 連著 C」，該是「二」；而DNA 本身的質性與動力，則該為「一（0）」。至於所謂「兩條互補的細長的核苷酸鏈，彼此以一定的空間距離，在同一軸上互相盤旋起來」，該是一順一逆、一陰一陽的螺旋結構。如果這種解釋合理，那麼，從極「微觀」（小到最小）到極「宏觀」（大到最大），都可由一順一逆的「0 一二多」雙螺旋結構加以層層組織，以體現自然的運動規律[10]。

可見人文與科技雖然各自「求異」，而各有不同之內容，但所謂「萬變不離其宗」，在「求同」上，卻有「殊途同歸」的結果。如此，則「0 一二多」雙螺旋邏輯系統之「原始性」與「普遍性」，就值得大家共同重視了。

第二節　「DNA」、「0 一二多」、「轉化四律」之「88」系統

「陰陽二元」由對待（靜）而互動（動）的形象化雙螺旋運作軌跡，既然是「8」（隱性），就必定和無所不在的「DNA」雙螺旋結構、「0 一二多」（顯性）雙螺旋系統相對應、貫通[11]。對此，有學者即

9　歐陽周、顧建華、宋凡聖編著：《美學新編》（杭州市：浙江大學出版社，2001年5月九刷），頁303。

10　陳滿銘：《意象學廣論》（臺北市：萬卷樓圖書公司，2005年11月初版），頁2-6。

11　陳滿銘　：〈哲學螺旋與科學螺旋的對應、貫通——以「多←→二←→一（0）」與「DNA」雙螺旋結構為重心作探討〉，同注7。

認為：

> 由於太陽的周日圓道式運動和周年回歸式運動，所以「S」生
> 命曲線呈螺旋、迴旋狀態（案：即形成「8」，下併同），這
> 正是宇宙的一般運動規律。宇宙由無數星系組成。它們大多與
> 太陽系一樣呈螺旋、迴旋狀態，其大的星系則稱為螺旋星雲。
> 宇宙體的「S」曲線運動規律，影響著萬物的生化，這是一切
> 生命活動的基本運動形式。蛋白質是生命的物質基礎，蛋白質
> 肽鏈的基本構造就是雙螺旋狀態。生物的遺傳蜜碼「DNA」
> 也是雙螺旋結構。[12]

為說明方便，在此，先略述中國古代哲學層面的雙螺旋系統：「0 一
二多」（含順逆雙向），再舉西洋近代科學層面的雙螺旋實證：
「DNA」，以見兩者對應、貫通之梗概。

接著由此「轉化四律」中，「8」表「無極 ⟷ 太極」的陰陽動
力、「88」系列呈現「兩儀 ⟷ 四象 ⟷ 八卦 ⟷ 六十四卦」的層層
「轉化」之雙螺旋系統。其中「88」之「轉化」，可整合如下表：

---

12 見《三命七運的新浪博客》，引自：http://blog.sina.com.cn/fuyinjushi。

「88」互動	轉化類型
「8（1：陰）←→ 8（2：陽）」	順、逆向移位
「8 （1：陰）→ 8（2：陽）→ 8（3：陰）」	順轉位
「8（1：陽）→ 8（2：陰）→ 8（3：陽）」	逆轉位
「對比（陰88）←→ 對比（陽88）」	順、逆移位
「調和（陰88）←→ 調和（陽88）」	順、逆移位
「順、逆移位對比（陽88）→ 調和（陰88）」	逆移位
「調和（陰88）→ 對比（陽88）」	順移位
「8（1：陰）／ 8（2：陰）」	陰包孕陰
「8（1：陰）／ 8（2：陽）」	陰包孕陽
「8（1：陽）／ 8（2：陽）」	陽包孕陽
「8（1：陽）／ 8（2：陰）」	陽包孕陰

如果以「S、ƨ」、「8」、「8←→8」、「88←→88（兩個「8→8」結構或以上）」切入，對應於上舉「0 一二多」三種圖示，則可用如下簡圖呈現：

一、單層「『S、ƨ』、『8』、『8←→8』、『88←→88』」的「陰陽雙螺旋層次邏輯結構」圖：

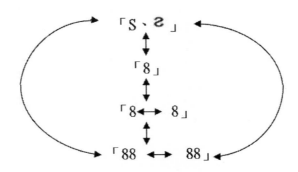

二、單層「『S、ｅ』、『8』、『8 ⟷ 8』、『88 ⟷ 88』」在「轉化四律」融貫下的「陰陽雙螺旋層次邏輯結構」圖：

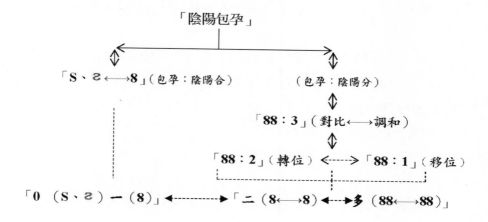

三、層層融貫「『S、ｅ』、『8』、『8 ⟷ 8』、『88 ⟷ 88』」的「88陰陽雙螺旋層次邏輯系統」圖：

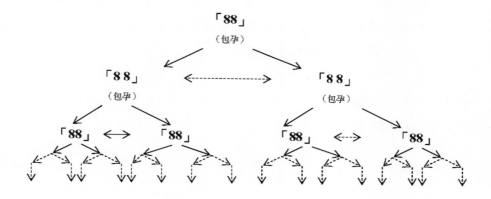

如此結合「轉化四律」與「0 一二多」，不斷作雙螺旋之「包孕」運動，便形成「『S、ｅ』、『8』、『8 ⟷ 8』、『88 ⟷ 88』」層層「以大（宇宙）包小（小宇宙）」之龐大系統；而天地人都整個包孕在其中

了 [13] 。

第三節　「88」系統之具象觀察與相關論述

在此,先呈現「具象觀察」,再綜合略作「相關論述」:

以「具象觀察」來說,首先看以地球為重心所呈現的「S」(案:作螺旋運轉即形成「8」,下引論證併同),對此「DNA」一連串作「8」迴旋形跡之雙螺旋結構,有一則報導說:

> 一九九○年十一月二十日,《科技日報》頭版頭條登載了《我國科學研究的又一新發現——我國首次利用 STM 觀察到變性噬菌體「DNA」三鏈狀結構》的報導,引起科學界的重視。人體膠原蛋白的分子結構也像一條三股撚成的麻繩。這也是宇宙螺旋氣場的派生物。宇宙螺旋氣場有順時針左旋、逆時針右旋和由左右旋組成的「8」字形三種基本氣旋組成,在三種氣旋的指揮控制下,創造出變化萬千的生物基本細胞結構,從而衍生出種類繁多的生物種類 [14] 。

而最近另有一則報導:〈美院士首次揭示「DNA」超螺旋的三維結構〉[15] ,有附圖如下:

---

13 陳滿銘:《陰陽雙螺旋互動論——以「0一二多」層次邏輯系統作通貫觀察》,同注 5,頁123。

14 見《家居風水》2009年12月5日17:00評論:〈微波——創造生命的「上帝」〉,引自:http://www.daxishi.com/article/769.html。

15 2015年10月13日,由《今日科學》發表於《科學》,引自:https://kknews.cc/zh-tw/science/pkylo2.html。

該圖像顯示，超級電腦模擬實驗計算出的「**DNA**」結構（有顏色）疊加了低溫電子斷層掃描資料（白色或黃色）。（沒有疊加到低溫電子斷層掃描資料為紫色圖「**8**」的形狀）你可以看到熟悉的雙螺旋結構已經簡單地彎曲成圓環狀，或擰成「**8**」字形。

圖片來源：Thana Sutthibutpong

有學者就指出：

「太極『**S**』曲線」是地球人以前無法完美描述的最神秘的宇宙時間曲線。它不僅表達了時間和物質運動速度密不可分的內在關係，而且把時間的過去、現在和未來表達得盡善盡美。亞里斯多德對時間有一個非常好的定義，他認為：「離開了『現在』，時間不可能存在，也是不可思議的，加之『現在』是一種中點，它既是將來時間的開端又是過去時間的結尾。所以，時間是一直存在的」。但要用數學、幾何圖形來表達時間時，從來都是一根直線，只能表達時間的開端和連續性，而無法表示時間隨速度快慢的變化性。可「太極『**S**』曲線」就不一樣，「太極『**S**』曲線」在表達時間時，它隨速度的快慢變化可隨屈就伸，它完美地體現出了時間的相對性！如果把兩個相

反的「太極『S』曲線」重合，會形成一個完整的「8」字圖形，「8」字的中點就是時間的「現在」，左旋「太極『S』曲線」象徵過去，右旋「太極『S』曲線」象徵未來，如果處在時間的中點，那就既可看到過去，又能迎接未來。「8」字時間曲線既是開端，又是結尾，這兩個「太極『S』曲線」巧妙組合的「8」字時間曲線毫無爭議地代表了宇宙生生不息、波動迴旋的永恆規律。無論是現宇宙還是反宇宙，都可從時間「8」字曲線的反演中看到它們的前世、今生與來世。但需要指出的是，宇宙並不重複自己，它隨時間變化而變化，永遠沒有終態結構。宇宙中存在的平衡都是暫時的，只有非線性的不平衡才是宇宙生命的本源。宇宙不可能回到昨天，宇宙中的物質青春一旦過去，就不可能回來，因為時間是有序有方向的，任何人都不能讓它逆轉重演。

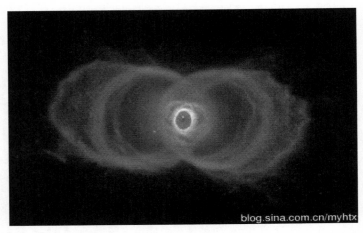

blog.sina.com.cn/myhtx

圖片版權與提供： R.Sahai and J. Trauger (JPL), WFPC2, HST, NASA

哈勃望遠鏡拍攝的十張圖片中位居第五位的沙漏星雲，距地球八千光年。在這張圖片中，可以看見發出紅色輝光的氮氣、綠

色輝光的氫氣和藍色輝光的氧氣，這些多彩氣體組成了沙漏壁上的細緻環狀結構。它呈現出了明顯的太極「**8**」字迴旋波動發展趨勢。[16]

而據阿波羅新聞網二〇一六年二月七日訊也指出：

據國外媒體報導，一張照片能否包含太陽全年運行軌跡嗎？這是可以的。下面幾張照片展現了太陽在一年中運行的「**8**」字曲線軌跡，其中一張照片上，太陽軌跡看上去竟堪比項鏈墜。

陽盤面如項鏈墜。(網路圖片)

---

16 十年補鞋：轉載〈量子力學、相對論與古太極八卦圖〉，2016年3月12日10：59：56，引自：http://blog.sina.com.cn/s/blog_6d371d6a0102w3gv.html。

在已知最早一張展現日全食的太陽「**8**」字軌跡圖中，太陽盤面看上去像項鏈上的吊墜一樣閃閃發光。這張照片包括二〇〇六年三月出現在土耳其安塔利亞上空的日全食曝光畫面。剩餘部分則顯示了太陽在二〇〇五年七月至二〇〇六年七月間在安塔利亞以北三一一英里（約合 500 公里）的布爾薩上空的路線。在日食奇觀出現時，月球恰好處於地球和太陽之間，遮住了大部分陽光。日全食上演期間，唯一可見的是太陽相對昏暗的外層大氣——日冕。在這張太陽「**8**」字軌跡圖中，被遮住的太陽之所以看上去更加明亮，是因為拍攝者沒有使用濾光片，同時曝光時間更長，結果捕捉到日冕和昏暗的安塔利亞城市景色（照片中突出位置）。[17]

而宮璽有一文論「天人相應與中醫經絡「**S**」形經絡結構」[18] 說：

> 「天人相應」是中醫理論體系的基石之一。所謂「天」是指天地、日月，即是地球、月球與太陽相對運動所形成的，是人類賴以生存的特殊環境與空間。在太陽系中，地球存在了四十六億年，而人類只存在了幾百萬年。地球的自轉、公轉與地軸的傾斜（66.5 度）造成了我們熟知的一日四時（朝、午、夕、夜），一年四季（春、夏、秋、冬），一月中月相盈虧朔望的規律變化。而這一日、一月、一年的冷暖規律變化，明暗、升降、進退的節律變化都可以類似正弦曲線的「**S**」形曲線來表

---

17 〈阿波羅新聞網〉2016年2月7日訊，引自：http://www.aboluowang.com/2016/0207/688672.html。

18 宮璽：《天津中醫藥大學學報》30卷4期（2011年12月），頁202-204。

達。天地太極場的投影造成了地球上所有的生物（包括人）都打上了「天人相應」的太極結構印記，即「S」形曲線的印記。比如組成各種生命的細胞的最基本結構「DNA」，其雙股螺旋結構可以看作「S」形曲線的三維立體化，而人類的脊椎則呈太極「S」形。而人體的脈診排列結構，面診結構，眼診結構等許多生理結構、節律等都與「S」形曲線相關對應。從天人相應的角度，針刺經絡則是將「S」形結構徹底全面啟動，進而與天地大「S」形結構發生相諧共振。

文中用多種附圖供參考，下圖即其中之一：

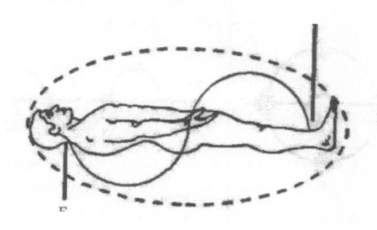

選自《中醫太極觀》
人體經絡 S 形結構圖

又，有人〈宇宙螺旋氣場〉一文[19]，先附圖如下：

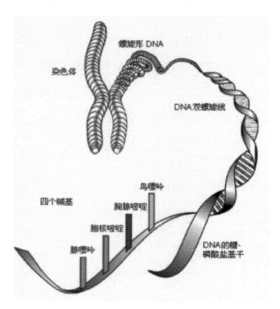

次以地球二十四節氣印證太極「S」，認為：

> 我們知道地球的自轉和公轉：自西向東方向自轉（自身北逆南
> 順）和繞太陽公轉也是自西向東推進，這樣也就運行出一條
> 「S」型的前行軌道來。太陽與地球的關係構成了運行軌
> 道——「黃道」，屬於「S」型。地球不僅自西向東按反時針
> 旋轉，而且傾斜度總保持六十六度三十四分。地球一年圍繞太
> 陽轉上一圈，太陽在地球上形成了一條古人稱之為「黃道」的
> 「S」曲線。橫「S」的兩個波峰一個是「冬至」，一個是

---

19 見〈宇宙螺旋氣場〉，發表於2008年12月18日00：13，摘錄自「練功坊」：http://blog.
yam.com/chigung/article/18556430。

「夏至」，這個橫「S」周圍一共分成二十四份，即四季二十四個節氣。它的氣場左右著地球的四季，從而有效地影響、作用著地球上的生靈和非生靈。還有地球上的自然現象，北半球逆時針方向旋轉，南半球則相反，呈順時針運轉。地球上的洋流，北半球為逆時針方向轉動，南半球為順時針轉動，大多數行程構成「S」型轉向前進。再者大海洋的波浪以曲線前行。……這些都是客觀存在的實有現象——自然地理所科學揭示的。八卦的卦序運行反映了天象的神奇，這不僅僅是偶然，而且是必然的契合，應該說是對應性的關係。

再以宇宙「S」型氣場之全息性「DNA」與陰陽性烙印在大自然萬物上，指出：

我們再來看看宇宙氣場來揭示宇宙的神奇。從地球乃至整個天體的氣場而言，場氣的運行是從「S」型來體現的。在這裡有必要對河圖和洛書同八卦的關係作一番探察。八卦來源於河洛。河圖為先天，洛書為後天。河圖揭示的是順時針的左旋陽性氣場，而洛書則揭示了逆時鐘右旋陰性氣場，同時還包括了順時針左旋陽性氣場和陰陽交會的既有順，又有逆的「∞」字氣場（倒型「8」）。河圖推演出來的伏羲先天八卦顯示了兩種形式氣場；一是順時針旋轉的螺旋氣場；二是由兩個旋臂組成的「S」形氣場。這是宇宙的「天機」洩露，人類大腦的智慧體現在能反映、揭示自然的神奇——河洛的出現正是古人對神秘天體的認識，而八卦正是古人對河洛的傳真和釋述，使神秘的東西明朗化，使人易於接受。弄清了八卦乃至河洛，我們可以再進行深一層的破譯——對宇宙螺旋場的破譯了。

然後作總結說：

> 以上贅述了這些，目的在於使你認明、理解宇宙螺旋場，以及它對外界的影響和作用。地球上的所有生靈和非生靈所構成的諸多現實，我們可以直觀到和經過實驗觀察到的，如：環形山峰，曲形水流，天象的北斗七星（星宿列象圖）和九大行星的運行線路，還有人體「S」體形（曲線），植物、動物的外形符，人體內的氨基酸和「DNA」等等，這些印證了宇宙螺旋場的存在及其對自然萬物的作用。這使我們豁然開朗了：無論是自然宇宙或是人的內在都由宇宙螺旋場所作用，由其有效控制和圍幹它的威力。第一宇宙和第二宇宙，儘管千差萬別氣象各異，但實質都是宇宙螺旋場作用的結果。世上萬物的出現和存在背後都有一個名為宇宙螺旋場在作用——由其操控和指揮。

另外，有〈太極圖的 S 形曲線〉一文說：

> 從《太極圖》中我們看到，陰陽魚是呈「S」形旋轉的，這表明宇宙氣場不是做圓周運動，而是按「S」形旋轉的，這在人類遺傳基因「DNA」中得到了驗正。因為「DNA」是由兩條互補反向平行的雙螺旋鏈構成的，這兩條互補反向平行的雙螺旋鏈就類似於兩條陰陽魚互補反向運行的「S」形軌跡，可見「S」形雙螺旋運動形式是宇宙無機和有機物質運動的基本規律。現在有學者研究出《太極圖》中陰陽魚「S」形曲線與大氣層中冷熱空氣對流移動的路線驚人的相似，這雄辯地說明了太極圖的「S」形曲線揭示出了宇宙物質運動的軌跡。……隨著科學的不斷發展，《太極圖》深邃的科學內涵，《太極圖》

所儲存的宇宙密碼，會被不斷地挖掘，不斷的破譯出來而反證
現代科學。一封閉的思想都不利於學術上的百家爭鳴，不利於
易學的發展，應當摒棄！由上述可知，《太極圖》是蘊涵了宇
宙創生演化及時空資訊系統的宇宙密碼圖。[20]

這樣以地球為重心，從不同角度作印證，是足以反映「**88**」陰陽雙螺
旋互動系統涵蓋面之大的。

其次看星球的「公轉」與「自轉」，王振（2012）在〈宇宙奇
觀——神奇的雙螺旋軌跡〉一文指出：

> 許多世紀以來，地球村的東方人和地球村的西方人，從不同的
> 視角，以反對稱的思維方式，苦苦地追尋著宇宙的秘密和人體
> 的奧秘。從波蘭人哥白尼（N. Copernicus）的日心說到英國人
> 牛頓（Newton Isaac）的萬有引力，從美國人愛因斯坦（A.
> Einstein）的廣義相對論到英國人霍金（Hawking Stephen
> William）的量子宇宙論。這些偉大的西方科學家，為我們描
> 繪出一幅又一幅從宏觀宇宙到微觀粒子雙螺旋運動的精美畫
> 卷。……在太陽系裡，衛星自轉的同時繞行星公轉，行星自轉
> 的同時繞太陽公轉；在銀河系裡，包括太陽系在內的無數恆星
> 和星系自轉的同時繞銀心公轉；在本星系群裡，銀河天體也呈
> 螺旋自轉的同時向長蛇座方向運動。……天文科學家通過光學
> 和射電望遠鏡觀測太空，發現許許多多的天體都是自轉的同時
> 又繞宇宙磁力線旋轉。龐大的宇宙系統竟然呈現層層相嵌套的

---

20 由《玄易的博客》轉載，2008年6月3日16：42，引自：http://xuanyi8.blog.163.com/
blog/static/81999877200853442226834/。

旋轉奇觀，一切天體都由雙螺旋運動軌跡所交織和貫穿！[21]

茲附「雙螺旋到宇宙圖像：分形（全）」（2012）如下，供作參考：

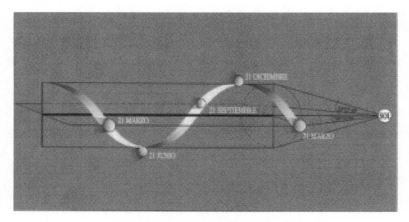

圖一　螺旋：一個動態的太陽系

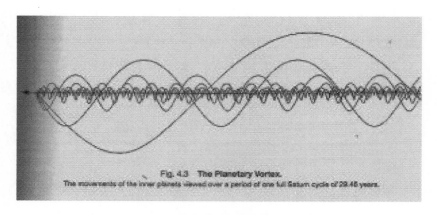

圖二　行星軌道是橢圓形螺旋

---

21 王振：《王振日誌》2012年1月15日，引自：http://blog.renren.com/GetEntry.do?id=73
1032490&owner=220875522。

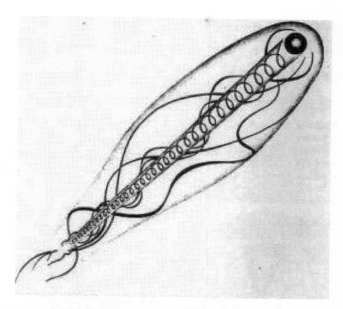

圖三　聾人聽聞的螺旋，太陽能系統，我們的太陽系

　　認為：我們的宇宙，由螺旋（漩渦）運作，萬事萬物從原子到銀河系，我們的太陽系，我們身邊的所有事物，都是由螺旋構成[22]。

　　再來看星雲、塵埃，周新（2006）在〈銀河系中心發現雙螺旋星雲——一新恆星河流橫過北方天空〉一文中報導：

　　　根據美國加州大學洛杉磯分校三月十五日發布的新聞簡報，天文學家在銀河系中心附近發現了一個史無前例的雙螺旋星雲。天文學家所觀測到的星雲部分伸展出八十光年長。該發現發表在三月十六日的《自然》雜誌上。「我們看到兩條就像「DNA」分子一樣的相互纏繞的條帶」，論文的第一作者、加

---

22 佚名：〈雙螺旋到宇宙圖像：分形（全）〉，引自：http://www.awaker.org/a/yishikexue/2012/0115/3893.html。

州大學洛杉磯分校的物理和天文學教授馬克・莫里斯教授說：
「此前在宇宙中還沒有任何人見過像這樣的任何東西。大多數
星雲是螺旋充滿恆星的星系或無定形的塵埃和氣體聚合
體──空間氣象。我們所看到的表明了一種高度的有序。」
天文學家是運用 NASA 斯匹哲紅外望遠鏡觀測到該雙螺旋星
雲的，它大約離銀河系中心巨型黑洞三百光年，而我們地球離
中心黑洞卻超過二萬五千光年。

並附圖說明如下：

雙螺旋星雲。圖中亮點為發紅外線光的恆星，其中大部分是紅巨星和紅色超巨
型星。很多其他恆星在這個區域也出現，但因為太微弱而不能在這敏感的紅外
圖像上顯示出來。[23]

---

23 周新：〈銀河系中心發現雙螺旋星雲──一新恆星河流橫過北方天空〉，《正見網》
2006年3月19日，引自：http://www.spaceflightnow.com/news/n0603/15doublehelix/。

以相關討論而言，根據《人民報》在二〇一二年三月二十日頭版有段報導說：

> 日本研究人員日前在京都舉行的日本天文學會年會上報告說，位於銀河系中心附近的雙螺旋星雲，是巨大黑洞噴出的噴流殘骸，此發現顯示出銀河系中心曾有非常活躍的時期。專家指出，在銀河系中心存在一個質量約相當於太陽四百萬倍的黑洞。距離這黑洞約四百萬光年處，有一個形似脫氧核糖核酸（DNA）的雙螺旋星雲。名古屋大學研究人員利用位於智利高原的射電天文望遠鏡觀測雙螺旋星雲，結果發現，該星雲中的一氧化碳等分子氣體呈細長柱狀分布，一直延伸到銀河系中心黑洞附近。研究小組認為，該雙螺旋星雲是黑洞噴流的殘骸。噴流是天體附近噴射出的定向、狹長、高速物質流。宇宙中很多星系的中心都存在巨大黑洞，當周圍天體物質落入黑洞時，就會發射出噴流。領導研究的教授福井康雄認為，此發現顯示出銀河系中心曾有非常活躍的時期。[24]

而李華平在〈無處不在的雙螺旋——對話瓦基姆·茲托維齊（俄羅斯物理學家）〉一文（2014）中的「引子」說：

> 如果有人對你說，有一種雙螺旋的幾何結構，能夠貯存資訊並自我複製，你一定會立刻聯想到生命科學中的遺傳基因「DNA」。……不過，這些特性可能並非地球生命的「DNA」

24　〈人民報〉電子報327期，2012年3月20日，引自：http://www.renminbao.info/327/16795.html。

所獨有。在對等離子環境中普通塵埃的特徵進行的類比實驗中，俄羅斯物理學家瓦基姆・茲托維齊（Vadim Tsytovich）及其德國和澳大利亞的同行們驚奇地發現，這些塵埃自動了地排列成了雙螺旋結構，就像地球生命的「DNA」分子一樣。

又引茲托維齊的話說：

這些塵埃不僅是自閉的，而且會自動排列成雙螺旋結構。同樣，構成「DNA」的兩條單鏈也是以這種方式通過氫鍵配成一對──同時釋放能量，而它們各自的幾何構造致使它們連接在一起，最終形成了一個雙螺旋結構的大分子。這樣一種緻密的結構為資訊的高度集中和複製創造了便利條件。物理學家們稱在模擬中，等離子體中的塵埃構成雙螺旋結構，那是從以下角度說的，即塵埃顆粒在一些等距相疊的平面上成對組合在一起，而每個平面上，它們的位置都以一個固定的角度持續旋轉著。現在我們需要瞭解的，就是如此獨特的一種結構是怎麼產生的。對此，進行這一模擬的科學家們認為，每兩個同帶負電的顆粒之間存在著的相互作用可能會在某一特定距離下產生某種相互的吸引力。原因是，等離子體的正電荷在負電荷顆粒之間過度聚積，使得本來只可能相互排斥的塵埃聯結了起來。我們的模擬所表明的是，在「DNA」中具有如此重要意義的雙螺旋結構，看來也不過是在靜電力控制的系統中能夠自發形成的一種一般性的穩定結構。以此推論，星際之間的塵埃雲團絕不是一團亂糟糟的灰塵，而恰恰相反，應該是高度規則排列的。有意思的是，人們在宏大的太空尺度上已經觀測到了這種典型「DNA」結構。二○○六年三月，加利福尼亞大學的幾

位天文學家借助斯皮策太空望遠鏡發現了一片雙螺旋結構的星雲，其伸展範圍足足有八十光年。[25]

此外，根據《科技訊》二〇一四年十二月二十九日的報導說：

> 據媒體報導，天文學家使用阿塔卡馬大型毫米波／次毫米波陣列（ALMA）觀測意外地發現了紅巨星 R Sculptoris 周圍物質形成了詭異的螺旋結構，此特性在以往的觀測任務中並未發現，科學家推測紅巨星附近存在一顆未知的伴星，由於其旋轉的緣故造成了物質分布出現不尋常的特徵，這是第一次在紅巨星周圍發現螺旋物質分布，同時也預示著天文學家能首次繪製該螺旋結構的三維立體資訊。從圖中可以看出，外層結構為圈形分布，呈現出非常明顯的螺旋結構。核糖核酸（DNA）的雙螺旋星雲。名古屋大學研究人員利用位於智利高原的射電天文望遠鏡觀測雙螺旋星雲，結果發現，該星雲中的一氧化碳等分子氣體呈細長柱狀分布，一直延伸到銀河系中心黑洞附近。研究小組認為，該雙螺旋星雲是黑洞噴流的殘骸。噴流是天體附近噴射出的定向、狹長、高速物質流。宇宙中很多星系的中心都存在巨大黑洞，當周圍天體物質落入黑洞時，就會發射出噴流。領導研究的教授福井康雄認為，此發現顯示出銀河系中心曾有非常活躍的時期。[26]

---

25 李華平：《論天下‧雜談》2014年4月13日21：37：30，引自：http://blog.sina.com.cn/s/blog_88ca44120101ja7f.html。

26 〈人民報〉電子報327期，2012年3月20日，引自：http://www.renminbao.info/327/16795.html。

總結上舉諸例，學術界有篇報告〈宇宙物質這種「太極螺旋」的特性是萬物生命的起源〉說：

> 天文意義上的「S」曲線（作雙螺旋運轉即形成「8」，下併同），是太陽直射點在地球上以赤道為中心線每年所經過的運動軌跡，這條「S」曲線古人稱之為「黃道」，「黃道吉日」一詞由此而來。兩個波峰分別為冬至、夏至；整個「S」曲線一共分為二十四等份，那即是我們一直沿用的二十四節氣。這個「S」曲線的真正內涵，不光是太陽晨昏線的走向、南北極晝夜弧光照變化、和陽光直射點黃道和赤道交角二十三度二十六分的，即南北回歸線之間的「S」運動，更重要的是宇宙間的所有物質，小到電子、介子，大到星球、星系，都在作「S」螺旋運動。

又說：

> 我們在研究中發現宇宙物質的這種「太極螺旋」運動，都可以在無機生命和有機生命中，找到這種「S」形的「太極螺旋」運動跡象。我們在和天文專家研討中，發現一個不能迴避的事實，也就是地球繞太陽公轉運動一年，在時間上是三六五・二五天，表面上從立春又回到立春，年復一年循環往復，地球沿著黃道面在作圓周運動，它運動的黃道軌道的圓周長度一年是九・四億公里，但實際上地球一年繞太陽運行了一一七億公里。這一一七億公里的路，地球是怎麼走的？最近的俄羅斯天文學家「希望團隊」，發現了這個秘密。地球所在的太陽系，當八大行星繞太陽在公轉運動的同時，太陽系本身也在作「前

進」運動，太陽帶著行星以及它們的衛星們，在往前走。也就是說：八大行星在繞太陽公轉的迴旋運動的同時，太陽帶著它們繞著銀河系的中心，在作前進運動；而進一步研究證明太陽不是銀河系的中心，太陽帶著整個太陽系以每秒二五〇公里的速度，穿越在銀河系的四條旋臂之間，迴旋一次大約二億五千萬年。所以對於地球上的人類來說，是跟著地球在自轉、公轉、和銀河系中，在多層次的螺旋運動。

再說：

從《太極圖》的實質我們看到：太陽和地球、太陽系的星球、及整個宇宙這種螺旋迴旋運動，始終是一種對立統一的、往相反方向運動的一種互相轉化，運動中的變化，變化中的平衡，沒有停止，沒有盡頭。而現代「量子理論」多維空間的超弦「S」運動理論，恰恰證明了：中國古代的祖先用《太極圖》來作為圖騰，說明宇宙運動是螺旋迴旋的思想，是非常符合自然規律的；而這種來自宇宙規律的哲學思想，才是人類應該遵循的規律；這種規律對於人類的發展是不可違反的，是不可抗拒的，是必須適應的，是可以預測的。而這種宇宙物質的「太極螺旋」，導致了地球上的一些生命現象，如某些植物的莖葉是「S」形螺旋的，人體的脊椎是「S」螺旋形的，手上的螺紋是「S」螺旋形的，頭上的漩渦是「S」螺旋形的，地球上三十五億年前的螺旋藻也是「S」形的，人類基因「DNA」是雙螺旋結構的，這是宇宙全息地影響著地球生命的結果。

然後說：

宇宙萬物運動的「太極螺旋」是生命的起源。這種物質螺旋迴旋運動所產生的「S」現象，造就了地球上所有物種（包括人類）的生命起源過程，這就是中國傳統文化的核心：「天人合一」的宇宙整體思想。現代科學稱作：「宇宙全息論」。[27]

由以上研究分析與報導資料顯示「8」這個陰陽雙螺旋運作的形象性軌跡，是可藉以將「DNA」與「0 一二多」融貫，而架構其「陰陽雙螺旋層次邏輯結構」的。就以最核心的「8」所貫穿的「太極陰陽」與「DNA」來說，繞此討論兩者關係的報導或論述，便相當地多，為減省篇幅，僅引從不同面向討論的幾則如下，俾供參考：

首先看《華夏中醫網》（2006）中所載的兩段文字，主要著眼於「宇宙的普遍存在」進行討論，其中一段說：

《太極陰陽圖》是遠古時代東方人傳下來的一張圖，據邵雍說：「伏羲之易，初無文字只有一圖寓其象數。」伏羲所作先天八卦根於《太極圖》，伏羲在位一一五年，距今大約六六〇〇年前，那時中國正處於古代原始社會的漁獵畜牧時代。據〈繫辭上傳〉記載：太極出現在黃河、洛水之間，伏羲氏在被洪水沖擊出土的玉石上發現了《太極圖》，加上個人仰觀俯察的各種體會，才畫出八卦來。八卦後來又被演化成六十四卦，作為《易經》的核心內容流傳甚廣。……李政道博士曾說：「《太極圖畫》中所包含的抽象概念已超過了物理上的基礎理論，而其形態動盪，更深刻地表達了從宇宙、星雲、乃至電

---

27 見〈太極螺旋〉，香港（中國）易經普及中心，浙江大學《易經文化創新應用》課題組，浙ICP備11045863號，引自：http://zgyjpj.com/YijingShow.aspx?ClassID=10&Nid=469。

子……的一切形成」。我們發現，宇宙中的物體無論怎樣複雜，都可分為陽性的正力和陰性反力，二力相互作用，此起彼伏，相互交織，就構成了宇宙基本內涵——螺旋。在宇宙的不同層次中，都可發現這種螺旋規律：大到銀河系星雲的漩渦運動，太陽系環繞近星系質心的公轉運動，行星圍繞太陽的旋轉運動；小到原子中電子環繞質子的運動，都是旋轉運動。只不過是不同層次的大螺旋套小螺旋的衍生運動而已。《太極陰陽圖》既然是宇宙中各種物體結構和運動的基本形式，那麼宇宙中普遍存在的螺旋現象就不足為怪了。

另一段說：

> 我們將東方的《太極陰陽圖》與西方的科學成就：「DNA」雙螺旋結構作一對照，就不難發現其中的關聯。因為「DNA」的雙螺旋結構，完全可以看作是立體《太極陰陽圖》兩側的環形延伸。「DNA」應該是地球上迄今發現的最為複雜最為精細的生命部件，因此應該是宇宙的精品，並且帶來了宇宙的整套資訊。[28]

文中值得大加注意的，是引用了諾貝爾獎得主李政道的一番話，這番話，據李玉山指出：「一九八八年在北京召開的『二維強關聯電子系統國際討論會』上，中國著名畫家吳作人為此次會議製作了《太極圖》會標。他是應諾貝爾物理獎獲得者李政道的要求繪製的。吳作人

28　佚名：〈太極陰陽與螺旋互動〉，《華夏中醫網》2016年9月14日17：46：57，引自：http://www.epochtimes.com/b5/6/9/14/n1453677.html。

在談到這幅畫的創作思想時說：『以往對於《太極圖》雖有多樣的理
解，但多半認為它是個封閉的、固定的、渾然寂寞的整體。而我想要
表現的，卻是在無限空間中旋轉運動而又相互作用、聯繫的體系，它
更能表達博大深邃的宇宙的變化和無比深奧的大自然現象。』李政道
博士對這一《太極圖》會標非常欣賞。他說：『您的大作已獲國內外
科學家的最高評價。如太極、兩儀，畫中包含的抽象理念，已經超過
了物理上的基礎理論。而其形象動盪，更深深地表達了從宇宙星雲至
電子、質子……一切之形成。結合古今，融匯萬象，實創作之結晶』
（以上摘自徐道一《周易科學觀》，145 頁）。」[29] 而歌詠明論也補充
說：「二〇〇四年，李政道為了說明自己成果的爭論，出版了《宇稱
不守恆發現之爭論解謎》。該書的封面上，按李政道的創意設計，特
地選擇用中心的《太極圖》，表達因 θ 和 τ 粒子的不同衰變結果而提
示出來的宇稱不守恆。無獨有偶。一九四七年丹麥國王破格授予諾將
得主波爾（Neils Bohr）榮譽勛章時，按照慣例，勛章上應該鐫刻受
獎人的族徽。波爾在設計自己的族徽時，特意選用了中國的《陰陽魚
太極圖》，並刻上一句名言「對立即互補」。因為《太極圖》完全地表
現了他最為得意的互補原理：當微觀粒子表現為『波』時，就用
『波』來描述，當其表現為『粒子』時，就用『粒子』來描述，二者
「互補」。這與《易經》陰陽共存的思想是非常吻合的！東西方的兩
大科學巨匠，用如出一轍的行為表現了對中國古老《易經》的極大推
崇。」[30] 茲附圖如下供參考：

---

29 李玉山：〈《周易》與東方文明〉2005年2月25日，引自：四川省社會科學院資訊網
　路中心：http://www.sciencetimes.com.cn/col36/col73/artic。

30 歌詠明論：〈李政道對《易經》的推崇〉2012年2月26日，引自：http://blog.sina.com.
　cn/s/blog_85ed05d60100v0gl.html。

波爾勳章：http://zh.wikipedia.org/wiki/ 尼爾斯‧波爾

http://www.sciencetimes.com.cn/col36/col73/artic

其次看俞懿嫻的〈乾坤二卦形上解〉，主要著眼於「量子論」加以討論：

> 「《易》以『乾坤一體』，時空合一，這與愛因斯坦（Albert
> Einstein）的時空套具（space-time continuum）的概念相符。
> 只是《易》強調空間必須配合時間，以時間為重，愛因斯坦則
> 仍以時空為物理測量的架構。在他的理論中，時間依然被空間
> 化了。……《易》以乾坤兩卦為極，就六十四卦言，實為三十
> 二對，每對無不陰陽相孚、兩兩旁通。可說在古易學家看來，
> 自然事物無不『旁通相關』，互補相成。而量子論發現基本粒
> 子同時具備粒子與波動雙重性（particles-waves duality），排除
> 了光學波動論與粒子論的爭議，令兩種對比的性質互補相成，
> 與古易學家的構想頗為相符。……參見程石泉《易學新探》，
> 頁 109）。」[31]

又其次看張成的《易經預測》，主要著眼於《易經》對現在科學的啟示來討論：

> 也許你會對《易經》的作用產生懷疑心理，但一個現實是，不
> 僅越來越多的中國人在學習應用《易經》，就是在過去的幾十
> 年裡，《易經》在西方世界裡也得到了更多的重視，它的實用
> 性和系統性得到了不同領域專家的認可。如世界著名的瑞士心
> 理學家卡爾·古斯塔夫·瓊（Carl Gustav Jung）研究《易經》

---

31 俞懿嫻：〈乾坤二卦形上解〉，《周易研究》2004年第4期，引自：http://zhouyi.sdu.edu.
cn/yixueshiyanjiu/YUYIXIAN.HTM。

多年，認為它是一個取之不盡、用之不竭的智慧源泉；……物
理學家弗里特喬夫・卡普拉（Fritjof Capra）也注意到現代物
理學和易學最重要的特徵都是變化和變革，他在《物理學之
道》一書中對此給予了解釋，事實上現代微積分——也是電
腦科學建立的基石——的產生，也可歸因於《易經》對於科
學家的啟示。[32]

然後看美國學者竇宗儀的〈試探一個貫通中西文化的世界觀——陰陽
辯證一元論〉，從多方面（多種學科）切入，論述它們與《易經》
「太極陰陽」，甚至整個儒、道、釋之關係，而歸結到「貫通中西文
化」作相當詳細的綜合討論，他先指出：

世界觀是人類對人與人、人與自然之間複雜萬千的關係之基本
看法和行動指針。人類如果能形成這樣的共同意識去求同存異
那兼容並俱的心理狀態便較有適當的孕育。和平共處的希望或
許要大些。今天的新科學不外是量子學及其所導致的尖端科
學，驚異地是，量子學創始人玻爾（Niels Bohr）不僅用周敦頤
的《太極圖》作丹麥國王給他的勛章底案，而且指出量子學的
基本原則是「相反而相成」（Complimentarity in contradiction，
中譯為「互補並協」，似太拘執於物理字義），竟與董仲舒們後
先輝映。一九八九年哈佛大學出版的量子學作者休士（R. I. G.
Hughes）在序言中坦白承認：「量子學和儒、道、禪、至理之
相同處，乃無可攻擊者」，作此說者豈止休士一人？由於量子
觀念的演進不僅對中西有心人想瞭解宇宙萬事萬物的存在、變

---

32 張成：《易經預測》（2011），引自：http://baike.baidu.com/view/5135460.html。

異和創新之道提供共識而且和傳統儒道觀念：天之道即人之道，法天道以立人道同路。波爾一再指出量子原則不侷限於物理現象的應用，化學、生物、經濟、社會、歷史，都包括在內。分子生物學之進展，因量子學作用即為一例；經濟學宏觀、微觀概念之來似亦出於此。因為量子學對宇宙事物的深刻認識，人們發現萬千複雜的萬事萬物的存在變異中大體上有三條規律可尋：（一）事物的存在和變異是雙重性的，（二）雙重性的組成分互相依存互為因果而自發消長，（三）在相互關係中雙重性組成分綜合創新的新生事物不失其雙重本質而生生不已。這三條規律就是辯證關係，在這個基礎上，「相反而相成」原則可概括一切。這似乎和今天人們尋求的統一理論（Unifield theory）相符合。唯其如此以儒道世界觀系統化為「陰陽辯證一元論」去解說不僅和人類文化最寶貴的成就，現代科學智識相符合而且避免唯心唯物和「天外來客及上帝創造的困難」。在今天人類的認識功能和既得智識中用陰陽概念似乎最能象徵萬事萬物存在變異的雙重性，陰陽的相互依存，相互消長和相互轉化似乎最能自圓其說的敘述這個雙重性之間的辯證關係或磁性作用（polarity），陰陽兩力（energy）綜合創化，產生新事物後，因陰陽太極的統一性而新生事物仍具有陰陽，所以生生不已。因人心認識體會以致繼續創新亦同出一元似乎能最簡明的闡發這個至理。此即所謂陰陽辯證一元說，人類文化活動可以說是受這個世界觀的顯現支配的。

再指出：

把儒家經典翻譯傳送西歐，許多學者認為是引發西歐啟蒙運動

的火花，最顯著的像萊本尼茲（Leibniz）之發表二元數系，黑格爾之承襲易理發揮辯證法，洛克（Locke）之染於蒼則蒼染於黃則黃的人性論調（Tabula rosa）有同抄襲荀子，盧騷（Rouseau）之任其自然（Laissez faire）主張無不反映儒道思想。甚至有人說美國開國元勳傑佛遜總統之政教分離和亞當斯密斯的原富觀點來自儒家，更說馬克思辯證概念，淵源中國經馬克思唯物化後回歸故土。……生理學家研究生命現象，分析到底發現構成細胞的基本粒子是質子和電子，電子、質子們沒有生命但它們構成細胞，構成生命的。沒有量子學，人們不會知道基本粒子（Fundamental Particleo）的。所以科學界最有貢獻的分析派到今天亦碰了頭。非僅如此，傳統科學人是人，自然是自然的看法亦出了岔子。量子學深入研討發現人和自然的物質結構成分是一樣的，大自宇宙，星球大地，小至細菌就人所知都不外層子（quarks）和輕子（Leptons），不僅儒家天人合一說，就是道家人是自然的一部分說法，現在都有科學的根據了。今天數學界證明方圓可以相等，一可以等於二，分形幾何學（fractal geometry）指出萬象可為一象，一象可為萬象的。近代科學認識了萬有引力後從牛頓到愛因斯坦一直在找一個統一的理論來解說一切自然現象，找來找去發現宇宙的命運仍然在原子的結構與性能中，量子學的銳進更發現形成原子的質子有反質子，電子有反電子，中子有反中子。甚至物質有反物質。核子物理學家知道粒子與粒子因正負電荷而不同，為什麼？不知道。粒子由強力合為萬物；由弱力分散為萬物。萬有引力使萬物保持其形態而存在。正與反，強與弱，正物質與反物質不僅是雙重的而且相反以相成的。分散離合變易無窮，最終還離不了夸克（層子）與輕子兩類。分子生物學家瓦遜

（Watson）承認他們之發現生命本質和遺傳密碼（DNA）受量子相反而相成觀念的暗示而得。「DNA」的結構是成對的，一長一短，由螺旋形而發展，形成「DNA」的核酸苷有四個，必然成對。所以男女交合出生男女，不因交合新生而喪失男女的存在是顯而易見的成對的。唯其如此，以今天人們所知，沒有雙重性就沒有生命和宇宙。人和自然的基本物質結構如此；人類活動的文化結構亦如此。

然後總結說：

西方科學家把中國科學家今天在西方的突破成績歸源於儒道背景者還大有人在。《易經》的太極陰陽概念，由耶穌會士介入西歐後，其影響今日仍在探討：二元數系雖為萊本尼茲（Leibniz）獨創，但他之熟悉《易經》大意及邵雍的二元排列六十四卦系，已不能否認；自夏納（Shannon）引用二元數系發展電腦後，六十四卦的數學問題，已為科學界的大難題；一九七四年數學家加納（M. Gardner）在美國科學人雜誌「以易經的數學」為題公諸於世後，此問題更引人注意；近年已有六十四卦軟件出現，同年分子生物學家巴阿里（H. Bialy）悟會到「DNA」結構竟能和六十四卦系相符合；前年（1990）米勒斯（K. B. Mullis）發表他所發現的「DNA」複化程序（以聚合酶鏈條反應為基）與六十四卦程序完全一致，為什麼？其意義何在？或許會成為下一世紀科學發展的大關鍵……。依此類推，陰陽辯證一元的世界觀，能貫通中西文化，便更有立足

之所了。[33]

此文反映了西方學者的一般看法，有其重要性，這和上引的其他報導或論述一樣，雖已作刪減，卻還是長了一些；關於這一點，希望讀者能諒解！

從上述論說中，可看出中國古代太極之「陰陽二元」由對待而互動為「88」雙螺旋系統的哲學演繹，與西方近代「DNA」雙螺旋結構的科學實證，是兩相對應、貫通的。對此，戴維揚則直接用「多 ⟷ 二 ⟷ 一（0）」的雙螺旋結構加以貫穿並詮釋說：

> 陳滿銘……「多、二、一（0）」及「（0）一、二、多」雙向的「邏輯結構」，筆者將其譯成英文的「DNA」的雙螺旋結構（in the form of a double helix）；一個超大超長變化萬千的大體系，其運作方式以兩兩（四基底），結合一再衍生的「DNA」譜系。其……鹼基「DNA」的運作模式，A常配T；G常配C，兩兩、雙雙、對對構成天底下萬物的結構密碼；證之，星球的運轉也是如此遵照「普世法則」的大原理（Principles）以及彗星，如哈雷每七十六年穿梭其間的小插曲（Parameters）。[34]

這樣看來，這種「普世法則」、「宇宙的總法則」，是該受到「普世」之重視的，尤其是人文領域的研究者。

---

33 竇宗儀：〈試探一個貫通中西文化的世界觀：陰陽辯證一元論〉，引自：http://www.macaudata.com/macaubook/book121/html/36201.html.。文中所謂「引發西方啟蒙運動」，戴維揚（1978）博士論文中論及《易經》，與此有關。

34 戴維揚：〈概論詞彙學（Lexicology）的體系架構〉，《國文天地》30卷5期（2014年10月），頁53。

第五章

結論

綜上所述，可看出「陰陽二元」，由「8、8 ⟷ 8」而「88 ⟷ 88」（統合移位、轉位、對比 ⟷ 調和與包孕等「轉化四律」）所形成之「88 陰陽雙螺旋互動系統」，是隱性的。而由此「化隱為顯」，既可藉以貫通中國古代哲學層面之「0 一二多」、「（無極）『太極』陰陽」（含「神化」之卜筮與科學實證[1]），更能貫通近代西洋科學層面，加上源於「上帝」之「DNA」，以見「88 陰陽雙螺旋層次邏輯系統」的普遍性。因此，其「隱 ⟷ 顯」對應、融貫的三種圖案，可由此呈現：

首先為「0 一二多」（顯性）：

一　單層「0 一二多雙螺旋層次邏輯結構圖」：

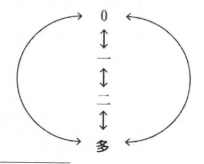

1　徐禮集〈易經淵流〉指出：「《易經》雖起源於卜筮，然而其變化得自大自然變遷的道理，必然有其科學與哲理基礎，尤其卦爻辭中的涵意，本身就是生活的禪機、人生的道理。以人類生命來源發展，類推萬物的生行，萬物變化與時推移，同時共存於往復循環的宇宙間架之中。人的生命就循此程序，有順利與阻滯，於是吉凶悔吝的道理均依於此產生」。見《清涼音專欄》，2009年5月3日。引自：https://www.cln.com.tw/teachers_info_11.html。

二 單層在「轉化四律」融貫下的「0一二多雙螺旋層次邏輯結構圖」：

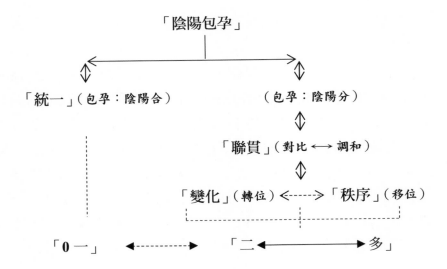

三 層層「0一二多雙螺旋層次邏輯系統圖」：

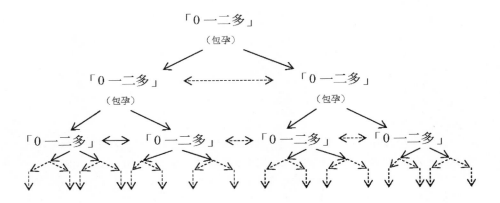

其次為「DNA」（顯性）：

一 單層「DNA 陰陽雙螺旋層次邏輯結構圖」：

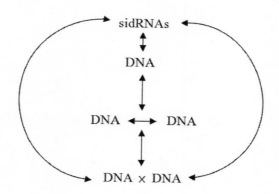

二 單層「DNA」在「轉化四律」融貫下的「陰陽雙螺旋層次邏輯結構圖」：

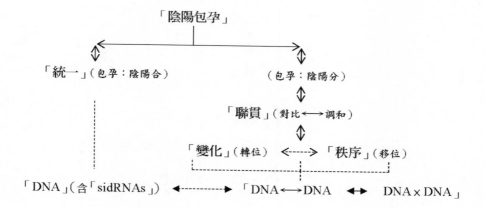

三 層層「DNA陰陽雙螺旋層次邏輯系統圖」：

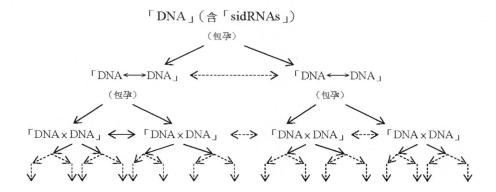

然後是「**88**」（隱性）：

一 單層「『S、ㄥ』、『8』、『8 ⟷ 8』、『88 ⟷ 88』」的 「陰陽雙螺旋層次邏輯結構圖」：

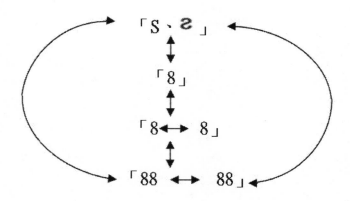

二 單層「『S、ƨ』、『8』、『8 ←→ 8』、『88 ←→ 88』」在
「轉化四律」融貫下的「陰陽包孕雙螺旋層次邏輯
結構圖」：

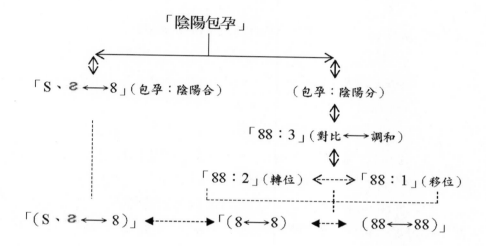

三 層層「『S、ƨ』、『8』、『8 ←→ 8』、『88 ←→ 88』」的
「88 陰陽雙螺旋層次邏輯系統」圖：

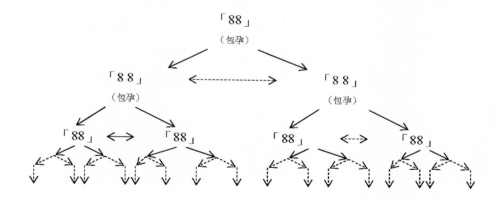

而將「S、ƨ」、「8」、「8 ←→ 8」、「88 ←→ 88（兩個「8→8」結

構或以上）」（隱），與「0 一二多」（顯），顯隱結合，可呈現如下：

「0（S、 ℥）一（8）」←→「二（8 ←→ 8）←→多（88 ←→ 88）」

又如與「DNA」系統（顯），顯隱結合，則可呈現為：

「DNA」（S、℥ ←→ 8）←→「DNA ←→ DNA」（8 ←→ 8）
←→「DNA × DNA」（88 ←→ 88）

正因為它們能對應、融貫如此，自然就便呈現出同一「以大（大宇宙）包小（小宇宙）」之龐大系統。

　　一般而論，人類面對天、地、人所作之研究與觀察，其過程是一面由部分之「神學」而「哲學」而「科學」，主要藉「求異」以累積「已知」；另一面又由部分之「科學」而「哲學」而「神學」，主要藉「求同」以開發「未知」，形成「神學 ←→ 哲學 ←→ 科學」而進步不已的雙螺旋系統。而一九五七年諾貝爾物理學獎得主楊振寧則說：「科學的極致是哲學，哲學的極致是宗教。」[2] 假如用「雙螺旋」切入，並將「宗教」改作「神學」，則可調整為：「科學 ←→『極致』←→ 哲學 ←→『極致』←→ 神學」，如又以「0 一二多」（顯性）、「DNA」（顯性）與「88」（隱性）加以對應、通貫，那麼可以如此表示：

2　佚名：〈楊振寧&李政道：敢於質疑和挑戰權威〉，引自《蝌蚪五線譜》：http://story.
kedo.gov.cn/kxjqw/351119.shtml。

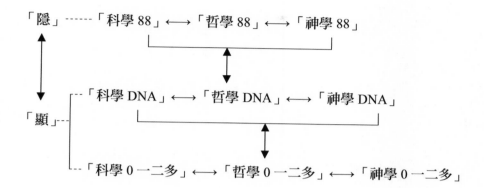

　　由此可看出三者顯隱對應與融貫之密切關係；而「88 陰陽雙螺旋互動系統」之內涵與重要性，也從中凸顯出來。如此通貫「神學」、「哲學」、「科學」，並統合「0 一二多」與「DNA」，全面建構「顯 ⟷ 隱」對應、融貫之「88 陰陽雙螺旋互動系統」，以古今中外而言，該算是首次嘗試，疏漏之處，必所難免，亟請各專家學者不吝指正！

附錄一
（辭章）章法學座談會紀錄

時間：二〇一四年九月十四日

地點：萬卷樓圖書公司九樓之四

公司代表：總經理梁錦興先生

　　　　　副總經理張晏瑞先生

參與座談學者

　陳滿銘（臺灣師大國文系退休教授）

　余崇生（臺北市立教育大學中語系退休副教授）

　蒲基維（中原大學應華系兼任助理教授）

　顏智英（國立臺灣海洋大學共教中心副教授）

記錄整理：顏智英、蒲基維

座談會紀錄

一　緒論：章法學的必要性

陳滿銘教授（以下簡稱陳）：

　　　　宇宙人生的事事物物皆有層次邏輯，而章法學就是研究「層次邏輯」的理論。所以，想要研究某一種事物的層次邏輯，勢必要接觸到章法結構；換句話說，章法結構，是適用於各個領域的研究的。正因如此，我所建構的章法學「三觀」（「微觀」、「中觀」、「宏觀」）體系（是一種章法學的方法論），是適用於

跨界章法學的，在這方法論原則下，可以將「秩序」、「變化」、「連貫」、「統一」，移位、轉位、包孕，章法的類型、陰陽互動、多二一（0）雙螺旋結構，運用在各種學術範疇中。尤其是「多、二、一（0）雙螺旋結構」，其實就是我們的老祖先所說的「道生一、一生二、三生萬物」；像《易經》講的是「太極」（是「一」），後來宋代的周敦頤很厲害，他說「太極本無極」，「無極」就是道家的道（是「0」），這樣體系就完整了。我只是把它確認為「一→二→多」、「多→二→一」的雙向順逆的系統而已。

余崇生教授（以下簡稱余）：

對對，這個系統已經很完整了。

蒲基維教授（以下簡稱蒲）：

是的，這個體系是有哲學基礎的。

顏智英教授（以下簡稱顏）：

像我的博士論文中所研究的章法變化律，在追溯哲學基礎時，也發現東、西方的哲學都有提到變化哲學，可見這些層次邏輯的原理原則是古今、中外人類相通相適的普遍性原則。

陳：

你論文提到的變化論概念，是方法論原則，它真的是可以應用到日常生活各個領域，任何事物都可以應用的，也就是一個基本概念的基礎存在。

陳：

起初在尋找理論層面時，我們是一篇一篇文章的找，藉由文本閱讀找出它們的層次邏輯與歸納它們的章法類型。當時我還沒有建立整個層次邏輯的完整概念，但已經有了本末、先後、因果的思維；雖然大陸學者一直說我沒有專章討論，但是我的著

作裡面已有一種自我的醒覺──方法論的自我醒覺。

余：

老師您這個就是從簡至繁的過程吧！

陳：

更多的章法類型正逐漸增加當中，感謝大陸學者王希杰提出「中外」、「公私」的概念，我也打算加入章法類型中[1]。舉例來說，義利之辨就是「公私」結構，從哲學層面來看，義屬於「公」，而利則屬於「私」。這一「公私」的概念，大陸學者鄭頤壽教授也曾談到，我們的章法發展到現在不是終結，而是開端，慢慢會發展出更新、更完整的章法類型。

二　主題討論：章法學的建構、發展與應用

余：

剛才陳老師所講的是緒論的部分，接下來我們將就下列七個綱要加以討論，以具體呈現章法學的建構、發展與應用情形。

（一）陳滿銘教授辭章章法學的思想建構、思維之承繼

陳：

「章法」由「陰陽二元」兩相互動，以反映宇宙人生事事物物的「層次邏輯」關係。落於辭章，可藉它凸顯「篇章內容材料的邏輯結構」。由於這種「邏輯結構」，是潛藏於內的，必須建構理論以逐層挖掘，從一九七四年開始，用科學方法，參酌古今相關論述（人對章法的注意，相當地早。劉勰《文心雕龍‧

1　王希杰：〈章法學門外閒談〉，《平頂山師專學報》18卷3期（2003年6月），頁53-57。

章句》篇即有篇法、章法、句法、字法之說，而後來呂東萊的
《古文關鍵》、謝枋得的《文章軌範》、託名歸有光的《文章指
南》和劉熙載的《藝概》……等，也都或多或少地涉及章
法），初由「章法」的類型、結構開始搜尋，形成「微觀」；再
概括為「章法」的規律、族系與多元，形成「中觀」；然後用
「多二一（0）」雙螺旋系統加以統合，形成「宏觀」。這種理
論是由「歸納」上徹為「演繹」、「演繹」下徹為「歸納」，產
生「互動、循環、往復而提高」的雙螺旋作用，而逐漸建構成
章法學「三觀」體系的。簡單地說，章法學「三觀」體系可如
下表所示：

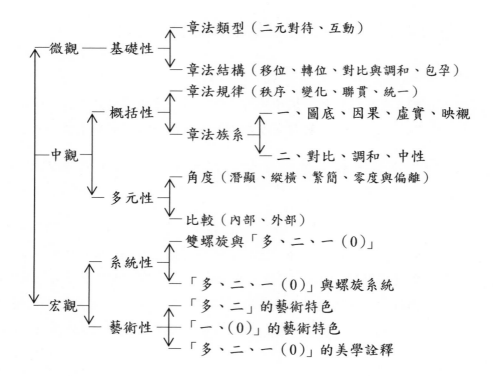

關於此，黎運漢在〈陳滿銘對辭章章法學的貢獻〉（2007）中說：

> 任何一門新學科的建立，都必須有自己的理論體系，理論體系
> 是學科的指導思想。學科的建立必須有正確的理論指導，才有
> 明確的方向，缺乏理論指導，則實難開花結果。漢語辭章章法
> 學研究早在一千多年前就已開始，梁朝劉勰《文心雕龍·章
> 句》裡就有了關於章法與篇法的論述。自此之後，許多詩話、
> 詞話、曲語、文論、史論之中都有論及這一課題，但大都屬於
> 一鱗半爪，既不深入，更不成系統。現代學者如夏丏尊、葉聖
> 陶《文心》、周振甫《文章例話》、吳應天《文章結構學》、鄭
> 文貞《篇章修辭學》、徐炳昌《篇章的修辭》、鄭頤壽《辭章學
> 概論》，乃至張壽康《文章學概論》第六章〈章法和技法〉也
> 未能對辭章章法學的對象、範圍、原則和內容等作出明確的論
> 述，更不用說形成章法學理論體系了。陳滿銘教授在我國古今
> 學者的章法理論啟示下，有了較為清醒、自覺的理論意識……
> 有較高的理論品格，綜合呈現出一個較為科學的理論體系。[2]

余：

> 我對於黎運漢：「有了較為清醒、自覺的理論意識」這句話有
> 些意見，是否應改為「較有系統的組織架構的理論基礎」。

陳：

> 其實兩種說法都可以。重要的是，我建構章法學理論體系時，
> 並未引用任何學者的講法；章法完全是人類先天的能力，我只

2　黎運漢：〈陳滿銘對辭章章法學的貢獻〉，《陳滿銘與辭章章法學》（臺北市：文津出
　版社，2007年12月一版一刷），頁52-70。

是就文章逐一耙梳其層次邏輯，先求異、再求同，慢慢建立起該理論體系的。

(二)陳滿銘教授從「多、二、一（0）」雙螺旋結構探討辭章章法之內涵發展現象

陳：

古代的聖賢，探討宇宙萬物創生、含容、變化的歷程，乃用「多二一（0）」的雙螺旋系統來呈現。大致說來，古代的聖賢是先由「有象」（現象界）以探知「無象」（本體界），逐漸形成「多、二、一（0）」的逆向結構；再由「無象」（本體界）以解釋「有象」（現象界），逐漸形成「（0）一、二、多」的順向結構的。就這樣一順一逆，往復探求、驗證，久而久之，終於確認了兩者是「互動、循環、往復而提高」的雙螺旋關係。如以「多二一（0）」雙螺旋系統落到「辭章」層面來看，則「多」指由「修辭」、「文（語）法」、「意象」（個別）與「章法」等所綜合起來表現之藝術形式；「二」指「形象思維」（陰柔）與「邏輯思維」（陽剛），藉以產生徹下徹上之作用；而「一（0）」則指由此而凸顯出來的「主旨」與「風格」等，這就是「修辭立其誠」《易・乾》之「誠」，乃辭章之核心所在。這樣以「多、二、一（0）」來看待辭章，就能透過「二」（「形象思維」（陰柔）與「邏輯思維」（陽剛））的居間作用，使「多」（「修辭」、「文（語）法」、「意象」（個別）與「章法」等）統一於「一（0）」（「主旨」與「風格」等）了。而辭章離不開「意象」，如配合「意象」，則「辭章」之「多二一（0）」雙螺旋結構可呈現如下圖：

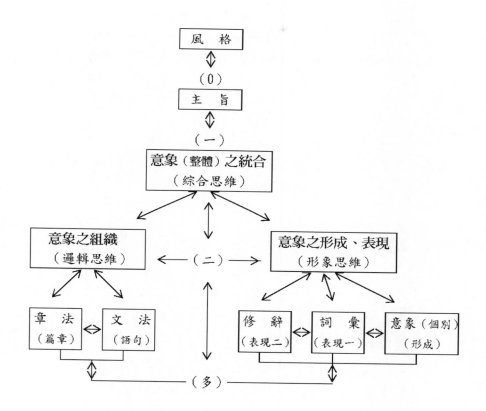

如再由「辭章」落到「篇章結構」之上，則「多←→二」，指「章法」由「陰陽二元」為基礎，以「移位」、「轉位」與「包孕」方式組合各個別意象或材料，形成一篇之「核心結構」與各「輔助結構」；「一」指主旨，為作者所要表達的核心情、理；「0」指風格、境界，為整體之「審美風貌」。如配合「章法四大律」，則它們的關係可呈現如下圖：

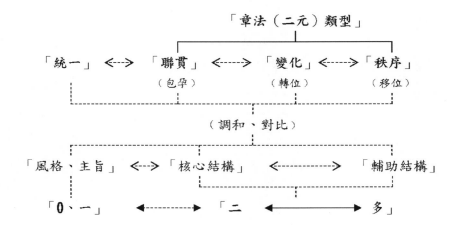

關於此，孟建安在〈陳滿銘與漢語辭章章法學研究〉（2007）中說：

> 「章法的『多、二、一（0）』邏輯結構」這個全新的理論是陳
> 先生在〈論章法的哲學基礎〉一文中第一次提出的，並在《章
> 法學綜論》、〈論「多」、「二」、「一（0）」的螺旋結構——以
> 《周易》與《老子》為考察重心〉、〈論辭章章法與邏輯思維〉、
> 〈論章法「多、二、一（0）」結構的節奏與韻律〉、〈辭章章法
> 「多、二、一（0）」的核心結構〉、〈辭章章法「多、二、一
> （0）」結構的理論基礎〉等論著中作了系統性的闡釋。陳先生
> 在專著《章法學綜論》中用了整整一章的篇幅來討論「多、二、
> 一（0）」邏輯結構，可見這一理論主張在陳先生心目中的重要
> 性，以及在所建構的漢語辭章章法學體系中的顯赫地位。[3]

蒲：

　　老師您的螺旋結構概念，其實西方教育系統也有這方面的理論。

3　孟建安：〈陳滿銘與漢語辭章章法學研究〉，《陳滿銘與辭章章法學》（臺北市：文津
出版社，2007年12月一版一刷），頁80-133。

陳：

有的，像十七世紀荷蘭的教育系統就有所謂課程的螺旋結構，內容強調「互動、循環、往復、提高」。所以，我的螺旋結構理論，先是受到我女兒的啟發（她說老子的「道」上面有個「零」），然後是古今中外學說的啟示。

蒲：

生物學 DNA 也有雙螺旋結構。

陳：

是的，雙螺旋很重要。例如：《易經》第六十三卦是「濟」卦，濟是完成；而第六十四卦則是「未濟」，未濟是未完成，有循環的概念在。就雙螺旋的理論言，此一循環經由對立、互動、循環的歷程後，可能會提升至上一層，或降低至下一層，它不會在同一個地方重複循環。向上循環，是進化論；向下，是退化論。

顏：

許多學者只注意到二元對立，卻未能由對立、互動而統一，形成雙向互動的雙螺旋結構思考。

陳：

是的，中國哲學、中國文學、中國美學的研究，沒有把這個雙螺旋結構弄進來，是一大疏漏，所以有些問題無法解決。例如格物問題，我用雙螺旋互動法來分析王陽明、朱熹對格物致知的說法：王陽明主張由天而人，而朱熹主張由人而天；對於「中庸」，王陽明主張自誠明，朱熹則謂「自明誠」，但是「自誠明」跟「自明誠」是雙螺旋互動的關係，如此一來，兩人的異同就很清楚了。

（三）章法學「從簡至繁」及「由繁返簡」之思想脈絡

陳：

簡單地說，「從簡至繁」指的是章法類型（約40種）、章法結構（約160種）之繼續增多。而「由繁返簡」是指以四大規律（秩序、變化、聯貫、統一）、四種（圖底、因果、虛實、映襯）或三種（對比、調和、中性）族系作概括。

附一　章法四大族系表

家族		章法	美感
圖底	時間類	今昔法、久暫法、問答法	立體美
	空間類	遠近法、大小法、內外法、高低法、視角變換法、知覺轉換法、狀態變化法	
因果		本末法、淺深法、因果法、縱收法	層次美
虛實	具體與抽象類	泛具法、點染法、凡目法、情景法、敘論法、詳略法	變化美
	時空類	時間的虛實法、空間的虛實法、時空交錯的虛實法	
	真實與虛假類	設想與事實的虛實法、願望與實際的虛實法、夢境與現實的虛實法、虛構與真實的虛實法	
映襯	映照類	正反法、立破法、抑揚法、眾寡法、張弛法	映襯美
	襯托類	賓主法、平側（平提側注）法、天人法、偏全法、敲擊法、並列法	

附二　章法三大族系表

對比類	同一事物：立破法、抑揚法、縱收法 不同事物：正反法 兩者皆可：張弛法
調和類	同一事物：本末法、淺深法、因果法、泛具法、凡目法、平側法、點染法、偏全法 不同事物：賓主法、並列法、情景法、論敘法、敲擊法 兩者皆可：知覺轉換法
中性類	「圖底類」；「時空類」：今昔法、久暫法、遠近法、內外法、左右法、高低法、大小法、視角變換法、時空交錯法 「虛實類」：空間的虛實法、時間的虛實法、假設與事實法 「其他」：詳略法、天人法、眾寡法、圖底法、狀態變換法、問答法

以上兩種統合都各有其依據，可幫助大眾對章法的認識與瞭解。此外，如此深入章法現象，來嘗試理清其內在理則，相信對於章法學的研究，也是會有助益的。關於此，王希杰在〈章法學門外閑談〉（2003）中說：

陳教授的章法系統是開放的，不是封閉的。他並沒有宣稱他已經窮盡了章法現象，而是在繼續發現、繼續尋找新的章法現象。一來已經存在的文章中有我們還沒有發現的章法問題，二來，文章本身在發展著，新的文章將創造出新的章法現象，所以這一發現和尋找的過程將永遠也不會結束。[4]

又，鄭頤壽在〈陳滿銘與漢語辭章學〉（2013）中說：

4　王希杰：〈章法學門外閑談〉，同注1。

我們認為應該是章法的「四大規律」：秩序律、變化律、聯貫律、統一律。這四律上承「（0）一、二、多」的宏觀理論，並以之類聚成四個「族系」統領其下三十來種具體的辭章的「章法」。它使具體的章法有「律」來規範。……我們認為就是具體的章法理論：今昔、遠近、大小、高低、本末、淺深、貴賤、親疏、差補、賓主、虛實（時、空、真、假）、正反、抑揚、立破、問答、平側等等。我們認為，具體章法的數目是變化的，隨著人類認識的深化，總的來說，章法將由三十多種到四十幾種或更多些，這是一方面；另一方面，由於時代的發展，人們認識的變化，某種章法也有生、旺、衰、滅的過程。[5]

顏：

章法的四大族系，在我教學的應用上很有助益，當我介紹給學生時，引起很大的迴響。

余：

老師您剛剛所說的《易經》六十四卦的變化現象、陰陽對待，其實也反映了這種由簡至繁，再由繁返簡的發展概念。那現在我們進入到第四個問題，就是關於「移位和轉位」的問題。

（四）關於「移位」、「轉位」結構之分析

陳：

「章法」由其「二元（陰陽）」為基礎，一面靠「移位」、「轉位」作橫向的拓展，一面又藉「包孕」作縱向的推深，然後由「調和或對比」之下徹與上徹予以統合，以組織成其完整的結

---

5 鄭頤壽：〈陳滿銘與漢語辭章學〉，《國文天地》29卷7期（2013年12月），頁97-101。

構系統。其中由「移位」呈現「秩序律」、「轉位」呈現「變化律」、「調和或對比」呈現「聯貫律」，而由「包孕」呈現「統一律」。而這種章法之四大規律，乃先由「秩序」而「變化」而「聯貫」，然後趨於「統一」。以李白〈登金陵鳳凰臺〉詩為例，其結構系統表為：

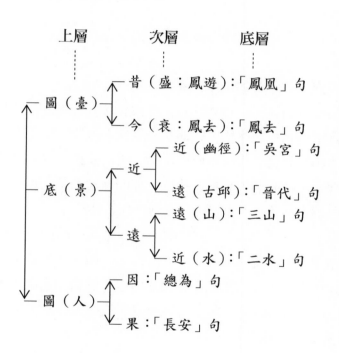

茲對應於「移位」、「轉位」與「包孕」，將其分層簡圖表示如下：

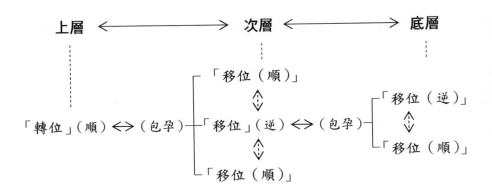

值得注意的是：這種結構系統的「移位」、「轉位」與「包孕」，是與篇章的節奏、韻律是有直接關係的。「移位」約有兩種：一是單一結構之移位，亦即章法單元之移位，如「由實而虛」與「由虛而實」、「由正而反」與「由反而正」等就是；一是兩個以上（含兩個）結構之移位，亦即結構單元之移位，如由「先凡後目」而「先底後圖」、由「先昔後今」而「先淺後深」等便是。而「轉位」，也有兩種：一是單一結構之轉位，亦即章法單元的轉位，如「今、昔、今」、「破、立、破」等就是；一是兩個以上（含兩個）結構之轉位，亦即結構單元的轉位，如由「先景後情」而「先情後景」、由「先凡後目」而「先目後凡」等便是。

顏：

可見只有移位和轉位還不夠，還要加上包孕才行，因為加入包孕才能使系統立體起來。

陳：

對，橫的拓展（移位、轉位）之後，如果沒有包孕，就無法有縱的加深，也就形成不了系統，例如：「陽中陽」，或者「陽中陰」，沒有包孕概念就不行，這樣才會形成一層、兩層，甚至三

層的包孕關係，因此，結構系統一定要縱向、橫向同時發展。起初，我是因為研究《易經》才注意到其中陰到陽、陽到陰的「移位」概念，而後感謝胡其德老師提示應加入「轉位」，而至二〇〇六年我才加入「包孕」的概念，整個體系才算完整。

余：

有關節奏，是否就是陰陽的移位與轉位所形成的？

陳：

非常有關係。像陰流向陽，還有陽流向陰，它們轉位、移位的節奏，甚至於包孕的節奏，都會不一樣。

余：

那這個節奏問題跟我們寫作或欣賞過程當中有沒有直接的相關？

陳：

跟所有的章法都相關，因為所有的文章用什麼章法，它的移位、轉位、包孕都會形成節奏，形成節奏再升為韻律，韻律變成下一層又變成節奏，全篇才是韻律。

余：

那這個就是跟中國《禮記》裡面那個〈樂記〉很相似嗎？

陳：

很像啊，沒有錯。

余：

〈樂記〉的結構是從《易經》中來的嗎？所以老師您的觀念是具有貫通性的。

陳：

所以我說所有的東西都是「陰陽互動」而來的。

余：

也就是說，您思維的過程，所預想的出發點，在這個系統中的
哲思，到後來《易經》、《老子》一直下來，再一直到虛實、陰
陽的次序，以至於後來〈樂記〉概念也是相通的，您所謂的基
礎學問都是一貫而下的。

顏：

能不能建議一下，第四點的移位、轉位，是否可以加上陰陽的
節奏跟美學？

陳：

可以呀！王菊生說：「比如孤單的一個點『‧』，單調呆板，靜
止不動，只有單一刺激，無差異矛盾可言，便無節奏感。而兩
個點『‧‧』並置，開始有了延續相繼和重複，出現了前後的
發展過程。同時兩個點和兩個點之間的空際有了間隔和持續，
實與虛、沒與現、前與後、左與右的矛盾差異對比變化，因此
具有了節奏感。」[6] 這段話大致可以解釋從「單一結構單元」
以及「兩個以上（含兩個）的結構單元來看所產生的節奏（韻
律）。至於「包孕」，其結構可出現在同一「章法」中，如「因
果法」的「果（陽）／因（陰）或果（陽）」，這種情況較少；
也可以出現在不同「章法」，如「因果法」與「正反法」的
「果（陽）／正（陰）或反（陽）」，這種情況較常見。而此三
者同是指「力」的變化，所不同的是，變化程度較和緩者為
「移位」，較顯著者為「轉位」，而變化程度趨於深化者為「包
孕」，也因此「移位」、「轉位」與「包孕」所造成的節奏（韻
律）與所帶出的美感也是有差別的；而篇章之「統一」，即以

<hr />

6　王菊生：《造型藝術原理》（哈爾濱市：黑龍江美術出版社，2000年3月一版一刷），
　　頁225-226。

此為基礎。關於此，孟建安在〈陳滿銘與漢語辭章章法學研究〉（2007）中說：

就整體而言，陳先生認為由於章法所講求的是邏輯思維，是「陰陽二元對待」，而「陰陽二元對待」的「多、二、一（0）」結構（含章法單元和結構單元）所形成的節奏（局部）和韻律（整體），是最容易感動人的。陳先生主要討論了三種美感效果：第一，「移位」和「轉位」的美感效果。陳先生認為，在「多、二、一（0）」結構中，「多」（秩序與變化）中有「移位」和「轉位」的問題，這二者又與節奏、韻律關係密切。「移位」和「轉位」可以形成節奏，又能統攝形成對比或調和的材料，這都會造成強烈的美感。而且，這些美感都不是孤立的，而是渾然一體的，所以「移位」和「轉位」所造成的是整體美感。第二，「調和」與「對比」的美感效果。陳先生認為，由於「調和」與「對比」的作用，使得不同的章法在對比中求得和諧，在和諧中又有反差，造成和諧美或對立美。第三，「多、二、一（0）」結構的美感效果。陳先生分別論述了「多」、「二」、「一（0）」的美感效果。陳先生認為，「多」就是指產生變化、形成節奏與秩序的多種結構，而可由此獲得「秩序美」與「變化美」。「二」有陰陽之分，屬於陰性的，便形成調和性結構，從而造成陰柔之美；屬於陽性的，則形成對比性結構，從而造成陽剛之美。「一（0）」就是「統一」，也就是「和諧」。這是統括「多」與「二」所形成的結構，因此便融變化、秩序、節奏、韻律、主旨、風格、氣象等為一體，因而達到「和諧」的境界。[7]

7　孟建安：〈陳滿銘與漢語辭章章法學研究〉，同注4。

（五）章法學體系之建立與其他學問之互涉關係

陳：

任何學術之「研究」，都離不開「科學方法」，而「科學方法」是以「邏輯思維」為主的，與藝術或文學之「創作」以「形象思維」為主的，有所不同。用「科學方法」研究學術，必定涉及「求異」與「求同」的互動邏輯。一般而言，開始時，先在某一層面作「移位」或「轉位」式的「求異」，有了結果之後，再提升到高一層面作「包孕」式的「求同」，且以高一層面之「求同」來檢查低一層面的「求異」；兩者就如此互動，繼續不斷地提升其層面，以逐漸由某一學術領域跨界到其他領域，譬如由「人文學科」跨到「社會學科」，甚至跨到「自然學科」，致使一些「方法論」提升為「方法論原則」，甚至形成其「方法論系統」。而這一系統之建立，與「辭章章法學」的研究有「互動螺旋」之密切關係，從四十餘年前開始，個人帶動博、碩士團隊，經由「歸納（果→因）⟷ 演繹（因→果）」的螺旋互動，先從各體辭章作品之解析中，歸納為「模式」，再歸根於《周易》與《老子》，為「模式」尋出哲理依據，如此不斷地「求異 ⟷ 求同」，作「互動、循環、往復而提高」之研討，才逐漸地使「辭章章法學」研究方法形成「方法論」，以呈現其雙螺旋體系。這樣由「方法論體系」作推展，自然與其他學問之互涉關係就十分密切，也因此多年來陸續被跨界運用到「佛學」、「意象學」、「心理學」、「美學」、「風格學」、「語文教學」、「建築學」、「評量學」……上，到了今天，該是開始推出「跨界章法學」的時候了，希望能由此迎接「章法學」研究的另一個燦爛之春天。關於此，「三一語言

學」的創始人王希杰在〈章法學門外閑談〉（2003）中論「章法學體系」時說：

章法學作為一門學問，不是有關部門章法的個別的知識，而是章法知識的總和，是一種概念的系統。章法學是一門實用性很強的學問，也有極高的學術價值。它同文章學、修辭學、語用學、文藝學、美學、邏輯學等都具有密切關係。章法學已經初步形成了一門科學。陳滿銘教授初步建立了科學的章法學體系。[8]

在〈陳滿銘教授和章法學〉（2008）中論「章法學的方方面面」時說：

滿銘教授已經初步建立了一個比較完整的章法學體系。他的章法學，包含了「章法哲學」和「章法美學」。其實他和弟子們已經接近了「章法心理學」。滿銘教授還研究了「比較章法」。的確章法比較也是一個大有可為的領域。

又論「章法的客觀性」時說：

凡存在的事物，都有是「章」有「法」的。德國哲學家黑格爾說：凡存在的，都是合理的。這個「理」，其實就是「章」和「法」。

8　王希杰：〈章法學門外閑談〉，同注1。

然後論臺灣「章法學的方法論原則」時說：

有一篇論文，題目叫做〈談詞章學的兩種基本作法：歸納與演
繹〉（《中等教育》27卷3、4期，1976年6月），歸納法和演繹法
其實也就是章法學的基本方法。……章法學的成功，是歸納法
的成功，這近四十種章法規則是從大量的文章中歸納出來的，
一律具有巨大的解釋力，覆蓋面很強。同時也是演繹法的成功
的運用，例如《章法學綜論》中的「變化律」的十五種結構，
很明顯是邏輯演繹出來的，當然也是得到許多文章的驗證
的。……值得一提的是，……大量運用模式化手法。這本是很
好的方法，但是……可能顯得繁瑣、瑣碎，使人難以把握的。
可貴的是，……並不滿足於單純地「歸納（演繹）法則」，他
們力圖建立統帥這些比較具體的法則的更高的原則。[9]

又，辭章學大家鄭頤壽在〈臺灣辭章學研究述評〉（2001）中
論「臺灣辭章學研究的哲學思辨」時說：

章法學……涉及文章學、修辭學、語體學、邏輯學以及美學等
諸多方面。綜合研究這諸多方面的章法現象及其理論體系的學
問……臺灣學者陳滿銘教授，在研究這一方面具有突出的成
就，雖非絕後，實屬空前。……新的學科建設必須站在哲學的
高度，並以之作指導，才能高瞻遠矚，不斷開拓，建構科學的
理論體系。中國古老的哲學多門，其中最有影響的是樸素的辯

9　以上三則引文，見王希杰：〈陳滿銘教授和章法學〉，《畢節學院學報》總96期
　　（2008年2月），頁1-6。

證法思想，……它具有濃厚的文化底蘊，融進了我國的許多學科、各個領域和生活，至今仍有強盛的生命力。臺灣辭章章法研究，能充分運用我國傳統（《周易》、《老子》）的辯證法。陳滿銘教授的《章法學新裁》一書，談篇章結構，就用了辯證法的觀點，……仇小屏博士的《篇章結構類型論》（上、下）也是全書用辯證法來建構體系的。[10]

在〈研究篇章藝術的國學——讀陳滿銘的《篇章辭章學》、《辭章學十論》〉（2006）中論「『和合』（和諧）的思想」時，總括地說：

中華民族從幾千年以來，就十分重視、推崇「和合」（又稱「和諧」，或單稱「和」或「合」）這一思想，深入到哲學、政治、倫理、美學（含音樂、繪畫、書法藝術等）、醫學、生理衛生，直至各個學科及其科研道路。可以說有宇宙、有人類的存在，就有「和合」的存在。陳教授在《篇章（辭章學）》中用相當大的篇幅論析「和合」（和諧）的思想，並用它統帥篇法和章法，使篇章辭章學（辭章章法學）更具哲理性。[11]

又，語言風格學大家黎運漢在論「章法學方法論體系」時說：

一門學科的建立與研究方法密切相關，學科的進步與發展有時也要依靠新的方法來解決。因此，「漢語辭章章法」要成為獨

10　鄭頤壽：〈臺灣辭章學研究述評〉，《國文天地》17卷10期（2001年3月），頁99-107。
11　鄭頤壽：〈研究篇章藝術的國學——讀陳滿銘的《篇章辭章學》、《辭章學十論》〉，
　　《國文天地》22卷4期（2006年9月），頁81-90。

立的學科，也跟其他學科一樣，要有自己的「方法論體系」。陳滿銘教授的章法學論著中雖然沒有專章講述「方法論」，但其幾部論著中無處不散發著他在「方法論」上的自覺。……體現出其章法學具有了較為完備的「方法論體系」。[12]

余：

其實方法論是您非常重要的基礎與宗旨。

陳：

大陸學者說我沒有專章討論方法論，但我的方法論意識其實很早就存在了。

（六）從辭章章法的理解在教學上之應用——以「多」、「二」、「一（0）」之理論為對應情形

陳：

教學上之應用，可用「篇章意象」結合「真善美」切入，將「多、二、一（0）」理論作較好之呈現。因為形象、邏輯與綜合三種思維，涵蓋了辭章的各主要內涵，而都離不開「意象」。其中「篇章意象」所涉及的是「章法」（邏輯結構）、「主旨」（內容義旨）與「風格」（審美風貌）。其中「真」，就篇章意象來說，涉及辭章的四大要素，即「情」、「理」、「景（物、人）」、「事」，其中「情」與「理」為「意（美）」、「景（物、人）」與「事」為「象」；乃對應於雙螺旋結構之「一」，可藉格式塔「異質同構」說作輔助說明。而「善」，說得簡單點，就是「規律」，乃對應於雙螺旋結構之「二」。《周易・說卦

---

12 黎運漢：〈陳滿銘對辭章章法學的貢獻〉，同注3。

傳》指出此「二」說：「立天之道，曰陰與陽；立地之道，曰
剛與柔；立人之道，曰仁與義；兼三才而兩之。」而這所謂
「兼三才而兩之」的「陰陽」、「剛柔」、「仁義」，就是「二」，
為萬事萬物形成「規律」發展、變化之憑據。因此，人生的規
律（仁義），是對應於自然（天地）的規律（陰陽剛柔）的。
易言之，無論人生或自然的種種，只要在「至誠無息」的作用
下，發揮「剛健」與「柔順」兩種最基本之創生、含容功能，
必能依循「規律」發展、變化，而合乎人情（禮）天理
（理），達於「善」的要求。至於「美」，對應於螺旋結構之
「（0）←→多」，「至誠」由「不息」而「徵」（真），使天地發
揮「剛健」與「柔順」兩種最基本之創生、含容功能，形成規
律（善），化生萬物，便為和諧的至善之境（美）構築了堅實
的橋樑。而這種統合「真」與「善」而達到的和諧境界，便是
所謂的「中和」。因此，「真」、「善」、「美」與「（0）一←→
二←→多」之螺旋結構，是兩者互相對應，密不可分的。其
對應關係可用下圖來表示：

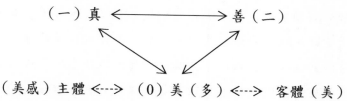

就由此，產生「真」中有「善、美」、「善」中有「真、美」、
「美」中有「真、善」的包孕作用，不斷提升「真、善、美」
之層面，使教學應用達到最高效果。關於此，孟建安在〈陳滿
銘與漢語辭章章法學研究〉（2005）中論「提供了章法分析與

章法教學的科學範例」時說：

陳先生進一步指出，對結構分析應該從以下四個方面入手：第一，要瞭解結構成分。結構有屬於內容的，因千變萬化而無法加以規範；而屬於形式的，可以由章法來組織。就章法的內容結構成分來說，雖有很多，但可以用秩序、變化、連貫、統一四大原則來概括並加以規範。第二，要明辨結構形態。陳先生分析說，把握了結構成分之後，下一步就是要明辨其結構形態。對結構形態的分析因切入角度不同會得出不同的結果，因此在分析時應對之加以梳理，以找出最妥當的一種結構形態。第三，要繪製結構圖表。陳先生認為，辨明了結構形態後，就可以著手繪製結構形態分析圖表。在繪製時，應該注意要兼顧內容與形式、要打散段落、要析出聯絡用的語句或節段、要逐層標目以統攝所屬文句、要以虛線表示前後照應的關係。第四，要確認篇章的主旨。陳先生認為，主旨一般是在分析一篇課文形式之前就應該做好初步的探究工作，等到分析課文結構形式之後再作進一步的確認。做到了這些，就可以很好地把握和分析篇章的結構。陳先生的這些論斷，實際上就是研究者本人實踐經驗的總結，是上升到理論層面的經驗提煉，所以既具有針對性、可操作性，又具有一定的理論色彩。應該說，這是陳先生把具體分析與理論指導有機結合在一起進行章法教學的具體體現。陳先生所提供的思路和方法，必然會對章法結構分析和章法教學具有積極的借鑒意義和現實指導作用，必然會有效地全面提高章法教學的質量[13]。

---

13 孟建安：〈陳滿銘與漢語辭章章法學研究〉，同注4。

余：

誠如前面第二個主題所提到的，章法學的建構是先由「有象」
（現象界）以探知「無象」（本體界），逐漸形成「多、二、一
（0）」的逆向結構；再由「無象」（本體界）以解釋「有象」
（現象界），逐漸形成「（0）一、二、多」的順向結構的。在
教學應用時，也是如此。教師備課時，宜先掌握主旨（（0）
一），而後從二元對待來分析文本結構（二），最後繪製出具有
大概三層的各種章法結構圖表（多）。

（七）辭章讀、寫之互動關係

陳：

關於我在讀寫互動的主張，始於一九七六年，詳見〈談詞章的
兩種基本作——歸納與演繹〉一文；而較為完整之論述，則見
《章法結構原理與教學》（2007）一書。附讀寫互動之思維
（意象）系統簡圖：

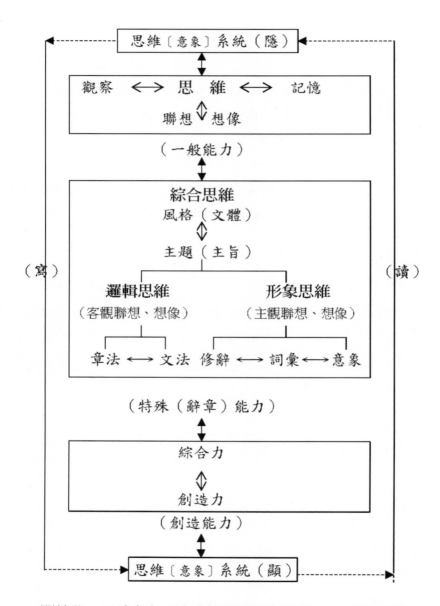

關於此，王希杰在〈陳滿銘教授和章法學〉（2005）中說：

陳滿銘教授歸納出來的章法學法則在閱讀和寫作教學中是有用

的，是學術的基本功訓練的一個重要環節。[14]

又，鄭頤壽在〈中華文化沃土，辭章學圃奇葩——讀陳滿銘的《章法學新裁》及其相關著作〉（2002）中說：

起一座「橋」。橋樑性、示範性是這門學科的突出特點。因此，它不僅具有理論的品質，也具有實用的價值。縱觀陳教授及其高足的論著，都十分鮮明地體現了這一學科的特點。……陳教授的「辭章章法學」注意探索「讀」、「寫」雙方的特點，是自覺的，觀點是鮮明的，而效果也是突出的。……能緊緊地扣住辭章是有效、高效地「表達、承載並借以適切地理解話語信息」這一辭章學中最核心的原則展開。……比那些僅限於「表達」的文章學著作，或僅限於「接受」的鑑賞學著作，要高明得多。它真正體現了辭章學的「橋樑性」、「示範性」、「融合性」這些學科特點，深中辭章學的肯綮[15]。

早在四十年多年前，為了講授「國文教材教法」這門課程之需要，不得不接觸「章法」，不斷為教學之實用，而以「歸納 ←→ 演繹」的科學方法尋出其理論依據，形成「理論 ←→ 實用」的螺旋互動關係。對此，王希杰在〈陳滿銘教授和章法學〉（2005）中說：「陳滿銘教授是《四書》學家、詩詞學家、章法學家和語文教育家。但是他首先是章法學家。《四書》學

---

14 王希杰：〈陳滿銘教授和章法學〉，同注9。

15 鄭頤壽：〈中華文化沃土，辭章學圃奇葩——讀陳滿銘的《章法學新裁》及其相關著作〉，《蘇州市：海峽兩岸中華傳統文化與現代化研討會文集》（2002年5月），頁131-139。

是他的為人、治學的基礎。詩詞學研究是他的章法學的材料來源，也是章法學規則的核對總和運用。語文教學是他的章法研究的出發點，他的章法學理論服務於語文教學。……陳滿銘教授在《章法學綜論》的第二章第一節種歸納出三十二種章法。……這些法則是屬於潛性世界的，是需要運用一定的科學方法去發現的。這些法則，在滿銘教授和弟子那裡，不是主觀的臆想，也不是純邏輯的推導，而是從大量的文章中歸納出來的。因此是可信的、實用的。陳滿銘教授也是詩詞學家，在古典詩詞的研究、欣賞和教學做了大量工作，他和他的弟子們把章法學觀點和詩詞的研究和教學結合起來了，從大量的古典詩詞中總結出法則來，又用來分析觀點詩詞，用古典詩詞分析來檢驗自己所創建的法則。」就這樣，臺灣章法學理論的研究，離不開「實用」，更離不開「方法論」，由「章法類型」而「章法規律」而「章法系統」，由「清醒自覺」而「認知確定」，一路摸索，步步辛苦爬高，而在今天危然臨下，深深嘆幾口氣的同時，卻有「卻顧所來徑，蒼蒼橫翠薇」（李白〈下終南山過斛斯山人宿置酒〉詩）的感動。所謂「辛苦必有收穫」，真希望研究團隊能繼續不畏辛苦，以此為基礎，加倍努力，靈活運用具有普遍性之「方法論體系」，多方研討，從各個角度找出「事事物物」逐層「螺旋互動」的「層次邏輯」，在一面深化「辭章章法學」並推出「跨界章法學」的同時，儘量將成果化深為淺、轉繁為簡，在兩三年內出版《章法通典》，作積極之推廣，以期獲得各界更多的支持與鼓勵。

蒲：

我補充一下這個讀寫互動，我主編的《讓青春的意象遄飛》，就是用老師剛才所提的那套「讀寫互動之思維（意象）系

統」。寫作是屬於順向，鑑賞則屬於逆向，這種逆向、順向，其實是互動的；所以我們在中小學推閱讀、寫作時，不能只有純寫作，也不能只有純閱讀，而是要讀寫互動。

三　結論：章法學的未來展望（跨界章法學、章法學與教學結合）

陳：

我們現在要努力的路就是要把章法學推廣出去，要全力推動跨界章法學，像蒲基維可以做美食章法學，顏智英可以做意象章法學，陳佳君做佛學章法學，謝奇懿做評量章法學，事實上也可以做讀寫章法學，另外還有建築、音樂等章法學也可以做啊。

蒲：

我發現 PISA（the Programme for International Student Assessment）的三個層次：理解、解釋、統合，跟我們章法體系的語文能力架構是不謀而合的。我覺得這個部分我們可以借力使力，將我們的語文能力架構與現在教育圈常用的理論結合，結合之後推廣性應該會更強更大。

余：

所以我們可以把我們的邏輯和架構放到現在很多很夯的教學理論中，因為我們的這個系統是融合性很高的，能柔性地去包容，並不是硬性以我們為主的，所以，能推廣出去才是當今的重點。

陳：

所以我說，以目前情況言，學界對章法學已由陌生、反對，到

現在有很人點頭，因此，是邀請更多人來點頭的時候了。

顏：

　在此，我要謝謝老師有這個章法學的完整體系建構，因為它補足了我們教學上一個很大的缺口。在教學的現場中，我們分析文本時，主旨、取材、結構、修辭、詞彙等面向，是缺一不可的，以前章法學未建立時，結構的部分一直是教師們覺得難以使力的一環。另外，從研究的角度與文學批評的角度言，這也是很重要的一個部分啊！所以，無論是對研究或教學而言，章法學實在太重要了！而且是不可或缺，值得努力推廣的。

余：

　萬卷樓新近出版老師的《辭章章法學體系建構叢書》十冊，是萬卷樓的第一部套書，影響出版界很大，同時也剛舉辦過老師的新書發表會，引起學術界的極大重視。希望未來萬卷樓能將此套書，大力地推展到大陸。另有辭章章法學體系研究叢書，大約有十至十二本，也即將問世。還有章法論叢，目前已出版到第八輯，等到第十輯時，也將分類整理成叢書出版。

陳：

　我希望在兩年之內，大家再努力一下，把章法學辭典（或通典）弄出來。現在已經有基礎了，約有五十至六十萬字。

余：

　今天的座談，全面性地探討了辭章章法學的體系建構，及其基礎內容的發展、未來的走向。未來，我們就朝向剛才陳老師所說的跨界章法學，以及與語文教學結合、推廣，繼續努力。並積極與大陸作兩岸交流，互相切磋。今天，我們很高興能與陳老師探討他的套書內容，也藉著互動交流深入理解了陳老師的思維模式，大家談得十分盡興。

陳：

今天是因余老師的建議，才有這場座談會。謝謝余老師，也謝謝大家在星期天的假日，從百忙之中來與會，我非常高興！感謝大家！

從上紀錄，可知個人研究「章法學」的主要內容與過程。以此為基礎，如今融貫科學、哲學與神學，開展出「88陰陽雙螺旋系統」，絕不是偶然的。

而由於本書以「（無極）太極」（《太極圖》）、「DNA」與「88」，並以「科學」、「哲學」與「神學」為「鍵軸」作通貫，因此，為使每一章論述維持其完整性，其相關內容，難免或詳或略地會多次出現在不同章節；而且又因正式的相關著作非常難找，不得已引了頗多網路資料。對此，敬祈讀者見諒！加上成書倉促，疏漏之處，在所難免，謹請方家碩學不吝指正！

附錄二
陳滿銘學術研究與活動概表

二〇一七年十月三日整理

※　成果小統計

項目	研究成果												服務成果			學術榮譽			論文指導	
	論文						專著			專題研究計畫			博論書面審查與口試	專題演講	會議主持討論人及其他	成果獲獎	登名入錄或其它		碩士	博士
	期刊		一般	學術研討會	專書		自著	合撰	主編	國科會	教育部	其他					中	外		
類別	學報				臺灣	大陸														
	臺灣	大陸																		
	92	64	290	32	39	21	34	11	7	2	13	17	63	60	99	14	10	6	86	11
總計	538（篇）						52（種）			32（次）			222（次）			30（項）			97（篇）	

陳滿銘，臺灣師大國文系退休教授。專長含儒學、詞學、章法學、意象學、語文教學等。個人出版二十多種專著及《辭章章法學體系建構叢書》一套十冊與跨章法學叢書三冊，並在兩岸發表有四百餘篇學術論文。研究主要在論定：萬事萬物的動力，由「陰陽互動」開始，產生其「移位」、「轉位」、「對比、調和」與「包孕」之層層轉化作用，而終於形成「０一二多」雙螺旋結構與「88陰陽雙螺旋」系統，以反

映自然動態規律；由此成功建構，成為一門新學科，而普受肯定，認為成就「空前」。先後有多篇論文獲獎，入編《中國科技發展精典文庫》、《當代中國科教文集》、《中華名人文論大全》、《中國改革發展理論文集》等大型叢書，業績入編《中國專家人名辭典》、《世界優秀專家人才名典》、《中國當代創新人才》、《中華名人大典》、《中國改革擷英》、《中國學者》、《學術之路》、《百年中國》及英文版《世界專業人才名典》（美國 ABI）、《二十一世紀 2000 世界傑出知識份子》（英國 IBC）、《國際傳記大辭典》三十四、三十五輯（英國 IBC）等珍藏典籍。

一　履歷

（一）簡歷

　　姓名：陳滿銘

　　生日：民國二十四（1935）年三月四日

　　出生地：臺灣苗栗

　　電話：住家：02-27010701　　辦公室：02-23913380

　　通訊處：臺北市信義路四段265巷28號5樓之2

　　傳真：02-23913380

　　電子郵件：t21004@ntnu.edu.tw

（二）學歷　　國立臺灣師範大學國文研究所碩士

（三）經歷

　　國立臺灣師範大學國文系講師（1967-1971）

　　國立臺灣師範大學國文系副教授（1971-1980）

　　國立臺灣師範大學國文系教授（1980-2005）

私立東吳大學中文系兼任教授（2006-2008）

私立文藻外語學院應用華文系客座教授（2008年5月-2008年7月）

國立臺灣師範大學國文系兼任教授（2005年8月-2009年7月）

二 學術活動（以順時間為序）

1 擔任臺灣師範大學國文研究所林聰舜博士論文《明清之際儒家思想的變遷與發展》之書面審查委員　1985年3月

2 擔任臺灣師範大學國文研究所黃薇光博士論文《中韓民俗戲劇之比較研究》之口試委員　1987年6月

3 擔任臺灣師範大學國文研究所張春榮博士論文《姚惜抱及其文學研究》之口試委員　1988年6月

4 擔任臺灣師範大學國文研究所陳英姬博士論文《蘇軾政治生涯與文學的關係》之口試委員　1989年6月

5 擔任臺灣大學中文研究所李致洙博士論文《陸游詩研究》之口試委員　1989年6月

6 擔任「七十七學年度國民中學國文教學論文研討會」林秀珠〈岳飛〈滿江紅〉之研究〉之講評人　1989年6月

7 擔任臺灣師範大學國文研究所高秋鳳博士論文《天問研究》之口試委員　1991年6月

8 擔任「第一屆臺灣地區國語文教學學術研討會」沈壽美〈從香港的「出版中文課本獎勵計畫」談高中國文教材的期望〉之特約討論人　1992年4月

9 擔任「國民中學人文與社會學科教材教法研究改進獎勵論文發表大會」李開源〈從詞章、義理教學科際整合〉之講評人　1992年4月

10 擔任臺灣師範大學國文研究所楊雅惠博士論文《兩宋文人書畫美學研究》之口試委員　1992年6月

11 擔任政治大學中文研究所劉又名博士論文《大學思想證論》之口試委員　1992年7月

12 擔任臺灣師範大學國文研究所李美燕博士論文《先秦兩漢樂教思想研究》之口試委員　1993年4月

13 擔任臺灣師範大學國文研究所金賢珠博士論文《唐五代敦煌民歌之研究》之口試委員　1993年5月

14 擔任「紀念林尹教授逝世十週年學術研討會」王更生〈魏晉南北朝散文的重要性〉之引言人　1993年6月

15 擔任臺灣師範大學國文研究所呂武志博士論文《杜牧散文研究》之口試委員　1993年7月

16 擔任「第一屆詞學國際研討會」蔣哲倫〈談詞中領字〉之講評人　1994年4月

17 擔任「紀念程旨雲先生百年誕辰學術研討會」林礽乾〈海陵紅粟辨正〉之特約討論人　1994年5月

18 擔任「國立臺灣師範大學國文學系八十三學年度資優生論文發表會」之主持人　1994年5月

19 擔任臺灣師範大學國文研究所南基守博士論文《韓柳散文之比較研究》之口試委員，又擔任臺灣師範大學國文研究所黃永姬博士論文《白石道人詞之藝術探微》之口試委員　1994年12月

20 擔任臺灣師範大學國文研究所八十三學年度第一學期博士班候選人林承坯學位論文《辛稼軒詠物詞研究》之指導人及口試委員　1994年12月

21 擔任「第五屆文學與美學學術研討會」殷善培〈美感之重置——論宋代文人詞之確立〉之特約討論人　1995年4月

22 擔任「國立臺灣師範大學國文學系八十五學年度資優生論文發表會」之主持人　1995年5月

23 擔任「兩岸暨港新中小學國語文教學國際研討會」之主持人，及廖吉郎〈臺灣省暨高雄市公立高級中學八十三年度招生國文科試題分析〉之特約討論人　1995年6月

24 擔任臺灣師範大學國文研究所顏瑞芳博士論文《中唐三家寓言研究》之口試委員　1995年6月

25 擔任臺灣師範大學國文研究所史國興博士論文《蘇軾詩詞中夢的研析》之口試委員　1996年1月

26 擔任臺灣師範大學國文研究所賴麗蓉博士論文《魏晉「人物品鑑」研究——創造性審美活動的完成》之口試委員　1996年6月

27 擔任「國立臺灣師範大學人文教育研究中心專題演講」鍾肇政〈臺灣客家作家之作品及其影響——從吳濁流的文學談起〉之主持人　1997年5月

28 擔任臺灣師範大學國文研究所八十五學年度第二學期博士班候選人金鮮學位論文《清末民初宋詞學析論》之指導人及口試委員　1997年7月

29 擔任「第四屆國立臺灣師範大學國文系研究生論文研討會」李慕如〈東坡與朝雲〉之特約討論人　1997年11月

30 擔任「紀念魯實先先生逝世廿週年學術研討會」林礽乾〈《史記‧張釋之傳》「縣人」新詮〉之特約討論人　1997年11月

31 擔任「第四屆近代中國學術研討會」包根弟〈劉熙載《藝概‧詞曲概》詞學源流論探析〉之特約討論人　1998年3月

32 擔任「紀念章微穎先生逝世三十週年學術研討會」黃錦鋐〈語文教學的過去與將來〉之特約討論人　1998年3月

33 擔任「第四屆中國詩學會議」徐信義〈溫庭筠詞的格律〉之特約討論人　1998年5月

34 擔任東吳大學中文研究所蘇淑芬博士論文《辛派三家詞研究》之
口試委員　1998年6月

35 擔任臺灣師範大學國文研究所王聰明博士論文《中庸形上思想研
究》之口試委員　1998年6月

36 擔任臺灣師範大學國文研究所李慕如博士論文《東坡詩文思想研
究》之口試委員　1998年6月

37 擔任「第五屆國立臺灣範大學國文系研究生論文研討會」朱雅琪
〈曹操詩歌中的審美意識〉之特約討論人　1998年11月

38 擔任「紀念許世瑛先生九十冥誕學術研討會」包根弟〈《詞概》
詞學創作論探析〉之特約詩論人　1999年4月

39 擔任臺北市八十八年中等學校國文科教學論文發表暨座談」仇小
屏〈談章法教學──以高中國文教材為例〉之講評人　1999年5月

40 擔任「第一屆中國修辭學學術研討會」仇小屏〈平提側注法的理
論與應用〉之特約討論人　1999年6月

41 擔任臺灣師範大學國文研究所八十八學年度第二學期博士班候選
人李清筠學位論文《時空情境中的自我影像──以阮籍、陸機、
陶淵明詩為例》之指導人及口試委員　1999年6月

42 擔任「第一屆國立臺灣師範大學國文系研究升學術論文研討會」
林佳樺〈泛具法的理論與應用〉之特約討論人　1999年12月

43 擔任「臺北市建國中學八十八學年度國文科教學心得發表會」王
慧卿〈淺談以「自然美」 為主題的中學作文教學〉之講評人
2000年1月

44 擔任「國立臺灣師範大學國文系八十八學年度資優保送生論文發
表會」之第一場主持人　2000年5月

45 以「微觀古本與今本《大學》」為題，在國立臺灣師範大學國文
系作第八場學術演講　2000年5月

46 擔任政治大學中文研究所鍾雲鶯博士論文《民國以來民間教派大
學中庸思想之研究》之口試委員　2000年5月

47 擔任「第二屆中國修辭學學術研討」仇小屏〈試談字句與篇章修
飾的分野——以某些修辭格與章法為例〉之特約討論人　2000年
6月

48 擔任臺灣師範大學國文研究所朱雅琪博士論文《魏晉詩歌中的審
美意識》之口試委員　2000年6月

49 以「本國語文教材統整之面向與要領」為題，在臺北市教師研習
中心八十八學年度九年一貫課程語文領域研習班作專題演講
2000年7月

50 以「談縱橫向疊合的篇章結構」為題，在國立嘉義中學作專題演
講　2000年11月

51 以「中學作文教學」為題，在國立成功大學「九年一貫課程語文
教學設計（國文教學設計）」研討會作專題演講　2001年3月

52 擔任「開創課程新世紀——九年一貫課程學習領域教學研討會」
工作坊（三）之主持人　2001年3月

53 擔任臺灣師範大學國文研究所八十九學年度第二學期博士班候選
人仇小屏學位論文《古典詩詞時空設計研究》之指導人及口試委
員　2001年3月

54 擔任臺灣師範大學國文研究所八十九學年度第二學期博士班候選
人曾進豐學位論文《晚唐社會詩、風人體之研究》之講評人及口
試委員　2001年4月

55 擔任考試院國家考試國文科專案小組召集人　2001年4月

56 擔任「道家思想的現代詮釋——梅湖道學講座〔三〕：王邦雄
〈莊子心齋『氣』觀念的詮釋問題〉」之主持人　2001年5月

57 擔任臺灣師範大學國文研究所范宜如博士論文《地域文學的形

成──明代中期吳中文壇研究》之口試委員，又擔任臺灣師範大
學國文研究所曾進豐博士論文《晚唐社會詩、風人體之研究》之
口試委員　2001年5月

58 擔任「第三屆中國修辭學學術研討會」仇小屏〈古典詩詞的視聽
之美──以空間結構為考察對象〉之特約討論人　2001年6月

59 擔任臺灣師範大學國文研究所呂立德博士論文《林琴南古文理論
研究》之口試委員　2001年7月

60 擔任「宋元文學學術研討會」王偉勇〈兩宋檃括詞探析〉之特約
討論人　2001年12月

61 擔任臺灣師範大學國文研究所黃雅莉博士論文《「兩宋詞人詞」
雅化的發展與嬗變研究──以柳、周、姜、吳為探究中心》之審
查與口試委員　2002年1月

62 擔任「二○○二中國文學『學理與應用』學術研討會」江惜美
〈蘇軾的藝術生活〉之特約討論人　2002年3月

63 擔任「第八屆國立臺灣師範大學國文學系研究生學術論文研討
會」張珮娟〈東坡詞「隱於仕」思想探析〉之特約討論人　2002
年4月

64 擔任「第四屆中國修辭學國際學術研討會」黃麗貞〈從〈陋室
銘〉的仿作談『仿擬』修辭法的運用規範〉之特約討論人　2002
年5月

65 在「第四屆中國修辭學國際學術研討會」以「論章法與邏輯結
構」為題作專題演講　2002年5月

66 擔任「九十學年度國文系第二學期第十次專題演講」蔡宗陽〈九
年一貫的精神與內涵〉之主持人　2002年6月

67 擔任「九十一年國家考試國文科命題技術研討會『綜合討論』」
之主持人　2002年11月

68 在廈門舉辦之「閩臺辭章學學術研討會」以「章法的『多、二、
　　一（0）』結構」為題作專題演講，並擔任「分組討論」之主持人
　　2002年12月

69 以「談篇章結構」為題，在國立中正大學中國文學研究所作專題
　　演講　2003年2月

70 擔任臺灣師範大學國文研究所九十一學年度第二學期博士班候選
　　人溫光華學位論文《劉勰文心雕龍文章藝術析論》之審查人及口
　　試委員　2003年3月

71 擔任臺灣師範大學國文研究所九十一學年度第二學期博士班候選
　　人劉德玲學位論文《樂府古辭之原型與流變——以漢至唐為斷
　　限》之口試委員　2003年3月

72 擔任東吳大學中文研究所九十一學年度第二學期博士班候選人陳
　　慷玲學位論文《宋詞雅化研究》之審查人及口試主持委員　2003
　　年6月

73 在「第五屆中國修辭學國際學術研討會」以「論辭章的章法風
　　格」為題作專題演講　2003年11月

74 擔任「第五屆中國修辭學國際學術研討會」蘇珊玉〈試論「不
　　隔」的修辭藝術與審美教育〉之特約討論人　2003年11月

75 在臺灣師範大學國文系學術分組——哲學組系列演講中，以「章
　　法結構的哲學義涵」為題作專題演講　2003年11月

76 擔任「第三屆中國經學國際學術研討會」莊耀郎〈《中庸》的圓
　　善思想〉之特約討論人　2003年11月

77 擔任「第十屆國立臺灣師範大學國文學系研究生學術論文研討
　　會」廖育菁〈從「史家四長」看司馬遷的《史記・淮陰侯列
　　傳》〉之特約討論人　2004年3月

78 擔任文化大學中文研究所九十二學年度第二學期博士班候選人賴

玉樹學位論文《晚唐五代詠史詩之美學意識》之審查人及口試委員　2004年4月

79 擔任臺灣師範大學國文研究所九十二學年度第二學期博士班候選人廖志超學位論文《蘇軾辭賦研究》之審查人及口試委員　2004年4月

80 擔任臺灣師範大學國文研究所九十二學年度第二學期博士班候選人陳佳君學位論文《辭章意象形成論》之指導人及口試委員　2004年5月

81 擔任東吳大學中國文學系「第十二屆研究生論文發表會」林宛瑜〈論浙西詞派之詞學觀──以朱彝尊為探討中心〉之講評人　2004年5月

82 擔任東吳大學中國文學系「先秦兩漢學術研討會」鄭頤壽教授〈先秦修辭雙向互動論〉之特約討論人　2004年5月

83 在宜蘭中華國中對宜蘭地區國高中教師以「辭章學在讀與寫教學中的運用」為題作專題演講　2004年5月

84 在臺灣師範大學「資優教育專長課程研習會」以「國文科資優生的鑑定與安置──以能力為重心的命題方向」為題作專題演講　2004年5月

85 擔任成功大學中國文學系「實用中文與寫作策略研討會」第四場主持人　2004年5月

86 擔任臺灣師範大學國文研究所九十二學年度第二學期博士班候選人蒲基維學位論文《章法風格析論》之指導人及口試委員　2004年6月

87 擔任臺灣師範大學國文研究所九十二學年度第二學期博士班候選人謝奇懿學位論文《先秦兩漢天人意識與詩經學之研究》之指導人及口試委員　2004年6月

88　擔任臺灣師範大學國文研究所九十一學年度第二學期博士班候選
　　人劉淑娟學位論文《馮夢龍纂評時調民歌美學研究》之審查人、
　　講評人及口試委員　2004年6月

89　擔任臺灣師範大學國文研究所九十二學年度第二學期博士班候選
　　人高光敏學位論文《北宋時期對韓愈接受之研究》之口試委員
　　2004年6月

90　在國立教育研究院籌備處「第1385期國語文國中種子教師研習
　　班」以「辭章學在國文教學上的運用」為題作專題演講　2004年
　　7月

91　擔任政治大學中國文學系「第五屆漢代文學與思想學術研討會」
　　熊琬〈《史記・李斯・諫逐客書》結構之詮釋──兼論李斯〉之
　　特約討論人　2004年10月

92　擔任親民技術學院「國文教學學術研討會二○○四」、「中文寫作
　　暨語文應用學術研討會二○○四」何廣棪〈審查報告之撰作及舉
　　例〉與廖志強〈陶淵明詩語言張力發微〉之特約回應人　2004年
　　10月

93　擔任「第六屆中國修辭學國際學術研討會」蘇珊玉〈談「通感」
　　修辭的文藝美感〉之特約討論人　2004年11月

94　擔任「第二屆儒道國際學術研討會──兩漢」（第五場）之主持
　　人　2004年11月

95　擔任「教育部九年一貫國語文領域北區教材教法研討會」（第2
　　場、第8場）之主持人　2004年11月

96　擔任「第十一屆國立臺灣師範大學國文學系研究生學術論文研討
　　會」黃淑貞〈談園林的視角變換及其美感〉之特約討論人　2005
　　年3月

97　在萬能科技大學「文藝生活美學研習營」，以「論意象與辭章
　　「多」、「二」、「一（0）」結構」為題作專題演講　2005年5月

98 在玄奘大學中國文學系，以「論讀寫互動──以語文能力的
　　『多』、『二』、『一（0）』螺旋結構作考察」為題作專題演講
　　2005年5月

99 擔任臺灣師範大學國文研究所九十三學年度第二學期博士班候選
　　人林淑慧學位論文《臺灣情治時期散文發展與文化變遷》之口試
　　委員　2005年6月

100 擔任九十四年教育部文藝創作獎古典詩詞評審委員　2005年6月1
　　日至2005年12月31日

101 續由國立教育研究院籌備處敦聘為「高級中等以下學校及幼稚園
　　教師資格檢定」試題研發委員會「國語文能力測驗」科目試題研
　　發委員　2005年6月1日

102 由國立臺南大學敦聘為「國立臺南大學通是教育中心」委員會委
　　員　2005年6月1日至2006年7月31日

103 續由香港能仁書院敦聘為「香港能仁書院」大專部學術名譽顧問
　　2005年9月1日至2006年8月31日

104 在本校本系教育實習課程以「讀寫原理」為題作專題演講　2005
　　年11月

105 在萬能科技大學「教育部第二梯次提升大學基礎教育計畫──跨
　　校人文講座」，以「論意象與聯想、想像之互動」為題作專題演
　　講　2005年12月

106 在國文天地雜誌社舉辦之「新（限制）式作文教學營」第一期，
　　以「讀寫的原理──歸本於語文能力作探討」為題作專題演講
　　2006年2月

107 擔任臺灣師範大學國文系「漢學研究之回顧與前瞻國際學術研討
　　會」耿志堅〈國文科創造教學之策略與研究〉之特約討論人
　　2006年4月

108　擔任「第十二屆國立臺灣師範大學國文學系研究生學術論文研討會」蕭千金〈《楚辭・漁父》的意象系統和章法結構探析〉之特約討論人　2006年4月

109　擔任臺灣師範大學國文研究所九十四學年度第二學期博士班候選人金華珍學位論文《桐城派詩論研究》之書面審查委員　2006年4月

110　在中華民國兒童文學學會舉辦之「2006新實用作文師資培訓營──進階班」以「作文教學概論與實務探討」為題作專題演講　2006年5月

111　在「第一屆辭章章法學學術研討會」以「論章法結構與真、善、美──以『多』、『二』、『一（0）』螺旋結構切入作考察」為題作專題演講，並擔任仇小屏〈論「知覺」與「心覺」之呼應──以「知覺轉換」章法切入作考察〉之特約討論人　2006年5月

112　擔任東吳大學「有鳳初鳴──漢學多元化領域之探索學術研討會」吳雅萍〈稼軒詞佳人意象探析〉、程美珍〈蘇軾與楊繪交遊考〉、楊憲欽〈謝章鋌詞論與詞作探析〉、徐秀菁〈陳維崧「選詞所以存詞，其即所以存經史」觀念之辨析〉之特約討論人　2006年5月

113　擔任彰化師範大學「第十五屆詩學會議──詞學研討會」第三場主持人及第四場劉漢初〈姜夔詞的情性與風度──從〈卜算子〉梅花八詠說起〉之特約討論人　2006年5月

114　擔任臺灣師範大學國文研究所九十四學年度第二學期博士班候選人顏智英學位論文《辭章章法變化律研究──以古典詩詞為考察對象》之指導人及口試委員　2006年5月

115　擔任臺灣師範大學國文研究所九十四學年度第二學期博士班候選人黃淑貞學位論文《辭章章法統一律研究》之指導人及口試委員　2006年6月

116 擔任臺灣師範大學國文研究所九十四學年度第二學期博士班候選
人陳思愉學位論文《當代少年小說研究——以李潼、沈石溪、曹
文軒為例》之講評人及口試委員　2006年6月

117 擔任臺灣師範大學國文研究所九十四學年度第二學期博士班候選
人金華珍學位論文《桐城派詩論研究》之口試委員　2006年6月

118 擔任中山大學中文研究所九十四學年度第二學期博士班候選人王
璧寰學位論文《北宋新舊黨爭與詞學》之口試主持委員　2006年
7月

119 在國文天地雜誌社舉辦之「新（限制）式作文教學營」第二期，
以「讀寫的原理——歸本於語文能力作探討」為題作專題演講
2006年7月

120 「臺北縣提升國中學生基本能力實施計畫」下，由福和國中所舉
辦之三梯次「寫作教學研習會」，以「章法學與寫作教學」為題
作專題演講　2006年7月

121 擔任「第八屆南投縣玉山文學獎」古典詩組評審委員　2006年8月
23日

122 在國文天地雜誌社舉辦之「新（限制）式作文教學營」第三期，
以「讀寫的原理——歸本於語文能力作探討」為題作專題演講
2006年9月

123 參加臺北大學中國語文系舉辦之「第三屆文學與資訊學術研討
會」擔任劉渼〈創意說故事後敘事模式〉之與談人　2006年10月

124 參加臺灣師範大學國文系舉辦之「現代文學教學研討會」擔任第
二場主持人　2006年11月

125 策劃、主編《寫作測驗必讀文選》一套十本，由臺北文揚資訊股
份有限公司出版　2006年11月

126 與臺灣師大進修推廣部合作舉辦「新式寫作師資培訓班」（3月8
日至4月30日），並以「寫作原理」為題作專題演講　2007年3月

127 在「第二屆辭章章法學學術研討會」以「章法學研究團隊之成立」為題作專題演講，並擔任王希杰等〈章法學對話〉、孟建安〈章法學體系建構的系統性原則〉與仇小屏〈論「時間三相」所形成之邏輯結構——以「新詩為考察對象〉之特約討論人　2007年5月

128 參加臺南成功大學「第三十五屆鳳凰樹文學獎」擔任古典詞曲類評審人　2007年5月

129 參加華梵大學「第十屆大冠鷲文學獎」擔任古典詩詞類評審人2007年5月

130 受邀參加「錢穆故居-溪城賞書悅會」以「錢穆《論語新解》導讀——以〈述而〉『子曰志於道』章為例」為題作專題演講2007年6月

131 為胡奇德教授新詩集《香格里拉》寫序

132 擔任臺灣大學中文研究所博士班候選人郭娟玉學位論文《溫庭筠辨疑》之口試主持委員　2007年7月

133 受邀參加「東亞教育評鑑論壇」擔任周中天等〈華語文能力分級指標之建立〉、張道行等〈如何發展中文的寫作自動評分技術？以 ACES 為例〉之評論人　2007年10月

134 在中華民國兒童文學學會舉辦之「全方位作文師資培訓營」以「寫作原理與實例探討」為題作專題演講　2007年11月

135 參加政治大學中國文學系所舉辦之「第五屆經學國際學術研討會」擔任陳逢源教授〈錢賓四先生超越門戶視野之四書詮釋——以《朱子新學案》為研究範圍〉之特約討論人　2007年11月

136 參加「全民國語文能力分級檢定測驗研究計畫」第一屆成果發表研討會，擔任蔡英俊教授「寫作子計畫成果發表」之講評人2007年11月

137 參加臺灣師範大學「紀念魯實先教授逝世三十周年學術研討會」擔任第二場次主持人　2007年12月

138 參加東吳大學「人文社會學院第二十五屆系際學術研討會」中文系場次，擔任陳慷玲助理教授〈蘇軾詞題序之自傳化書寫〉之特約討論人　2008年3月

139 受邀到高雄師範大學國文研究所以「論意、象互動之質（形）構類型」為題作專題演講　2008年5月

140 擔任輔仁大學中國文學系主辦之「第九屆中國修辭學國際學術研討會」第三場次主持人　2008年5月

141 應聘為文藻外語學院應用華語系客座教授　2008年5月

142 受邀到高雄文藻外語學院應用華語系以「論意、象互動之類型──據格式塔『異質同構』說加以推衍」為題作專題演講　2008年5月

143 擔任東吳大學中文研究所九十六學年度第二學期博士班候選人王曉雯學位論文《清代譚瑩「論詞絕句」研究》之書面審查委員　2008年5月

144 受邀到市立臺灣科技大學通識中心，以「言之有理──篇章結構」為題作專題演講　2008年5月

145 參加東吳大學「有鳳初鳴──漢學多元化領域之探索學術研討會」，擔任東吳博士生林宛瑜〈《倚聲初集》選錄豔體詞述評〉之特約討論人　2008年6月

146 擔任東吳大學中文研究所九十六學年度第二學期博士班候選人王曉雯學位論文《清代譚瑩「論詞絕句」研究》之口試主持委員　2008年7月

147 受邀在臺灣師範大學「韓國外大師生來訪講座」上以「古典文學與現代文化」為題作專題演講　2008年7月

148 擔任高雄師範大學國文研究所九十六學年度第二學期博士班候選
人謝綉治學位論文《魏晉象數易學研究》之初審口試主持委員
2008年7月

149 擔任「第十屆南投縣玉山文學獎」古典詩組評審委員　2008年8月
29日

150 在「第三屆辭章章法學學術研討會」以〈論辭章分析與科際整
合──以白居易〈長相思〉詞為例〉為題作專題研講，並擔任李
靜雯〈稼軒農村詞篇章結構探析──以瓢泉所作九首為考察對
象〉之特約討論人　2008年10月18日

151 參加華梵大學所舉辦「第七屆生命實踐學術研討會」，擔任黃麗
娟〈由蘇軾赤壁二賦論其謫黃時期的賦作成就及其生命實踐〉之
特約討論人　2008年11月15日

152 參加「第二屆全國高中國文教學研討會」擔任上午三場之主持人
2008年11月20日

153 擔任東吳大學中文研究所九十六學年度第二學期博士班候選人林
宛瑜學位論文《清初廣陵詞人群體研究》之書面審查委員　2008年
11月

154 擔任高雄師範大學國文研究所九十六學年度第二學期博士班候選
人謝綉治學位論文《魏晉象數易學研究》之複審口試主持委員
2009年1月

155 擔任東吳大學中文研究所九十六學年度第二學期博士班候選人林
宛瑜學位論文《清初廣陵詞人群體研究》之口試主持委員　2009
年1月

156 參加「第一屆國立臺灣師範大學國文學系在職進修研究生學術論
文研討會」擔任郭佳燕〈從抑揚結構分析〈鴻門宴〉的篇旨及其
對項羽的評價〉之特約討論人　2009年3月7日

157 受邀參加萬能科技大學所舉辦「中文鑑賞、寫作與口語表達研習會」，以「辭章篇旨鑑賞——以其潛性與顯性切入作探討」作專題演講　2009年4月18日

158 華梵大學「第二屆曉境雲聲全國大專院校古典詩歌創作比賽」評審老師　2009年5月2日

159 參加世新大學中國文學系「第二屆兩岸韻文學學術研討會——韻文學的欣賞與研究」擔任蔡芳定〈蘇軾「以詩為詞」的理論主張〉之特約討論人　2009年5月9日

160 受邀在「淡江大學中國文學系中國語文能力表達學術研討會——以成惕軒先生之詩文為研討主題並紀念成惕軒先生百歲誕辰」，以「創意神奇的語文表達——以成惕軒先生詩文之篇章意象為例作探討」為題作專題演講　2009年6月14日

161 受邀在臺灣師範大學國文系以「篇章風格教學」為題作專題演講　2009年6月17日

162 受臺北科技大學通識中心之邀，在「技職校院國語文教學教師研習營」以「文學意象的統合——主題與風格」為題作專題演講　2009年6月20日

163 受邀擔任「第十一屆南投縣玉山文學獎」古典詩組評審委員　2008年8日

164 在「第四屆辭章章法學學術研討會」以〈論篇章邏輯與內容義旨〉為題作專題研講，並擔任邱燮友〈白居易〈長恨歌〉章法結構〉之特約討論人　2008年10月17日

165 參加華梵大學中國文學系「第八屆『生命實踐』學術研討會」擔任第三場會議主持人　2009年11月14日

166 受邀在教育部「97學年度提升技職校院學生通識教育暨語文應用能力改善計畫『典範人物——專題講演』期末成果發表會」中以「論思維系統與語文能力」為題作專題演講　2009年11月19日

167 受邀在福州中國華藝廣播公司所主辦之「首屆海峽兩岸大學生中華經典詩文朗誦大賽」擔任第二獎之頒獎人　2009年11月29日

168 受邀參加「東吳大學中國文學系常態性學術研討會」擔任陳慷玲〈張惠言詞學觀論《茗柯詞》之寄託〉講評人　2009年12月16日

169 受邀參加「華梵大學、四川外語學院研究生論文研討會」擔任張修維〈試論蘇軾〈江城子・十年生死兩茫茫〉中的悲美與自療〉與高振翔〈試論秦觀女郎詞評價〉之講評人　2010年1月11日

170 擔任中山大學中文研究所張白虹博士論文《詞牌與詞之內容關係研究——以首見詞為探論範圍》之口試主持委員　2010年1月28日

171 受邀參加國立臺灣文學館與成功大學中國文學系合辦之「感官素材與人性辯證國際學術研討會」，擔任王偉勇教授〈關於「歌妓」之感官書寫——以宋詞為例〉之特約討論人　2010年3月6日

172 受邀在臺北市教育大學語教研究所以「思維系統與文學創作」為題作專題演講　2010年3月13日

173 受邀參加九十九年度臺中市國民教育輔導團國中組國文學習領域辦理「精進教學計畫——國文論壇」，以「語文能力與讀寫互動」為題作專題演講　2010年5月14日

174 參加臺南成功大學「第三十八屆鳳凰樹文學獎」擔任古典詞曲類評審人　2010年5月22日

175 受邀參與廣州肇慶市肇慶學院「科技文化藝術系列講座」，以「辭章與讀寫教學」為題作專題演講　2010年5月27日

176 擔任臺灣師範大學國文研究所博士論文《唐代節令詩研究》之口試委員　2010年6月8日

177 為蔡宗陽教授《詩海・詩園》寫序　2010年6月10日

178 擔任中山大學中文研究所陳清茂博士論文《宋元海洋文學研究》之口試主持委員　2010年6月11日

179 受邀為桃園縣國中教師輔導團以「修辭辭格及其功能」為題作專題演講　2010年10月4日

180 受邀在國立臺北教育大學華語中心以「篇章內容與形式之包孕關係」為題作專題演講　2010年10月6日

181 在「第五屆辭章章法學學術研討會」以〈篇章邏輯與思考訓練〉為題作專題演講　2010年10月9日

182 受邀在臺北市南湖高中以「讀寫互動與語文能力」為題作專題演講　2010年11月4日

183 擔任臺灣師範大學國文研究所陳宣瑜博士論文《李白詩海意象研究》之口試主持委員　2011年1月12日

184 擔任臺灣師範大學國文研究所簡彥姈博士論文《陸游散文研究》之口試主持委員　2011年11月4日

185 擔任北市教育大學語教系李友良博士論文研究計畫《明代以前詞壇仿擬作品研究》之諮詢主持委員　2011年1月26日

186 參加臺灣師範大學國文系主辦之「第三屆臺灣、香港、大陸兩岸三地國語文教學國際學術研討會」擔任7A　場「圓桌會議」主持人　2011年4月24日

187 受邀參加東吳大學「蛻變與開新──古典文學國際學術研討會」擔任林明珠〈元白詩中「非詩」成分之交涉與省思〉之特約討論人　2011年4月30日

188 受邀在臺北市教育大學中語系以「論章法結構之節奏與韻律」為題作專題演講　2011年5月21日

189 受邀在臺南成功大學中國文學系「第三十九屆鳳凰樹文學獎」擔任古典詞曲類評審人　2011年5月22日

190 受邀在華梵大學「第十四屆大冠鷲文學獎」擔任古典詩詞類評審人　2011年5月25日

191 擔任東華大學課程設計與潛能開發學系王家珍博士論文《國民小學語感教學研究》之口試主持委員　2011年6月9日

192 擔任臺灣師範大學國文研究所陳鳳秋博士論文《《文心雕龍》理論在高中國文範文教學之應用》之口試主持委員　2011年6月17日

193 擔任臺灣師範大學國文研究所曾香綾博士論文《《詩經》成語研究》之口試主持委員　2011年6月20日

194 擔任臺灣師範大學國文研究所鄭慧敏博士論文《論清閒——北宋雅詞之美學面向研究》之口試主持委員　2011年6月27日

195 擔任臺灣師範大學國文研究所林淑雲博士論文《北宋五家記遊散文之研究》之指導、口試委員　2011年6月30日

196 為朱榮智《老莊智慧——談職場逆中求勝法則》寫序　2011年6月30日

197 受邀擔任「教育部文藝創作獎」古典詩詞項複審委員　2011年7月5日

198 受邀擔任「第十三屆南投縣玉山文學獎」古典詩詞類評審委員　2011年8月26日

199 在「第六屆辭章章法學學術研討會」，主持李威熊作專題演講，並擔任孟建安〈章法學體系建構的系統原則〉與蔡宗陽〈劉勰《文心雕龍》與篇章結構〉之特約討論人　2011年10月15日

200 參加在臺灣師範大學主辦之「第二屆敘事文學及文化國際學術研討會」擔任潘麗珠〈論東坡詞的敘事性〉之特約討論人　2011年10月16日

201 受邀在成功大學教育部頂尖大學計畫「超越辭格之修辭新視野」學術講座，以「論修辭『轉化』之理論及其應用」為題作專題演講　2011年10月21日

202 受邀在成功大學教育部頂尖大學計畫「超越辭格之修辭新視野」

學術研討會，以「論修辭『轉化』理論之核心原則」為題發表論文，並擔任蔡宗陽〈篇章修辭學與《文心雕龍》〉之特約討論人 2011年12月3日

203 擔任高雄師範大學國文研究所卓惠婷博士論文《夢窗詞藝術表現與美感研究》之口試主持委員　2012年1月31日

204 受邀參加教育部雲嘉南區域教學資源中心成功大學執行小組「實用中文寫作」教材教法種子教師培訓營以「讀後感寫作」為題作專題演講，並擔任最後一場主持人　2012年4月15日

205 在「第一屆語文教育暨第七屆辭章章法學學術研討會」以〈章法學三觀體系的建構過程〉為題作專題研講，並擔任蔡宗陽〈修辭技巧與章法〉之特約討論人　2012年12月1日

206 擔任中山大學中文研究所王秋香博士論文《紅樓十二正釵意象研究》之口試主持委員　2013年1月

207 參加在中央研究院文哲所舉辦之「出土文獻與經學研究互證——《孔子之前》中譯本新書發表座談會」第一場「西方學者詮釋中國經典叢書出版緣起」擔任主持人之一　2013年4月18日

208 擔任中山大學中文研究所蘇淑貞博士論文《三教思想對《紅樓夢》之影響》之口試委員　2013年5月17日

209 參加「教育部文藝創作獎教師組及學生組古典詩詞項決審會議」2013年6月20日

210 在「第二屆語文教育暨第八屆辭章章法學學術研討會」以〈大陸學界對臺灣章法學體系建構的評價——以發表於學報或研討會者為範圍〉為題作專題研講，並擔任蔡宗陽〈《詩經》倒裝的三觀〉之特約討論人　2013年10月26日

211 參加萬卷樓和學生在彭園餐廳舉辦之小型八十壽慶餐會　2014年3月1日

212 參加在臺北光點舉行之《跨界對話——漢學、比較文學與物質文化研究》新書發表會暨研討會，主持開幕與閉幕儀式　2014年6月8日

213 參加在羅斯福路二段41號十二樓「弘一大師紀念學會會議廳」舉行之《辭章章法學體系建構叢書》（十冊）新書發表會　2014年8月16日

214 參加在萬卷樓圖書公司由梁錦興、余崇生、蒲基維、顏智英與張晏瑞等教授、先生所推動之「辭章章法學座談會」，回答各種提問　2014年9月14日

215 參加在臺灣師範大學文學院會議室與誠102教室舉辦之「第三屆語文教育暨第九屆辭章章法學學術研討會」以〈論哲理章法——以《中庸》誠明思想為例作探討〉為題作專題研講，並擔任鄭頤壽〈語文教學完善現代漢語辭章學〉之宣讀與特約討論人　2014年10月25日

216 參加辭章章法學學術研討會第九屆之檢討與第十屆之籌備會議（參與者：許錟輝、陳滿銘、梁錦興、余崇生、顏智英、林淑雲、張晏瑞、彭秀惠、傅雪芬，請假者：蒲基維、蕭千金）2014年12月20日

217 參加在臺北市立大學公城樓舉辦之「榕城文緣・萬卷書香：兩岸中國文學研究座談會」與「《福建師範大學文學院百年學術論叢》（第一輯）10部學術著作新書發佈會」，代表萬卷樓圖書公司作開幕致辭，並擔任孫紹振教授之主題研討人　2015年1月24日

218 擔任「教育部國語文學習領域中心實務教師專業成長活動」講座，在國立教育大學以「讀講『篇章結構』應有的認識：以思維（意象）系統切入作探討」為題作專題演講　2015年3月21日

219 決定與「教育部國民小學師資培用聯盟國語文學習領域教學研究中心」合辦「第四屆語文教育暨第十屆辭章章法學學術研討會」2015年3月31日

220 擔任元智大學中國文學系新聘教師外審委員　2015年9月3日

221 參加在臺灣師範大學綜合大樓五樓508會議室、509國際會議廳舉辦之「第四屆語文教育暨第十屆辭章章法學學術研討會」以〈論「篇章結構」教學之重心──以思維（意象）「0一二多」雙螺旋邏輯系統切入作探討〉為題作專題研講，並擔任曾祥芹、張延昭〈從「章句」到「文章」的結構奇觀──《孝經》研究的文章學視野〉之宣讀與特約討論人　2015年11月14日

222 參加在臺北市立大學人文藝術學院藝術館 A101、A302教室舉辦之「第五屆語文教育暨第十一屆辭章章法學學術研討會」在曾永義院士以〈一篇〈錦瑟〉解人難〉作專題演講後，個人又以〈論跨界章法學──以章法學方法論之三觀體系為重心作探討〉作專題演　2016年11月5日

223 參加「2017年師資閩臺聯合培養人文社科類培訓專案」晚宴，代表萬卷樓致謝辭　2017年8月8日

224 舉辦章學法學術座談會商討相關辦法　2017年9月23日

225 擔任元智大學中國文學系新聘教師外審委員　2017年9月30日

三　學術榮譽（以順時間為序）

1 以研究與服務表現優異，由中國名人傳記中心編纂委員會選編入《中華民國現代名人錄》第四輯（頁756）　1998年1月

2 以〈章法「多、二、一（0）」的節奏與韻律──以兩首詩詞為例〉一文，被評定「在科技發展理論探索方面取得傑出成就與卓

越貢獻」，由中國科技報擔任研究會選編入《中國科技發展精典文庫》第二輯（2003卷，頁367-368），並獲頒「優秀論文證書」2003年3月

3 以〈論辭章章法的「多、二、一（0）」結構〉一文，在世界華人交流協會與世界文化藝術研究中心所舉辦之「國際交流評選」活動中，獲「國際優秀論文獎」（證字16357號）　2003年5月

4 鑒於研究成績斐然，由世界文化藝術研究中心、中國科技研究交流中心，選入大型國際交流系列《世界優秀專家人才名典》辭書（頁71），並獲頒「世界優秀專家人才證書」　2003年9月

5 鑒於「為中華民族的繁榮昌盛和人類文明進步事業所作出的無私奉獻」，被載入《中國專家人名辭典》12卷（頁96）　2003年11月

6 以〈論意象與辭章「多」、「二」、「一（0）」結構〉一文，鑒於「開拓創新，與時俱進」，被收入《中華名人文論大全》（頁935-936），並獲「優秀作品獎」　2004年4月

7 鑒於在學術上「銳意進取，不斷創新，取得了輝煌成績」，榮入《中國當代創新人才》第二集（頁374）　2004年9月

8 以〈章法「多、二、一0」邏輯結構論〉一文，被評定為「文章立意高、理性強、確實而有針對性，極具推廣和實用價值，堪稱『上乘之作』」，入編《當代中國科教文集》第二集（頁357-360）　2004年9月

9 鑒於「為中華騰飛所作出的無私奉獻」，業績被載入《中華名人大典》（當代卷，頁50），並榮獲「誠信金獎」　2004年10月

10 鑒於「奉獻精神，光輝形象」，榮入大型紀念文獻《中國改革擷英》（頁62-63）　2004年12月

11 以〈論意象與辭章「多」、「二」、「一（0）」結構〉一文，經中國改革與發展理論文集編委會審理，鑒於該論文「具有一定的實踐

探索性和創新思維」，被評定為優秀作品，入編《中國改革發展理論文集》（頁632-634），並榮獲「優秀徵文壹等獎」　2004年12月

12 以〈論辭章章法的「多、二、一（0）」邏輯結構〉一文，被評定為「作出科學評價為基層理論、實踐研究提供有價值的意見」，受邀入編《中國新思想新學術獲獎成果精粹》並榮獲「壹等獎」2004年12月

13 以〈論意象與辭章「多」、「二」、「一（0）」結構〉一文，經科學中國人雜誌社專家、學術委員審定，被評為「中國科學發展優秀學術成果壹等獎」，擬定編入《中國專家學術成果通鑑》，並被確定為「中國科學發展高層論壇」首批交流學術成果　2004年12月

14 以〈論意象與辭章「多」、「二」、「一（0）」結構〉一文，由「中國前沿報告・現代化前沿理論科研成果評審委員會」評定為「一等獎」（〔QLC2004〕第029號），並受邀入編《現代化前沿理論科研成果精粹》、《中國前沿報告・當代傑出人才精選》　2004年12月

15 以〈論意象與辭章「多」、「二」、「一（0）」結構〉一文，經「神州強國人才大辭典編委會」因「立意新穎，構思大膽而又心細、文采飛揚，具有很高的參考、欣賞、研究價值」，評為「特等獎」（獲獎檔案編號「SH120」）、「神州人物金獎」　2005年12月

16 以〈辭章章法「移位」、「轉位」結構論──以「多、二、一0」邏輯結構切入作考察〉一文，經「群英耀中華叢書編輯部」通知，因「立意新穎，見解獨特，具有較強的開拓性和鮮活的創新性，且頗具理論研究參考價值」，受邀入編大型理論文獻《當代中國理論與實踐》，並榮獲「優秀科研、學術創新成果特別金獎」，業績亦受邀入編《群英耀中華》（業績卷）　2006年1月

17 以學術研究成果優異，由美國傳記編纂委員會（ABI）選編入《世界專業人才名典》（*International Directory of Expertsand Expertise*, 2008，頁57），榮獲「專業（中國文學研究）人才證書」（2006年2月）、「2006年度人物證書」（2006年3月），並受邀頒授「世界終生成就獎」（2006年6月）

18 以學術研究成果優異，由英國國際傳記編纂中心（IBC）選編入《二十一世紀2000傑出知識份子》（*2000 Outstanding Intellectuals of the 21st Century*——2007，頁197），榮獲「二十一世紀2000傑出知識份子（中國文學與哲學研究）證書」（2006年3月），並受邀入列其「名人堂」（the ISC Hall of Fame，2006年6月）

19 以〈論意象與「多」、「二」、「一（0）」結構〉一文，經中國教育部中國近現代史史料學學會、中華民族振興基金會、國際優秀新學術創新論壇評審專家委員會「嚴格審定，認為該文是一篇極具參考價值的新學術創新論作」，榮獲「科學、創新、發展——國際優秀新學術創新論壇『國際金獎』（編號 A061012-3013）」2006年11月

20 以〈論辭章章法的「多、二、一（0）」結構〉一文，經科技論壇、中國科技交流中心審定，榮獲「國際優秀論文獎」2007年7月

21 以研究成果日新月異，領袖群倫，獲英國國際傳記編纂中心（IBC）受邀頒授「一○○頂尖教育家——二○○八」（Top 100 educators——2008）榮譽狀 2007年11月

22 以研究成果影響遠大，由美國傳記編纂委員會（ABI）正選編入《500偉大領袖——榮譽大典》（*500 Great Leaders——Honors Edition*，2008年1月），並獲頒「榮譽證書」 2008年5月

23 以〈論意象與辭章「多」、「二」、「一（0）」結構〉一文，經中國

國際交流出版社、世界學術成果研究院以「在理論上有重大突破和創新，成果立意高遠，論述得當」，榮獲「百年學術『特等獎』」（檔案號 ZMXS0809）」 2008年10月

24 以學術研究成果優異，由英國國際傳記編纂中心（IBC）選編入《國際傳記辭典》34輯（*Dictionary of International Biography*，34ED，2008年，頁188）

25 以「勇於創新，敢為人先」，選編入《中國學者》（2009年1月，頁320-321）

26 以學術研究成果優異，由英國國際傳記編纂中心（IBC）選編入《國際傳記辭典》35輯（*Dictionary of International Biography*，35ED，2010年10月，頁182-183）

27 榮獲國立編譯館獎助，由戴維揚教授主導英譯，出版《Discourse Analysis in Chinese Composition》（2010年11月，512頁）

28 以學術研究成果卓越，由中國未來研究會選編入紀念科教興國十五周年專輯《學術之路》（2010年11月，頁352-353）

29 以學術研究成果卓越，由中國未來研究會選編入紀念辛亥革命一○○周年專輯《百年中國》（2011年10月，頁494-495）

30 接獲彰化師大國文學誌編委會通知拙作〈意象研究與跨界整合——以篇章意象組織為例作觀察〉，經審查通過列入特約稿於31期刊出。臺灣學報將拙作以特約稿刊出，此為第八篇（《文藻學報》3篇、高雄師大《國文學報》3篇、國立臺北大學《中文學報》1篇） 2015年11月25日

四　研究專長

（一）儒學

（二）詞學

（三）章法學

（四）意象學

（五）語文教學

五　曾任教科目

（一）大一國文　　　　　　（二）章法學

（三）四書（論、學、庸）　（四）各體文選

（五）國文教材教法　　　　（六）詞學研究

（七）詩詞　　　　　　　　（八）教學實習

（九）專家詞（蘇辛）研討　（十）詞選及習作

（十一）專家詞（蘇辛）　　（十二）章法學研討

（十三）詞曲選及習作　　　（十四）作文教學指導

（十五）國文教育導論　　　（十六）修辭學

（十七）中國文化基本教材研究　（十八）國文教學專題研究

六　個人著作（以逆時間為序）

（一）學報論文

1 臺灣學報

（1）　陳滿銘：2017年8月〈88論陰陽「包孕」雙螺旋互動——以

「0一二多」層次邏輯系統〉切入作探討〉,《國文天地‧學術論壇》33卷3期,頁112-135。

（2） 陳滿銘：2017年5月〈88陰陽雙螺旋互動系統〉,《國文天地‧學術論壇》32卷12期,頁101-136。

（3） 陳滿銘：2016年8月〈論篇章「異、同」互動的雙螺旋層次系統——以「0一二多」為鍵軸、蘇辛詞「篇章結構」為實例作探討〉,《國文天地‧學術論壇》32卷3期,頁102-136。

（4） 陳滿銘：2016年5月〈論篇章「異、同」互動的雙螺旋層次系統——以「0一二多」為主軸切入做考察〉,《興大中文學報》39期,頁131-164。

（5） 陳滿銘：2016年1月〈論《老子》「二生三」的螺旋互動——以「0一二多」、「DNA」雙螺旋系統作對應、統合觀察〉,《高雄師大國文學報》23期‧特刊,頁1-30。

（6） 陳滿銘：2016年1月〈辭章鑑賞與思維系統——以集蘇辛詞各一首有關古今人評注為例作說明〉,《國文天地‧學術論壇》31卷8期,頁112-135。

（7） 陳滿銘：2015年12月〈意象研究與跨界整合——以篇章意象組織為例作觀察〉,彰化師範大學《國文學誌》31期‧特約稿,頁1-38。

（8） 陳滿銘：2015年6月〈論螺旋邏輯學的創立——以哲學螺旋與科學螺旋為鍵軸探討其體系之建構〉,《國文天地‧學術論壇》31卷1期,頁116-136。

（9） 陳滿銘：2015年1月〈章法學三觀論〉,高雄師大《國文學報》21期‧特約稿,頁1-33。

（10） 陳滿銘：2014年3月〈論章法包孕結構之陰陽變化——以蘇辛詞為作觀察〉,臺北大學《中文學報》15期‧特稿,頁1-24。

（11）　陳滿銘：2014年1月〈思維系統與辭章內涵——以文本評析為作觀察〉，高雄師範大學《國文學報》19期‧特約稿，頁1-30。

（12）　陳滿銘：2013年12月〈論辭章章法學三觀體系之建構〉，中山大學《文與哲》學報23期，頁333-388。

（13）　陳滿銘：2013年12月〈修辭「轉化」論〉，彰化師範大學《國文學誌》27期，頁1-38。

（14）　陳滿銘：2013年9月〈因果邏輯與章法結構〉，臺北大學《中文學報》14期，頁1-28。

（15）　陳滿銘：2013年9月〈語文能力與讀寫互動關係〉，臺灣師範大學《中等教育‧專題論文》64卷3期，頁17-34。

（16）　陳滿銘：2013年6月〈形象、邏輯思維與篇章結構——以思維（意象）系統與「多二一（0）」螺旋結構切入作探討〉，《興大中文學報》33期，頁211-248。

（17）　陳滿銘：2013年1月〈論章法結構系統——以其陰陽變化作輔助觀察〉，高雄師範大學《國文學報》17期，頁1-30。

（18）　陳滿銘：2012年12月〈完形理論與意象互動——以辭章為例作觀察〉，高雄市：文藻外語學院《應華學報》12期‧特稿，頁1-51。

（19）　陳滿銘：2012年12月〈試論篇章風格中剛柔成分之量化——以稼軒「豪壯沉鬱」詞為例作探討〉，彰化師範大學《國文學誌》25期，頁61-102。

（20）　陳滿銘：2012年6月〈時空定位與章法結構——以遠近、今昔、點染、凡目等章法為例作觀察〉，高雄市：文藻外語學院《應華學報》11期‧特稿，頁1-38。

（21）　陳滿銘：2012年6月〈試論方法論原則之層次系統——以修

辭與章法為考察範圍〉，中山大學《文與哲》學報20期，頁367-407。

（22） 陳滿銘：2012年5月〈「真、善、美」螺旋結構論〉，高雄市：文藻外語學院《應華學報》10期・特稿，頁1-32。

（23） 陳滿銘：2012年3月〈篇章邏輯與文本分析——以多二一（0）螺旋結構切入作探討〉，《臺北大學中文學報》11期，頁1-32。

（24） 陳滿銘：2012年1月〈論才、學、識之邏輯層次——以多二一（0）螺旋結構切入作考察〉，高雄師範大學《國文學報》15期，頁1-32。

（25） 陳滿銘：2011年12月〈篇章邏輯與讀寫教學〉，《北市大語文學報》7期，頁95-130。

（26） 陳滿銘：2011年12月〈論辭章之無法與有法——以客觀存在與科學研究作對應考察〉，彰化師範大學《國文學誌》23期，頁29-63。

（27） 陳滿銘：2011年12月〈章法包孕式結構類型論——以凡目、圖底、因果等同一章法為例作考察〉，《興大中文學報》30期，頁121-149。

（28） 陳滿銘：2011年9月〈論章法之包孕式結構——以全篇用「因果」章法包孕而成之作品作考察〉，臺灣師範大學《中國學術年刊》33期・秋季號，頁123-158。

（29） 陳滿銘：2011年11月〈論辭章多層面之解析——以白居易〈長相思〉為例作考察〉，《臺北市立教育大學學報・人文社會類》42卷2期，頁81-108。

（30） 陳滿銘：2011年3月〈論章法四大律之方法論原則——以多二一（0）螺旋結構作系統探討〉，臺灣師範大學《中國學術年刊》33期・春季號，頁87-118。

（31）　陳滿銘：2010年12月〈辭章篇旨辨析——以其潛性與顯性切入作探討〉，《興大中文學報》28期，頁137-162。

（32）　陳滿銘：2010年12月〈論篇章意象之聯貫藝術——以多二一（0）螺旋結構切入作探討〉，臺灣師範大學《國文學報》48期，頁255-287。

（33）　陳滿銘：2010年11月〈論篇章邏輯——秩序、變化、聯貫、統一〉，《東吳中文學報》20期，頁23-50。

（34）　陳滿銘：2010年9月〈篇章內容、形式包孕關係探論——以多二一（0）螺旋結構切入作探討〉，臺灣師範大學《中國學術年刊》32期·秋季號，頁283-319。

（35）　陳滿銘：2010年7月〈論思維系統與文學創作〉，《中山人文學報》29期，頁127-153。

（36）　陳滿銘：2010年6月〈《論辭章章法與閱讀教學》，高雄師範大學《國文學報》12期，頁1-32。

（37）　陳滿銘：2010年3月〈論辭章之聯貫——以多二一（0）螺旋結構切入作考察〉，臺灣師範大學《師大學報·語言與文學類》55卷1期，頁29-56。

（38）　陳滿銘：2010年3月〈篇章風格論——以直觀表現與模式探索作對應考察〉，臺灣師範大學《中國學術年刊》32期·春季號，頁129-166。

（39）　陳滿銘：2009年12月〈論篇章意象之真、善、美〉，《成大中文學報》27期，頁89-118。

（40）　陳滿銘：2009年12月〈論意象之統合——以辭章之主題與風格為範圍作探討〉，中山大學《文與哲》學報15期，頁1-32。

（41）　陳滿銘：2009年12月〈論章法結構之方法論系統——歸本於《周易》與《老子》作考察〉，臺灣師範大學《國文學報》46期，頁61-94。

（42） 陳滿銘：2009年11月〈論二元互動與章法結構——以多二一（0）螺旋結構切入作綜合考察〉，《東吳中文學報》18期，頁1-32。

（43） 陳滿銘：2009年9月〈論「零點與偏離」之哲學意涵——以《周易》與《老子》為考察重心〉，《孔孟學報》87期，頁51-80。

（44） 陳滿銘：2009年9月〈論多二一（0）螺旋結構與辭章章法〉，臺灣師範大學《中國學術年刊》31期・秋季號，頁43-72。

（45） 陳滿銘：2009年6月〈《論語・述而》「子曰志於道」章析論——主要以錢穆之詮釋切入作引申探討〉，高雄師範大學《國文學報》10期，頁1-23。

（46） 陳滿銘：2009年4月〈潛性、顯性互動類型論——以辭章之義旨、章法為例作探討〉，《成大中文學報》24期，頁29-56。

（47） 陳滿銘：2009年3月〈意、象形質同構類型論〉，臺灣師範大學《師大學報・語言與文學類》54卷1期，頁1-25。

（48） 陳滿銘：2009年3月〈論辭章之潛性與顯性——以篇旨與章法為例作探討〉，臺灣師範大學《國學術年刊》31期・春季號，頁115-144。

（49） 陳滿銘：2009年1月〈論辭章分析之專業化〉，高雄師範大學《國文學報》9期，頁1-22。

（50） 陳滿銘：2008年12月〈論意、象連結成「軌」之類型——試參酌格式塔「同形」說作引申探討〉，臺灣師範大學《國文學報》44期，頁125-154。

（51） 陳滿銘：2008年9月〈論三一理論與作文評改〉，臺灣師範大學《中等教育・學術論文》59卷3期，頁42-62。

（52）　陳滿銘：2008年7月〈論意象組織之基本類型——以「移位」與「轉位」切入作考察〉，臺灣師範大學《師大學報‧人文與社會類》53卷2期，頁1-26。

（53）　陳滿銘：2008年6月〈論真、善、美與多、二、一（0）螺旋結構——以辭章章法為例作對應考察〉，中山大學《文與哲》學報13期，頁663-698。

（54）　陳滿銘：2008年6月〈論意象組合與章法結構〉，臺灣師範大學《國文學報》43期，頁233-262。

（55）　陳滿銘：2008年3月〈層次邏輯與意象（思維）系統——以「多、二、一（0）」螺旋結構作對綜合考察〉，臺灣師範大學《中國學術年刊》30期‧春季號，頁255-276。

（56）　陳滿銘：2007年12月〈意、象互動論——以「一意多象」與「一象多意」為考察範圍〉，中山大學《文與哲》學報11期，頁435-480。

（57）　陳滿銘：2007年12月〈論偏離理論與寫作指導〉，高雄師範大學《國文學報》7期，頁1-32。

（58）　陳滿銘：2007年11月〈論意象之組合方式——以趙山林《詩詞曲藝術論》所論為考察範圍〉，《東吳中文學報》14期，頁89-128。

（59）　陳滿銘：2007年6月〈辭章「多、二、一（0）」螺旋結構論〉，中山大學《文與哲》學報10期，頁483-514。

（60）　陳滿銘：2006年6月〈論辭章意象之形成——據格式塔「異質同構」說加以推衍〉，中山大學《文與哲》學報8期，頁475-492。

（61）　陳滿銘：2005年7月〈章法風格論——以「多、二、一（0）」結構作考察〉（23000字），《成大中文學報》12期，頁147-164。

（62） 陳滿銘：2005年6月〈論層次邏輯——以哲學與文學作對應考察〉，臺灣師範大學《國文學報》37期，頁91-135。

（63） 陳滿銘：2005年4月〈辭章意象論〉，臺灣師範大學《師大學報・人文與社會類》50卷1期，頁17-39。

（64） 陳滿銘：2005年3月〈論「真」、「善」、「美」的螺旋結構——以章法「多、二、一（0）」結構作對應考察〉，臺灣師範大學《中國學術年刊》27期・春季號，頁151-188。

（65） 陳滿銘：2004年12月〈論語文能力與辭章研究——以「多、二、一（0）」螺旋結構作考察〉，臺灣師範大學《國文學報》36期，頁67-102。

（66） 陳滿銘：2004年10月〈章法的「移位」、「轉位」結構論〉，臺灣師範大學《師大學報・人文與社會類》49卷2期，頁1-22。

（67） 陳滿銘：2004年9月〈章法結構及其哲學義涵〉，臺灣師範大學《中國學術年刊》26期・秋季號，頁67-104。

（68） 陳滿銘：2004年7月〈論東坡清俊詞的章法風格〉，臺南市：《宋代文學研究叢刊》9期，頁311-344。

（69） 陳滿銘：2004年6月〈論篇章辭章學〉，臺灣師範大學《國文學報》35期，頁35-68。

（70） 陳滿銘：2004年3月〈章法「多、二、一（0）」結構論〉，臺灣師範大學《中國學術年刊》25期・春季號，頁129-172。

（71） 陳滿銘：2003年12月〈論章法「多、二、一（0）」的核心結構〉，臺灣師範大學《師大學報・人文與社會類》48卷2期，頁71-94。

（72） 陳滿銘：2003年12月〈章法四律與邏輯思維〉，臺灣師範大學《國文學報》34期，頁87-118。

（73）　陳滿銘：2003年7月〈論「多、二、一（0）」的螺旋結構——以《周易》與《老子》為考察重心〉，臺灣師範大學《師大學報・人文與社會類》48卷1期，頁1-20。

（74）　陳滿銘：2003年6月〈論章法「多、二、一（0）」結構的節奏與韻律〉，臺灣師範大學《國文學報》33期，頁81-124。

（75）　陳滿銘：2003年6月〈「志道」、「據德」、「依仁」、「游藝」臆解〉，臺灣師範大學《中國學術年刊》24期，頁39-76。

（76）　陳滿銘：2002年12月〈論章法的哲學基礎〉，臺灣師範大學《國文學報》32期，頁87-126。

（77）　陳滿銘：2002年10月〈《論語》「天生德於予」辨析〉，臺灣師範大學《師大學報・人文與社會類》47卷2期，頁87-104。

（78）　陳滿銘：2002年9月〈朱王格致說新辨〉，《孔孟學報》80期，頁149-163。

（79）　陳滿銘：2002年6月〈論時空交錯的虛實複合結構——以蘇辛詞為例〉，臺灣師範大學《中國學術年刊》23期，頁357-379。

（80）　陳滿銘：2002年6月〈論幾種特殊的章法〉，臺灣師範大學《國文學報》31期，頁175-204。

（81）　陳滿銘：2001年6月〈蘇東坡的境遇與其詞風〉，臺灣師範大學《國文學報》30期，頁163-194。

（82）　陳滿銘：2001年5月〈談篇章的縱向結構〉，臺灣師範大學《中國學術年刊》22期，頁259-300。

（83）　陳滿銘：2000年6月〈談儒家思想體系中的螺旋結構〉，臺灣師範大學《國文學報》29期，頁1-34。

（84）　陳滿銘：2000年3月〈論博文約禮〉，臺灣師範大學《中國學術年刊》21期，頁69-88。

（85） 陳滿銘：1999年6月〈《中庸》的性善觀〉，臺灣師範大學《國文學報》28期，頁1-16。

（86） 陳滿銘：1999年3月〈論恕與《大學》之道〉，臺灣師範大學《中國學術年刊》20期，頁73-89。

（87） 陳滿銘：1992年4月〈從偏全的觀點試解讀《四書》所引生的一些糾葛〉，臺灣師範大學《中國學術年刊》13期，頁11-22。

（88） 陳滿銘：1989年6月〈詞的章法與結構〉，臺灣師範大學文學院《教學與研究》11期，頁85-94。

（89） 陳滿銘：1985年6月〈談安排詞章主旨的幾種基本形式〉，臺灣師範大學《國文學報》14期，頁201-224。

（90） 陳滿銘：1980年6月〈賈誼及其作品析論〉，臺灣師範大學《國文學報》9期，頁111-122。

（91） 陳滿銘：1978年6月〈學庸的價值、要旨及其實踐工夫〉，臺灣師範大學《中國學術年刊》2期，62-85。

（92） 陳滿銘：1968年6月〈稼軒長短句研究〉，臺灣師範大學《師範大學國文研究所集刊》12期，頁271-446。

2 大陸學報

（1） 陳滿銘：2015年7月〈哲學螺旋與科學螺旋的對應、貫通──以「多 ←→ 二 ←→ 一（0）」與「DNA」雙螺旋結構為重心作探討〉，《南京曉莊學院學報》2015年4期，頁36-39。

（2） 陳滿銘：2013年11月〈論篇、章的邏輯結構系統〉，《當代修辭學》2013年5期，頁84-91。

（3） 陳滿銘：2013年6月〈意象「多二一（0）」螺旋結構的哲學意涵〉，《平頂山學院學報》2013年3期，頁114-117。

（4）　陳滿銘：2013年1月〈稼軒「豪壯沉鬱」詞中剛柔成分之量化〉，《南京曉莊學院學報》2003年1期，頁74-79。

（5）　陳滿銘：2012年12月〈章法研究在海峽兩岸交流與推進——以論文發表於學報與研討會者為範圍〉《畢節學院學報》2012年12期，頁13-17。

（6）　陳滿銘：2012年12月〈「真善美融合」之三探——楊道麟博士的語文教育美學的核心思想述評〉，《焦作大學學報》26卷4期，頁106-110。

（7）　陳滿銘：2012年6月〈論修辭轉化之審美價值〉，《平頂山學院學報》27卷3期，頁100-104。

（8）　陳滿銘：2012年2月〈篇章邏輯與思考訓練〉，《平頂山學院學報》27卷1期，頁109-113。

（9）　陳滿銘：2012年2月〈論辭章意象與多二一（0）螺旋結構〉，《當代修辭學》2012年1期，頁76-80。

（10）　陳滿銘：2012年1月〈修辭的邏輯性〉，《畢節學院學報》2012年1期（總138期），頁1-6。

（11）　陳滿銘：2011年12月〈意象多二一（0）螺旋結構在文學上的表現〉，《平頂山學院學報》26卷6期，頁95-99。

（12）　陳滿銘：2011年8月〈文本解析的專業化〉，《湘南學院學報》32卷4期，頁75-80。

（13）　陳滿銘：2011年5月〈「螺旋」乃修辭轉化研究方法論之精義——孟建安《修辭轉化運行原理》序言〉，《肇慶學院學報》32卷3期，頁27-31、44。

（14）　陳滿銘：2011年2月〈一象多意論〉，《畢節學院學報》29卷1期，頁1-6。

（15）　陳滿銘：2010年12月〈論「異質同構」在辭章意象中的表現〉，《平頂山學院學報》25卷6期，頁98-102。

（16） 陳滿銘：2010年6月〈章法的「移位」、「轉位」與「多二一（0）」結構〉,《湘南學院學報》31卷3期,頁50-54。

（17） 陳滿銘：2010年5月〈篇章風格新辨〉,《肇慶學院學報》31卷3期,頁25-30。

（18） 陳滿銘：2010年3月〈論時空、虛實的複合結構〉,《當代修辭學》2010年第2期,頁62-67。

（19） 陳滿銘：2010年1月〈篇章邏輯與內容義旨〉,《阜陽師範學院學報》133期,頁1-5。

（20） 陳滿銘：2010年1月〈論「對比與反諷」之意象組合方式〉,《畢節學院學報》28卷1期,頁1-6。

（21） 陳滿銘：2009年8月〈意象包孕式結構論——以多二一（0）螺旋結構切入作考察〉,《湘南學院學報》30卷4期,頁36-42。

（22） 陳滿銘：2009年6月〈意象轉位結構論〉,《平頂山學院學報》2009年3期,頁85-89。

（23） 陳滿銘：2009年1月〈論潛性與顯性之互動類型——以辭章章法為例作觀察〉,《畢節學院學報》27卷1期,頁1-7。

（24） 陳滿銘：2009年1月〈論章法結構之方法論系統〉,《肇慶學院學報》（總95期）,頁33-37。

（25） 陳滿銘：2008年12月〈辭章分析與科際整合——以白居易〈長相思〉詞為例〉,《湘南學院學報》29卷6期,頁40-45。

（26） 陳滿銘：2008年6月〈論潛性與顯性之互動類型——以辭章義旨為例作觀察〉,《江陰職業技術學院學報》19卷2期,頁25-29。

（27） 陳滿銘：2008年6月〈論辭章之藝術聯貫〉,《柳州職業技術學院學報》8卷2期,頁91-97。

（28）　陳滿銘：2008年2月〈論意象的組合方式——逆推與並置〉，《平頂山學院學報》23卷1期，頁98-101。

（29）　陳滿銘：2008年2月〈偏離理論在作文教學上之運用〉，《畢節學院學報》26卷1期，頁7-13。

（30）　陳滿銘：2007年11月〈三一理論與作文評改〉（7800字），《渤海大學學報・哲學社會科學版》29卷總140期，頁130-134。

（31）　陳滿銘：2007年8月〈論意象的組合方式——承續與層遞〉，《平頂山學院學報》22卷4期，頁92-94。

（32）　陳滿銘：2007年7月〈論王希杰「零點與偏離」之章法觀〉，《唐山學院學報》20卷4期，頁1-3、62。

（33）　陳滿銘：2007年5月〈意象「多、二、一（0）」螺旋結構論——以哲學、文學、美學作對應考察〉，《濟南大學學報・社會科學版》17卷3期，頁47-53。

（34）　陳滿銘：2007年5月〈章法與「多、二、一（0）」螺旋結構〉，《西北第二民族學院學報・哲學社會科學版》總75期，頁114-118。

（35）　陳滿銘：2006年12月〈以「構」連結「意象」成軌之幾種類型——以格式塔「異質同構」說切入作考察〉，《平頂山學院學報》21卷6期，頁68-72。

（36）　陳滿銘：2006年12月〈論思維力與語文螺旋結構之形成——以「多、二、一（0）」螺旋結構加以考察〉（10000字），《畢節學院學報》24卷6期，頁1-6。

（37）　陳滿銘：2006年11月〈論層次邏輯與意象系統——以「多、二、一（0）」螺旋結構切入作考察〉，《西北第二民族學院學報》總72期，頁19-24。

（38） 陳滿銘：2006年8月〈章法包孕式結構論──以「多、二、一（0）」螺旋結構切入作考察〉，《江南大學學報・人文社會科學版》5卷4期，頁85-90。

（39） 陳滿銘：2006年6月〈論思維力與語文螺旋結構之形成──以「多、二、一（0）」螺旋結構加以考察〉（10000字），《肇慶學院學報》總79期，頁34-38。

（40） 陳滿銘：2006年6月〈辭章意象論〉，《無錫高等師範學校學報》2006年1期，頁20-27。

（41） 陳滿銘：2006年4月〈論意象與聯想力、想像力之互動──以「多、二、一（0）」螺旋結構切入作考察〉（10000字），《浙江師範大學學報・社會科學版》31卷2期，頁47-54。

（42） 陳滿銘：2006年2月〈章法風格論──以「多、二、一（0）」結構作考察〉（10000字），《溫州師範學院學報》27卷1期，頁49-54。

（43） 陳滿銘：2006年2月〈論意與象之連結──以格式塔「異質同構」說切入〉，《畢節學院學報》總84期，頁1-5。

（44） 陳滿銘：2005年11月〈層次邏輯系統論──以哲學與章法作對應考察〉，《渤海大學學報・哲學社會科學版》27卷6期，頁1-7。

（45） 陳滿銘：2005年8月〈論章法結構與意象系統──以「多、二、一（0）」螺旋結構切入作考察〉（9000字），《浙江師範大學學報・社會科學版》30卷4期，頁40-48。

（46） 陳滿銘：2005年8月〈論章法結構與意象系統──以「多、二、一（0）」螺旋結構切入作考察〉（16000字），《江南大學學報・人文社會科學版》4卷4期，頁70-77。

（47） 陳滿銘：2005年7月〈論章法結構與意象系統之疊合──以

「多、二、一（0）」螺旋結構切入作考察〉,《南平師範高等專科學校學報》2005年第3期,頁5-8。

（48）陳滿銘：2005年6月〈「真、善、美」螺旋結構論——以章法「多、二、一（0）」螺旋結構作對應考察〉（10000字）,福州《閩江學院學報》總89期,頁96-101。

（49）陳滿銘：2005年6月〈論讀、寫互動〉,《貴州畢節師範高等專科學校學報》23卷2期,頁1-8。

（50）陳滿銘：2005年5月〈論二元與層次邏輯〉,《修辭學習》總129期,頁36-39。

（51）陳滿銘：2005年5月〈論讀、寫互動〉,《泉州師範學院學報》23卷3期,頁108-116。

（52）陳滿銘：2004年12月〈語文能力與辭章研究——以「多、二、一（0）」螺旋結構作考察〉（10000字）,《平頂山師專學報》19卷6期,頁50-55。

（53）陳滿銘：2004年9月〈論東坡清俊詞中剛柔成分之量化〉（10000字）,《貴州畢節師範高等專科學校學報》22卷1期,頁11-18。

（54）陳滿銘：2004年4月〈章法結構及其哲學義涵〉（10000字）,《浙江師範大學學報・社會科學版》29卷2期,頁8-14。

（55）陳滿銘：2004年3月〈論意象與辭章〉,《畢節師範高等專科學校學報》總76期,頁5-13。

（56）陳滿銘：2004年3月〈辭章章法「多、二、一（0）」結構的理論基礎〉,《亳州師範高等專科學校學報》總5期,頁28-34。

（57）陳滿銘：2003年12月〈論章法規律與思考邏輯〉,《畢節師範高等專科學校學報》21卷4期,頁1-9。

（58） 陳滿銘：2003年12月〈辭章章法「多、二、一（0）」結構的理論基礎〉，《唐山學院學報》16卷4期（總73），頁19-24。

（59） 陳滿銘：2003年11月〈辭章章法「多、二、一（0）」的核心結構〉（濃縮版），《阜陽師範學院學報》總96期，頁1-5。

（60） 陳滿銘：2003年9月〈辭章深究與章法結構〉，《南通紡織職業技術學院學報》總8期，頁12-19。

（61） 陳滿銘：2003年8月〈論篇章辭章學〉，《浙江工商職業技術學院學報》2卷4期，頁45-50。

（62） 陳滿銘：2003年6月〈辭章章法「多、二、一（0）」的核心結構〉（中篇），《平頂山師專學報》18卷3期，頁58-63。

（63） 陳滿銘：2003年3月〈論章法結構的節奏與韻律〉（中篇），《阜陽師範學院學報》92期，頁8-14。

3 一般論文

（1） 陳滿銘：2017年7月〈《國文天地》與我個人的「章法學」研究（下）〉，《國文天地》33卷2期，頁94-104。

（2） 陳滿銘：2017年6月〈《國文天地》與我個人的「章法學」研究（上）〉，《國文天地》33卷1期，頁103-117。

（3） 陳滿銘：2017年4月〈螺旋詩稿頌螺旋〉，《國文天地》32卷11期，頁78-81。

（4） 陳滿銘：2017年1月〈記《國文天地》創刊前後二三事——為慶賀創刊三十二週年而作〉，《國文天地》32卷8期，頁5-8。

（5） 陳滿銘：2016年12月〈「章法學三觀體系」中「微觀」層之建構〉，《國文天地》32卷7期，頁38-52。

（6） 陳滿銘：2016年10月〈客觀中有主觀——章法的形象性〉，《國語日報25日・語文教育版》。

（7）　陳滿銘：2016年10月〈《陰陽雙螺旋互動論》一書的推出〉，《國文天地》32卷5期，頁110-116。

（8）　陳滿銘：2016年10月〈「賦比興」與「意象思維」的對應考察——為追思蔡宗陽教授而作〉，《國文天地》32卷5期，頁14-23。

（9）　陳滿銘：2016年7〈層次邏輯規律在羅門、蓉子詩作的呈現——為羅門、蓉子夫婦鑽石婚慶而作〉，《國文天地》32卷2期，頁60-72。

（10）　陳滿銘：2015年7月〈語文讀講教學應有的基本認識——以思維系統、辭章內涵與四六結構切入作探討〉，《國文天地》31卷2期，頁72-83。

（11）　陳滿銘：2015年5月〈哲學「多二一（0）」與科學「DNA」雙螺旋的對應、貫通〉，《國文天地》30卷12期，頁116-125。

（12）　梁錦興、余崇生、蒲基維、顏智英、張晏瑞、陳滿銘：2014年12月〈辭章章法學座談會〉，《國文天地》30卷7期，頁14-29。

（13）　陳滿銘：2014年10月〈篇章結構在藝術歌曲中的呈現——以法國杜巴克藝術歌曲為例作觀察〉，《國文天地》30卷5期，頁58-69。

（14）　陳滿銘：2014年8月〈關於《辭章章法學體系建構叢書》十冊的出版〉，《國文天地》30卷3期，頁80-85。

（15）　陳滿銘：2014年7月〈邏輯結構的篇、章系統〉，《國文天地》30卷2期，頁80-88。

（16）　陳滿銘：2014年6月〈蓉子詩「篇章意象」所呈現的「真、善、美」境界——以〈溫泉小鎮〉與〈我們的城不再飛花〉為例作探討〉，《國文天地》29卷12期，頁72-84。

（17） 陳滿銘：2014年3月〈論仁義之道與真、善、美——以「（0）一二多」螺旋結構切入作對應考察〉，《國文天地》29卷10期，頁87-91。

（18） 陳滿銘：2014年2月〈章法結構的美感特色〉，《國文天地》29卷9期，頁82-88。

（19） 陳滿銘：2014年1月〈常見於描寫文體中的幾種章法〉，《國文天地》29卷8期，頁91-97。

（20） 陳滿銘：2013年12月〈常見於抒情文體中的幾種章法〉，《國文天地》29卷7期，頁71-77。

（21） 陳滿銘：2013年11月〈常見於記敘文體中的幾種章法〉，《國文天地》29卷6期，頁66-73。

（22） 陳滿銘：2013年10月〈兩岸辭章學交流——側記臺灣章法學團隊所作的回應〉，《國文天地》29卷5期，頁75-81。

（23） 陳滿銘：2013年8月〈常見於論說文體中的幾種章法〉，《國文天地》29卷3期，頁87-94。

（24） 陳滿銘：2013年7月〈格式塔理論的螺旋意涵〉，《國文天地》29卷2期，頁71-78。

（25） 陳滿銘：2013年6月〈詠桃、梅詞作中「一意多象」的表現〉，《國文天地》29卷1期，頁82-89。

（26） 陳滿銘：2013年3月〈試論辭章章法學的「完形」意涵〉，《國文天地》28卷10期，頁66-73。

（27） 陳滿銘：2013年2月〈羅門詩國的三觀境界〉（下），《國文天地》28卷9期，頁85-92。

（28） 陳滿銘：2013年1月〈羅門詩國的三觀境界〉（上），《國文天地》28卷8期，頁100-103。

（29） 陳滿銘：2012年12月〈語文能力與辭章鑑賞——以李煜〈相見歡〉詞為例作探討〉，《國文天地》28卷7期，頁84-89。

（30）　陳滿銘：2012年11月〈離別主題中的「一意多象」──以春景與秋景切入作探討〉,《國文天地》28卷6期,頁81-85。

（31）　陳滿銘：2012年10月〈期待已久的鉅作《唐宋詩舉要精選今注》〉,《國文天地》28卷5期,頁20-22。

（32）　陳滿銘：2012年6月〈形象、邏輯思維在篇章結構的互動關係〉,《國文天地》28卷1期,頁126-134。

（33）　陳滿銘：2012年5月〈章法四律在閱讀教學上的運用〉,《國文天地》27卷12期,頁85-92。

（34）　陳滿銘：2012年4月〈兩岸辭章學交流──側記福建團隊的支持與肯定〉,《國文天地・名家博客》27卷11期,頁7-9。

（35）　陳滿銘：2012年3月〈兩岸辭章學交流──側記南京團隊的支持與肯定〉《國文天地・名家博客》27卷10期,頁6-9。

（36）　陳滿銘：2012年2月〈《章法結構論》的推出〉,《國文天地・名家博客》27卷9期,頁8-11。

（37）　陳滿銘：2012年1月〈章法結構與節奏韻律──以剛柔成分之消長作輔助觀察〉,《國文天地》27卷8期,頁75-80。

（38）　陳滿銘：2012年1月〈辭章意象學的初步建構〉,《國文天地・名家博客》27卷8期,頁9-11。

（39）　陳滿銘：2011年12月〈章法與哲學〉,《中國語文》564期,頁30-33。

（40）　陳滿銘：2011年12月〈試論修辭之邏輯性〉,《國文天地》27卷7期,頁99-105。

（41）　陳滿銘：2011年11月〈因果邏輯〉,《中國語文》563期,頁25-31。

（42）　陳滿銘：2011年10月〈章法結構與語文能力──以科學研究與客觀存在作對應考察〉,《國文天地》27卷5期,頁82-90。

（43） 陳滿銘：2011年6月〈論羅門〈觀海〉詩的時空螺旋結構〉，《國文天地》27卷1期，頁87-91。

（44） 陳滿銘：2011年5月〈論章法結構的節奏與韻律——以多二一（0）螺旋結構切入作觀察〉（下），《國文天地》26卷12期，頁54-58。

（45） 陳滿銘：2011年4月〈論章法結構的節奏與韻律——以多二一（0）螺旋結構切入作觀察〉（上），《國文天地》26卷11期，頁62-65。

（46） 陳滿銘：2011年2月〈《當代辭章創作及研究評析》序〉，《國文天地》26卷9期，頁93-96。

（47） 陳滿銘：2011年1月〈論修辭教學之重心〉，《國文天地》26卷8期，頁23-33。

（48） 陳滿銘：2010年12月〈羅門第三自然觀對詩學的貢獻——以多二一（0）螺旋結構切入作探討〉（下），《國文天地》26卷7期，頁77-85。

（49） 陳滿銘：2010年11月〈羅門第三自然觀對詩學的貢獻——以多二一（0）螺旋結構切入作探討〉（上），《國文天地》26卷6期，頁70-77。

（50） 陳滿銘：2010年10月〈章法分析與文本解讀——以多二一（0）螺旋結構切入作探討〉，《國文天地》26卷5期，頁54-53。

（51） 陳滿銘：2010年7月〈范仲淹〈岳陽樓記〉篇章意象的表現〉，《國文天地》26卷2期，頁4-14。

（52） 陳滿銘：2010年6月〈羅門詩國的真、善、美——以〈麥堅利堡〉一詩的篇章意象為例作探討〉，《國文天地》26卷1期，頁66-77。

（53）　陳滿銘：2010年5月〈論辭章意、象「異質同構」的表現〉，《國文天地》25卷12期，頁79-86。

（54）　陳滿銘：2010年4月〈論二元包孕與章法結構〉，《國文天地》25卷11期，頁80-87。

（55）　陳滿銘：2010年1月〈論二元移位與章法結構〉，《國文天地》25卷8期，頁83-88。

（56）　陳滿銘：2009年11月〈章法四律與言之有理〉，《國文天地》25卷6期，頁79-86。

（57）　陳滿銘：2009年10月〈論篇章內容與形式之關係──以多二一（0）螺旋結構切入作觀察〉，《國文天地》25卷5期，頁69-76。

（58）　陳滿銘：2009年8月〈楚望樓詩文篇章意象探析──紀念成惕軒先生百歲誕辰〉，《國文天地》25卷3期，頁86-92。

（59）　陳滿銘：2009年7月〈篇章意象的轉位結構〉，《國文天地》25卷2期，頁4-11。

（60）　陳滿銘：2009年6月〈辭章篇旨鑑賞──以其潛性與顯性切入作探討〉，《國文天地》25卷1期，頁80-88。

（61）　陳滿銘：2009年5月〈論王希杰「零點與偏離」之章法觀〉，《國文天地》24卷12期，頁80-87。

（62）　陳滿銘：2009年3月〈論意象之組合方式──對比與反諷〉，《國文天地》24卷10期，頁4-9。

（63）　陳滿銘：2008年12月〈《論語》中的「才、學、識、德」〉，《國文天地》24卷7期，頁32-36。

（64）　陳滿銘：2008年12月〈從偏離理論看孔子之仁智觀〉（下），《孔孟月刊》47卷3、4期，頁8-15。

（65）　陳滿銘：2008年11月〈論王希杰「潛顯與兼格」之章法觀〉，《國文天地》24卷6期，頁87-93。

（66） 陳滿銘：2008年10月〈「辭章章法學」研究概況——寫在「第三屆辭章章法學學術研討會」前夕〉，《國文天地》24卷5期，頁85-94。

（67） 陳滿銘：2008年10月〈從偏離理論看孔子之仁智觀〉（上），《孔孟月刊》47卷1、2期，頁3-9。

（68） 陳滿銘：2008年8月〈論意象之組合方式——承續與層遞〉，《國文天地》24卷3期，頁29-33。

（69） 陳滿銘：2008年3月〈辭章通海西——記辭章學在臺灣與福建之交流〉，《國文天地》23卷10期，頁87-88。

（70） 陳滿銘：2008年2月〈對「多」、「二」、「一（0）」螺旋結構之確認（下）〉，《國文天地》23卷9期，頁99-104。

（71） 陳滿銘：2008年1月〈對「多」、「二」、「一（0）」螺旋結構之確認（上）〉，《國文天地》23卷8期，頁77-87。

（72） 陳滿銘：2007年9月〈偏離理論在作文教學上之運用〉，《國文天地》23卷4期，頁77-86。

（73） 陳滿銘：2007年5月〈章法學研究團隊近幾年來之編書服務〉下，《國文天地》22卷12期，頁77-82。

（74） 陳滿銘：2007年4月〈章法學研究團隊近幾年來之編書服務〉上，《國文天地》22卷11期，頁87-94。

（75） 陳滿銘：2007年3月〈章法學研究之回顧〉，《國文天地》22卷10期，頁81-88。

（76） 陳滿銘：2006年12月〈以「構」連結「意象」成軌之三種類型——以格式塔「異質同構」說切入作考察〉，《國文天地》22卷7期，頁86-93。

（77） 陳滿銘：2006年10月〈層次邏輯系統與「多」、「二」、「一（0）」螺旋結構〉，《國文天地》22卷5期，頁36-40。

（78）　陳滿銘：2006年7月〈意象學研究的新方向〉（下），《國文天地》22卷2期，頁43-46。

（79）　陳滿銘：2006年7月〈論章法結構與意向系統之疊合——以「多」、「二」、「一（0）」螺旋結構切入作考察〉，《國文天地》22卷2期，頁4-9。

（80）　陳滿銘：2006年6月〈意象學研究的新方向〉（上），《國文天地》22卷1期，頁50-55。

（81）　陳滿銘：2006年4月〈辭章章法的「多」、「二」、「一（0）」螺旋結構〉，《國文天地》21卷11期，頁88-94。

（82）　陳滿銘：2006年3月〈章法的包孕式結構〉（下），《國文天地》21卷10期，頁92-98。

（83）　陳滿銘：2006年2月〈章法的包孕式結構〉（上），《國文天地》21卷9期，頁98-103。

（84）　陳滿銘：2005年12月〈辨意象與聯想力、想像力的關係——以「多」、「二」、「一0」螺旋結構切入作觀察〉，《國文天地》21卷7期，頁97-106。

（85）　陳滿銘：2005年10月〈淺論意象系統〉，《國文天地》21卷5期，頁30-36。

（86）　陳滿銘：2005年9月〈論意與象的連結——從格式塔「異質同構」說切入〉，《國文天地》21卷4期，頁59-64。

（87）　陳滿銘：2005年8月〈談思維力與語文螺旋結構的關係〉，《國文天地》21卷3期，頁79-86。

（88）　陳滿銘：2005年7月〈關於《篇章結構學》〉，《國文天地》21卷2期，頁97-99。

（89）　陳滿銘：2005年6月〈論「移位」、「轉位」與層次邏輯——以《周易》與《老子》為考察重心〉，《孔孟月刊》43卷9、10期，頁12-18。

（90） 陳滿銘：2005年4月〈論「多」、「二」、「一0」螺旋結構與層次邏輯──以《周易》與《老子》為考察重心〉,《孔孟月刊》43卷7、8期,頁3-8。

（91） 陳滿銘：2005年2月〈讀《近三百年名家詞選》〉,《國文天地》20卷9期,頁105-111。

（92） 陳滿銘：2005年2月〈論二元對待與層次邏輯──以《周易》與《老子》為考察重心〉,《孔孟月刊》43卷5、6期,頁10-15。

（93） 陳滿銘：2005年1月〈談因果律與層次邏輯〉,《國文天地》20卷8期,頁77-80。

（94） 陳滿銘：2004年12月〈層次邏輯與辭章意象系統〉,《國文天地》20卷7期,頁96-102。

（95） 陳滿銘：2004年12月〈層次邏輯與因果律〉,《孔孟月刊》43卷4期,頁37-39。

（96） 陳滿銘：2004年11月〈迎接辭章學「花團錦簇」的明天──從兩岸學術交流談起〉,《國文天地》20卷6期,頁90-94。

（97） 陳滿銘：2004年11月〈孔子的「信」之教〉,《孔孟月刊》43卷3期,頁10-11。

（98） 陳滿銘：2004年10月〈孔子的「忠」之教〉,《孔孟月刊》43卷2期,頁6-7。

（99） 陳滿銘：2004年10月〈辨語文能力與辭章研究之關係──以「多」、「二」、「一（0）」的螺旋結構切入作考察〉,《國文天地》20卷5期,頁80-91。

（100） 陳滿銘：2004年9月〈辭章學在讀與寫教學中的運用〉,《國文天地》20卷4期,頁4-19。

（101） 陳滿銘：2004年9月〈孔子的「行」之教〉,《孔孟月刊》43卷1期,頁4-5。

（102）　陳滿銘：2004年8月〈國文科資優生讀寫的指導與評量〉，《國文天地》20卷3期，頁86-94。

（103）　陳滿銘：2004年8月〈孔子的「文」之教〉，《孔孟月刊》42卷12期，頁4-5。

（104）　陳滿銘：2004年7月〈《中庸》首章的邏輯結構〉（下），《孔孟月刊》42卷11期，頁6-9。

（105）　陳滿銘：2004年7月〈鄭頤壽教授在辭章學研究上的成就〉，《國文天地》20卷2期，頁101-103。

（106）　陳滿銘：2004年6月〈《中庸》首章的邏輯結構〉（上），《孔孟月刊》42卷10期，頁5-10。

（107）　陳滿銘：2004年5月〈對成立「國語文教學學會」的期待〉，《國文天地》19卷12期，頁72-73。

（108）　陳滿銘：2004年5月〈《中庸》「至誠無息」章的邏輯結構〉，《孔孟月刊》42卷9期，頁6-12。

（109）　陳滿銘：2004年4月〈論章法的變化律與思考訓練〉，《國文天地》19卷11期，頁86-90。

（110）　陳滿銘：2004年4月〈《中庸》「自誠明」思想的邏輯結構〉，《孔孟月刊》42卷8期，頁14-19。

（111）　陳滿銘：2004年3月〈論章法的秩序律與思考訓練〉，《國文天地》19卷10期，頁94-97。

（112）　陳滿銘：2004年3月〈論語中一串互文見義的例子〉，《孔孟月刊》42卷7期，頁7-13。

（113）　陳滿銘：2004年2月〈論明明德與親民的關係〉，《孔孟月刊》42卷6期，頁9-14。

（114）　陳滿銘：2004年2月〈科學化章法學體系之建立〉，《國文天地》19卷9期，頁85-96。

（115） 陳滿銘：2004年1月〈從意象看辭章的內容成分〉，《國文天地》19卷8期，頁93-98。

（116） 陳滿銘：2004年1月〈論章旨之貫穿——以《學》、《庸》幾段文字為例〉，《孔孟月刊》42卷5期，頁6-8。

（117） 陳滿銘：2003年12月〈從天人互動看《中庸》的誠明思想〉，《孔孟月刊》42卷4期，頁6-10。

（118） 陳滿銘：2003年11月〈章法風格中剛柔成分之量化〉，《國文天地》19卷6期，頁86-93。

（119） 陳滿銘：2003年11月〈《中庸》「天命」之「性」的內容〉，《孔孟月刊》42卷3期，頁10-12。

（120） 陳滿銘：2003年10月〈從意象看辭章的內涵〉，《國文天地》19卷5期，頁97-103。

（121） 陳滿銘：2003年10月〈《中庸》性善思想的特色〉，《孔孟月刊》42卷2期，頁4-8。

（122） 陳滿銘：2003年9月〈《中庸》的性善思想與孔子〉，《孔孟月刊》42卷1期，頁3-5。

（123） 陳滿銘：2003年9月〈談命題作文的分項指引〉，《國文天地》19卷4期，頁92-97。

（124） 陳滿銘：2003年8月〈唐宋詞拾玉（三十一）——晏幾道的〈鷓鴣天〉〉，《國文天地》19卷3期，頁49-51。

（125） 陳滿銘：2003年8月〈《論語》中的「義」與「知」〉，《孔孟月刊》41卷12期，頁10-12。

（126） 陳滿銘：2003年7月〈《論語》中的「義」與「仁」〉，《孔孟月刊》41卷11期，頁9-11。

（127） 陳滿銘：2003年6月〈《論語》中的「義」〉，《孔孟月刊》41卷10期，頁16-18。

（128）　陳滿銘：2003年5月〈蘇軾〈超然臺記〉篇章結構分析〉《國文天地》18卷12期，頁96-100。

（129）　陳滿銘：2003年5月〈《孟子》義利之辨與《論語》、《大學》（下）——從義理的邏輯結構切入〉，《孔孟月刊》41卷9期，頁13-16。

（130）　陳滿銘：2003年4月〈《孟子》義利之辨與《論語》、《大學》（中）——從義理的邏輯結構切入〉，《孔孟月刊》41卷8期，頁6-10。

（131）　陳滿銘：2003年3月〈談章法結構的節奏與韻律——以幾首詩詞為例〉（短篇），《國文天地》18卷10期，頁85-90。

（132）　陳滿銘：2003年3月〈《孟子》義利之辨與《論語》、《大學》（上）——從義理的邏輯結構切入〉，《孔孟月刊》41卷7期，頁10-12。

（133）　陳滿銘：2003年2月〈論「志道」、「據德」、「依仁」、「遊藝」的關係〉，《孔孟月刊》41卷6期，頁14-16。

（134）　陳滿銘：2003年2月〈論章法與層次邏輯〉，《國文天地》18卷9期，頁98-104。

（135）　陳滿銘：2003年1月〈論《論語》中的「遊於藝」〉，《孔孟月刊》41卷5期，頁11-13。

（136）　陳滿銘：2002年12月〈論「因果」章法的母性〉，《國文天地》18卷7期，頁94-101。

（137）　陳滿銘：2002年12月〈論《論語》的「依於仁」〉，《孔孟月刊》41卷4期，頁11-15。

（138）　陳滿銘：2002年11月〈論《論語》中的「據於德」〉，《孔孟月刊》41卷3期，頁8-12。

（139）　陳滿銘：2002年10月〈唐宋詞拾玉（三十）——晏幾道的〈臨江仙〉〉，《國文天地》18卷5期，頁41-43。

（140） 陳滿銘：2002年10月〈論《論語》中的「志於道」〉，《孔孟月刊》41卷2期，頁8-11。

（141） 陳滿銘：2002年9月〈論篇章的「圖底」結構〉，《國文天地》18卷4期，頁102-105。

（142） 陳滿銘：2002年9月〈論《論語》中的「直」〉，《孔孟月刊》41卷1期，頁12-15。

（143） 陳滿銘、康世統：2002年8月〈網路科技對高級中學國文科教學影響之研究報告〉，《人文及社會學科教學通訊》13卷2期，頁6-64。

（144） 陳滿銘：2002年8月〈論《論語》中的「禮」〉，《孔孟月刊》40卷12期，頁7-10。

（145） 陳滿銘：2002年8月〈章法論叢序〉，《國文天地》18卷3期，頁101-103。

（146） 陳滿銘：2002年7月〈論篇章的「偏全」結構〉，《國文天地》18卷2期，頁102-105。

（147） 陳滿銘：2002年7月〈論《論語》中的「文」〉，《孔孟月刊》40卷11期，頁8-9。

（148） 陳滿銘：2002年6月〈論篇章的「敲擊」結構〉，《國文天地》18卷1期，頁96-101。

（149） 陳滿銘：2002年5月〈《中庸》「天命之謂性」與《論語》「天生德於予」〉，《孔孟月刊》40卷9期，頁9-11。

（150） 陳滿銘：2002年4月〈論篇章的「點染」結構〉，《國文天地》17卷11期，頁100-104。

（151） 陳滿銘：2002年4月〈《論語》中的「仁」與「知」〉，《孔孟月刊》40卷8期，頁20-25。

（152） 陳滿銘：2002年3月〈《論語》中的「德」與「性」〉，《孔孟月刊》40卷7期，頁9-14。

（153）　陳滿銘：2002年3月〈唐宋詞拾玉（二十九）——蘇軾的〈念奴嬌〉〉，《國文天地》17卷10期，頁52-55。

（154）　陳滿銘：2002年2月〈論時空與虛實——以幾首唐詩為例〉，《國文天地》17卷9期，頁94-98。

（155）　陳滿銘：2002年2月〈《論語》中的「道」〉，《孔孟月刊》40卷6期，頁11-14。

（156）　陳滿銘：2002年1月〈唐宋詞拾玉（二十八）——蘇軾的〈賀新郎〉〉，《國文天地》17卷8期，頁37-39。

（157）　陳滿銘：2002年1月〈朱王格致說淺析〉，《孔孟月刊》40卷5期，頁19-22。

（158）　陳滿銘：2001年12月〈章法教學與思考訓練〉，《人文及社會學科教學通訊》12卷4期，頁28-50。

（159）　陳滿銘：2001年11月〈論章法與情意的關係〉，《國文天地》17卷6期，頁104-108。

（160）　陳滿銘：2001年10月〈唐宋詞拾玉（二十七）——蘇軾的〈水調歌頭〉〉，《國文天地》17卷5期，頁42-45。

（161）　陳滿銘：2001年9月〈論辭章章法的四大律〉，《國文天地》17卷4期，頁101-107。

（162）　陳滿銘：2001年8月〈唐宋詞拾玉（二十六）——柳永的〈八聲甘州〉〉，《國文天地》17卷3期，頁56-58。

（163）　陳滿銘：2001年5月〈唐宋詞拾玉（二十五）——柳永的〈雨霖鈴〉〉，《國文天地》16卷12期，頁53-56。

（164）　陳滿銘：2001年3月〈唐宋詞拾玉（二十四）——歐陽修的〈木蘭花〉〉，《國文天地》16卷10期，頁54-56。

（165）　陳滿銘：2001年1月〈卻顧所來徑——《章法學新裁》代序〉，《國文天地》16卷8期，頁100-105。

（166）　陳滿銘：2000年10月〈文章主旨或綱領安置於篇腹的結構類型〉——以蘇辛詞為例〉，《人文及社會學科教學通訊》11卷3期，頁42-57。

（167）　陳滿銘：2000年9月〈談蘇東坡的幾首清峻詞〉，《國文天地》16卷4期，頁93-100。

（168）　陳滿銘：2000年8月〈唐宋詞拾玉（二十二）——晏殊的〈踏莎行〉〉，《國文天地》16卷3期，頁61-64。

（169）　陳滿銘：2000年7月〈談《中庸》的一篇體要（下）〉，《國文天地》16卷2期，頁11-14。

（170）　陳滿銘：2000年12月〈談縱橫向疊合的篇章結構〉，《國文天地》16卷7期，頁100-106。

（171）　陳滿銘：2000年11月〈微觀古本與今本《大學》〉，《國文天地》16卷6期，頁42-49。

（172）　陳滿銘：2000年10月〈唐宋詞拾玉（二十三）——歐陽修的〈踏莎行〉〉，《國文天地》16卷5期，頁59-62。

（173）　陳滿銘：2000年6月〈談《中庸》的一篇體要（上）〉，《國為天地》16卷1期，頁24-29。

（174）　陳滿銘：2000年4月〈改革有成——談大考中心八十九學年度學科能力測驗國文科「非選擇題」的命題與閱卷〉，《國文天地》15卷11期，頁5-18。

（175）　陳滿銘：2000年3月〈唐宋詞拾玉（二十一）——晏殊的〈浣溪沙〉〉，《國文天地》15卷10期，頁60-62。

（176）　陳滿銘：2000年2月〈談東坡詞與陶淵明〉，《國文天地》15卷9期，頁5-11。

（177）　陳滿銘：2000年1月〈談篇章結構分析的切入角度〉，《國文天地》15卷8期，頁89-94。

（178）　陳滿銘：1999年12月〈唐宋詞拾玉（二十）——張先的〈青門引〉〉，《國文天地》15卷7期，頁61-63。

（179）　陳滿銘：1999年11月〈談篇章結構（下）〉，《國文天地》15卷6期，頁57-66。

（180）　陳滿銘：1999年10月〈談篇章結構（上）〉，《國文天地》15卷5期，頁65-71。

（181）　陳滿銘：1999年9月〈唐宋詞拾玉（十九）——張先的〈天仙子〉〉，《國文天地》15卷4期，頁74-76。

（182）　陳滿銘：1999年8月〈八十八年度大學聯招國文科試題略析〉，《國文天地》15卷3期，頁9-21。

（183）　陳滿銘：1999年6月〈唐宋詞拾玉（十八）——范仲淹的〈蘇幕遮〉〉，《國文天地》15卷1期，頁69-71。

（184）　陳滿銘：1999年6月〈談《論語》中的義〉，《高中教育》6期，頁44-49。

（185）　陳滿銘：1999年5月〈周邦彥〈蘇幕遮〉詞賞析〉，《國文天地》14卷12期，頁92-95。

（186）　陳滿銘：1999年4月〈唐宋詞拾玉（十七）——李煜的〈浪淘沙〉〉《國文天地》14卷11期，頁50-53。

（187）　陳滿銘：1999年3月〈蘇軾〈留侯論〉結構分析〉，《國文天地》14卷10期，頁86-89。

（188）　陳滿銘：1999年2月〈談《大學》所謂的誠意〉，《國文天地》14卷9期，頁64-68。

（189）　陳滿銘：1999年1月〈唐宋詞拾玉（十六）——李煜的〈相見歡〉（二）〉，《國文天地》14卷8期，頁53-56。

（190）　陳滿銘：1998年12月〈高中國文〈近體詩選〉（一）課文結構分析〉，《國文天地》14卷7期，頁87-89。

（191） 陳滿銘：1998年11月〈高中國文〈散曲選〉課文結構分析〉，《國文天地》14卷6期，頁104-107。

（192） 陳滿銘：1998年10月〈高中國文古典詩歌教材探析〉，《人文及社會學科教學通訊》9卷3期，頁20-51。

（193） 陳滿銘：1998年9月〈今年大學聯招國文科試題試析〉，《國文天地》14卷4期，頁5-21。

（194） 陳滿銘：1998年7月〈唐宋詞拾玉（十五）——李璟的〈攤破浣溪沙〉（二）〉，《國文天地》14卷2期，頁53-56。

（195） 陳滿銘：1998年6月〈李煜〈清平樂〉詞賞析〉，《國文天地》14卷1期，頁70-73。

（196） 陳滿銘：1998年5月〈唐宋詞拾玉（十四）——李煜的〈相見歡〉（一）〉，《國文天地》13卷12期，頁26-28。

（197） 陳滿銘：1998年3月〈唐宋詞拾玉（十三）——李璟的〈攤破浣溪沙〉〉，《國文天地》13卷10期，頁30-33。

（198） 陳滿銘：1998年2月〈唐宋詞拾玉（十二）——馮延巳的〈蝶戀花〉（二）〉，《國文天地》13卷9期，頁28-31。

（199） 陳滿銘：1998年1月〈談詞章章法的主要內容（下）〉，《國文天地》13卷8期，頁105-117。

（200） 陳滿銘：1997年12月〈談詞章章法的主要內容（上）〉，《國文天地》13卷7期，頁84-93。

（201） 陳滿銘：1997年11月〈唐宋詞拾玉（十一）——馮延巳的〈蝶戀花〉（一）〉，《國文天地》13卷6期，頁28-31。

（202） 陳滿銘：1997年11月〈作文教學指導〉，《明道文藝》260期，頁189-193。

（203） 陳滿銘：1997年10月〈談三疊法在詞章裡的運用〉，《國文天地》13卷5期，頁104-111。

（204）　陳滿銘：1997年9月〈唐宋詞拾玉（十）——馮延已的〈謁金門〉〉,《國文天地》13卷4期,頁82-84。

（205）　陳滿銘：1997年8月〈談詞章主旨在凡目結構中的安排〉,《國文天地》13卷3期,頁84-92。

（206）　陳滿銘：1997年7月〈唐宋詞拾玉（九）——韋莊的〈菩薩蠻〉〉（二）,《國文天地》13卷2期,頁36-39。

（207）　陳滿銘：1997年5月〈唐宋詞拾玉（八）——韋莊的〈菩薩蠻〉〉（一）,《國文天地》12卷12期,頁42-45。

（208）　陳滿銘：1997年4月〈國文科測驗題的一般原則——以大學聯考試題為例〉,《國文天地》12卷11期,頁88-92。

（209）　陳滿銘：1997年3月〈唐宋詞拾玉（七）——溫庭筠的〈更漏子〉〉,《國文天地》12卷10期,頁34-36。

（210）　陳滿銘：1997年2月〈談《中庸》的思想體系（下）〉,《國文天地》12卷9期,頁14-20。

（211）　陳滿銘：1997年1月〈談《中庸》的思想體系（上）〉,《國文天地》12卷8期,頁11-17。

（212）　陳滿銘：1996年12月〈唐宋詞拾玉（六）——溫庭筠的〈菩薩蠻〉〉,《國文天地》12卷7期,頁60-63。

（213）　陳滿銘：1996年11月〈談補敘法在詞章裡的運用〉,《國文天地》12卷6期,頁38-43。

（214）　陳滿銘：1996年10月〈談中國古典詩歌之美——以中等學校國文課文為例〉,《人文及社會學科教學通訊》7卷3期,頁41-64。

（215）　陳滿銘：1996年9月〈孔子的仁智觀〉,《國文天地》12卷4期,頁8-15。

（216）　陳滿銘：1996年8月〈唐宋詞拾玉（五）——白居易的〈長相思〉〉,《國文天地》12卷3期,頁80-83。

（217） 陳滿銘：1996年6月〈唐宋詞拾玉（四）——辛棄疾的〈賀新郎〉〉,《國文天地》12卷1期,頁66-69。

（218） 陳滿銘：1996年5月〈凡目法在蘇辛詞裡的運用（下）〉,《國文天地》11卷12期,頁56-65。

（219） 陳滿銘：1996年4月〈凡目法在蘇辛詞裡的運用（上）〉,《國文天地》11卷11期,頁36-44。

（220） 陳滿銘：1996年3月〈唐宋詞拾玉（三）——張志和的〈漁父〉〉,《國文天地》11卷10期,頁64-66。

（221） 陳滿銘：1996年2月〈談崔顥〈黃鶴樓〉與李白〈登陵鳳凰臺〉二詩的異同〉,《國文天地》11卷9期,頁36-43。

（222） 陳滿銘：1996年1月〈唐宋詞拾玉（二）——李白的〈憶秦娥〉〉,《國文天地》11卷8期,頁64-66。

（223） 陳滿銘：1995年12月〈談〈與宋元思書〉與〈溪頭的竹子〉二文在結構上的異同〉,《國文天地》11卷7期,頁46-51。

（224） 陳滿銘：1995年11月〈唐宋詞拾玉（一）——李白的〈菩薩蠻〉〉,《國文天地》11卷6期,頁28-29。

（225） 陳滿銘：1995年10月〈從軌數的多寡看凡目法在詞章裡的運用——以國高中國文課文為例〉,《國文天地》11卷5期,頁50-57。

（226） 陳滿銘：1995年8月〈談詞章主旨的顯與隱——以中學國文課文為例〉,《國文天地》11卷3期,頁76-81。

（227） 陳滿銘：1994年12月〈談作文批改的項目與技巧〉,《中等教育》45卷6期,頁66-77。

（228） 陳滿銘：1994年11月〈談詞章的義蘊與運材的關係〉,《國文天地》10卷6期,頁44-50。

（229） 陳滿銘：1994年9月〈談作文批改的原則〉,《國文天地》10卷4期,頁50-56。

（230）　陳滿銘：1994年8月〈談作文命題的原則〉，《國文天地》10
　　　　　卷3期，頁47-54。

（231）　陳滿銘：1994年4月〈談幾種非傳統的作文命題方式〉，《國
　　　　　文天地》9卷11期，頁46-64。

（232）　陳滿銘：1994年1月〈談近體詩的欣賞——以國中國文課本
　　　　　所選作品為例〉，《國文天地》9卷8期，頁78-84。

（233）　陳滿銘：1993年12月〈談國中的詞曲教學〉，《國文天地》9
　　　　　卷7期，頁88-95。

（234）　陳滿銘：1993年10月〈談詞章剪裁的手段——以周敦頤〈愛
　　　　　蓮說〉與賈誼〈過秦論〉為例〉，《國文天地》9卷5期，頁
　　　　　62-66。

（235）　陳滿銘：1993年9月〈談文章作法賞析——以國中國文課文
　　　　　為例〉，《國文天地》9卷4期，頁76-82。

（236）　陳滿銘：1993年1月〈凡目法在國中國文課文裡的運用〉，
　　　　　《國文天地》8卷8期，頁69-81。

（237）　陳滿銘：1992年10月〈凡目法在高中國文課文裡的運用〉
　　　　　（下），《國文天地》8卷5期，頁88-99。

（238）　陳滿銘：1992年9月〈凡目法在高中國文課文裡的運用〉
　　　　　（上），《國文天地》8卷4期，頁76-82。

（239）　陳滿銘：1992年8月〈〈五柳先生傳〉三問〉，《國文天地》8
　　　　　卷3期，頁4-5。

（240）　陳滿銘：1992年7月〈談詞章的兩種作法泛寫與具寫〉，《國
　　　　　文天地》8卷2期，頁100-104。

（241）　陳滿銘：1992年5月〈「白」日依山盡如何讀〉，《國文天地》
　　　　　7卷12期，頁5。

（242）　陳滿銘：1992年5月〈聽徹梅花弄——秦觀〈桃園憶故人〉
　　　　　詞賞析〉，《國文天地》7卷12期，頁47-49。

（243） 陳滿銘：1992年4月〈「多情」如何解〉，《國文天地》7卷11期，頁6。

（244） 陳滿銘：1992年3月〈「我獨何害」與「便當」的解釋〉，《國文天地》7卷10期，頁8。

（245） 陳滿銘：1991年11月〈「攻守之勢異也」如何解釋〉，《國文天地》7卷6期，頁10。

（246） 陳滿銘：1991年11月〈東坡「赤壁」三問〉，《國文天地》7卷6期，頁9-10。

（247） 陳滿銘：1991年10月〈常見於詩詞裡的兩種寫景法〉，《中等教育》42卷5期，頁43-49。

（248） 陳滿銘：1991年10月〈攀條折其榮將以遺所思〉，《國文天地》7卷5期，頁8。

（249） 陳滿銘：1991年10月〈談詞章主旨、綱領與內容的關係〉，《國文天地》7卷5期，頁112-114。

（250） 陳滿銘：1991年9月〈作文在國文教學上的意義〉，《選才》2卷2期，頁23-24。

（251） 陳滿銘：1991年9月〈插敘法在詞章裡的運用〉，《國文天地》7卷4期，頁101-105。

（252） 陳滿銘：1991年8月〈惟字的讀音〉，《國文天地》7卷3期，頁7-8。

（253） 陳滿銘：1991年8月〈綠楊歸路燕子西飛去──賀鑄〈點絳唇〉欣賞〉，《國文天地》7卷3期，頁65-67。

（254） 陳滿銘：1991年5月〈落花微雨燕歸來──晏氏父子詞中的花與燕〉，《國文天地》6卷12期，頁37-41。

（255） 陳滿銘：1989年11月〈從現行國中國文課本看我國當前古典文學教育〉，《國文天地》5卷6期，頁35-38。

（256）　陳滿銘：1989年6月〈怎樣教詞選——李煜的〈清平樂〉與蘇軾的〈念奴嬌〉詞〉，《國文天地5卷1期，頁51-55。

（257）　陳滿銘：1988年12月〈談詞章聯絡照應的幾種技巧〉，《中等教育》39卷66期，頁14-25。

（258）　陳滿銘：1988年11月〈屏障中原關盛衰——北平〉，《國文天地》4卷6期，頁16-21。

（259）　陳滿銘：1988年11月〈無水無山不入神——桂林〉，《國文天地》4卷6期，頁35-39。

（260）　陳滿銘：1988年9月〈今年大學聯考國文試題評析〉，《國文天地》4卷4期，頁20-22。

（261）　陳滿銘：1988年7月〈怎樣寫好命題作文〉，《國文天地》4卷2期，頁39-41。

（262）　陳滿銘：1988年5月〈談採先敘後論的形式所寫成的幾篇課文〉，《國文天地》3卷1期，頁100-102。

（263）　陳滿銘：1988年4月〈歸納法在詩詞裡的運用〉，《國文天地》3卷11期，頁99-102。

（264）　陳滿銘：1988年2月〈演繹法在詩詞裡的運用〉，《國文天地》3卷9期，頁98-101。

（265）　陳滿銘：1988年1月〈談心廣體胖〉，《孔孟月刊》26卷4期，頁16-20。

（266）　陳滿銘：1988年1月〈談主旨見於篇腹的幾篇課文〉，《國文天地》3卷8期，頁98-101。

（267）　陳滿銘：1987年12月〈談主旨見於篇首的幾篇課文〉，《國文天地》3卷7期，頁96-98。

（268）　陳滿銘：1987年11月〈談主旨見於篇末的幾篇課文〉，《國文天地》3卷6期，頁88-91。

（269） 陳滿銘：1987年9月〈談主旨見於篇外的幾篇課文〉，《國文天地》3卷4期，頁92-96。

（270） 陳滿銘：1986年8月〈中學國文課文修辭實例舉要〉，《中等教育》37卷4期，頁39-56。

（271） 陳滿銘：1987年6月〈意氣崢嶸的辛棄疾〉，《幼獅月刊》414期，頁24-31。

（272） 陳滿銘：1985年10月〈氣吞萬里的辛棄疾〉，《幼獅少年》108期，頁55-58。

（273） 陳滿銘：1985年10月〈談運用詞章材料的幾種基本手段〉，《中等教育》36卷5期，頁5-23。

（274） 陳滿銘：1984年9月〈談孔子的四教——文、行、忠、信〉，《孔孟月刊》23卷1期，頁3-11。

（275） 陳滿銘：1984年6月〈心廣體胖——為什麼《大學》如此說〉，《華岡女青年》7期，頁12-14。

（276） 陳滿銘：1983年12月〈章法教學〉，《中等教育》33卷5、6期，頁5-15。

（277） 陳滿銘：1983年12月〈國文科的命題與評量〉，《中等教育》34卷5、6期，頁48-65。

（278） 陳滿銘：1982年2月〈怎樣教學生臨摹碑帖〉，《中等教育》33卷1期，頁61-64。

（279） 陳滿銘：1982年2月〈國中三年級學生書法能力評量報告〉，《中等教育》33卷1期，頁65-67。

（280） 陳滿銘：1981年9月〈中秋寄遠——辛稼軒的〈滿江紅〉詞〉，《臺灣日報》。

（281） 陳滿銘：1979年9月〈從修學的過程看智仁勇的關係（下）〉，《孔孟月刊》18卷1期，頁34-35。

（282）　陳滿銘：1979年8月〈從修學的過程看智仁勇的關係（上）〉，《孔孟月刊》17卷12期，頁33-35。

（283）　陳滿銘：1979年5月〈愛國詞人辛棄疾的境遇與其詞風〉，《葡萄園詩刊》67期，頁47-52。

（284）　陳滿銘：1979年4月〈北宋詞風的轉變〉，《中華文化復興月刊》12卷4期，頁12-19。

（285）　陳滿銘：1978年11月〈談忠恕在儒學中的地位〉，《幼獅月刊》48卷5期，頁13-16。

（286）　陳滿銘：1978年10月〈大德者必得其壽——為什麼《中庸》如此說〉，《師大校刊》230期，頁21-22。

（287）　陳滿銘：1978年6月〈談學庸讀法之一：會通群籍〉，臺灣師範大學《今日教育》34期，頁25-26。

（288）　陳滿銘：1978年4月〈淺談國中國文科的電化教學〉，《中等教育》29卷2期，頁11-29。

（289）　陳滿銘：1977年3月〈辛稼軒的境遇與其詞風〉，《中華文化復興月刊》10卷3期，頁18-23。

（290）　陳滿銘：1976年9月〈淺談自誠明與自明誠的關係〉，《孔孟月刊》15卷1期，頁12-15。

（291）　陳滿銘：1976年6月〈談詞章的兩種基本作法——歸納與演繹〉，《中等教育》27卷3、4期，頁49-52。

（292）　陳滿銘：1976年4月〈讀學庸的目的、方法與主要參考書目〉，《學粹雜誌》18卷1、2期，頁24-26。

（293）　陳滿銘：1974年12月〈探求詞調聲情的幾條途徑〉，《學粹雜誌》17卷5、6期，頁18-23。

（294）　陳滿銘：1974年6月〈稼軒詞作法舉隅〉，臺灣師範大學《文風》25期，頁11-15。

4 研討會論文

（1） 陳滿銘：2016年11月〈論跨界章法學——以章法學方法論之
三觀體系為重心作探討〉，在第五屆語文教育暨第十一屆辭
章章法學學術研討會作專題演講，臺北市：臺北市立大學藝
術學院藝術館 A101教室。

（2） 陳滿銘：2015年11月〈論「篇章結構」教學之重心——以思
維（意象）「0一二多」雙螺旋邏輯系統作探討〉，在第四屆
語文教育暨第十屆辭章章法學學術研討會作專題演講，臺北
市：臺灣師大綜合大樓509國際會議廳。

（3） 陳滿銘：2014年10月〈論哲理章法——以《中庸》誠明思想
為例作探討〉，在第三屆語文教育暨第九屆辭章章法學學術
研討會作專題演講，臺北市：臺灣師大文學院會議廳。

（4） 陳滿銘：2013年10月〈大陸學界對臺灣章法學體系建構的評
價——以發表於學報或研討會者為範圍〉，在第二屆語文教
育暨第八屆辭章章法學學術研討會作專題演講，臺北市：臺
灣師大綜合大樓509國際會議廳。

（5） 陳滿銘：2012年12月〈章法結構與意象統合——以高職國文
課文為例作探討〉，苗栗縣：育達商業科技大學「2012高職
國文教材學術研討會」，育達商業科技大學綜合大樓綜317多
媒體會議廳。

（6） 陳滿銘：2012年12月〈章法學三觀體系的建構過程〉，在第
一屆語文教育暨第七屆辭章章法學學術研討會作專題演講，
臺北市：臺灣師大綜合大樓509國際會議廳。

（7） 陳滿銘：2011年12月〈論修辭轉化理論之核心原則〉，在成
功大學教育部頂尖大學計畫跨越「辭格」之新視野學術研討
會作專題演講，臺南市：成功大學文學院演講廳。

（8）　陳滿銘：2010年10月〈篇章邏輯與思考訓練〉，在第五屆辭章章法學學術研討會作專題演講，高雄市：文藻外語學院求真樓地下一樓 Q001，Q002室。

（9）　陳滿銘：2010年3月〈論意、象之互動──以古典詩歌為例作考察〉，感官素材與人性辯證國際學術研討會，臺南市：國立臺灣文學館。

（10）　陳滿銘：2009年11月〈辭章章法學研究的過去、現在與未來〉，海峽兩岸辭章學研討會，福州市：晉城大酒店二樓會議廳。

（11）　陳滿銘：2008年10月〈論篇章邏輯與內容義旨〉，第四屆辭章章法學學術研討會，臺北市：臺灣師大綜合大樓5樓國際會議廳503室。

（12）　陳滿銘：2009年6月〈創意神奇的語文表達──以成惕軒先生詩文之篇章意象為例作探討〉，在「淡江大學中國文學系中國語文能力表達學術研討會──以成惕軒先生之詩文為研討主題並紀念成惕軒先生百歲誕辰」作專題演講。

（13）　陳滿銘：2009年4月〈論《論語》「知（智）」論與後代「才、學、識」說〉，「第一屆兩岸儒學交流研討會」，北京市：《第一屆兩岸儒學交流研討會論文集》，頁211-226。

（14）　陳滿銘：2008年10月〈論辭章分析與科際整合──以白居易〈長相思〉詞為例〉，第三屆辭章章法學學術研討會，臺北市：臺灣師大教育學院國際廳。

（15）　陳滿銘：2007年5月〈章法學研究團隊之成立〉，第二屆辭章章法學學術研討會，臺北市：《章法論叢》第二輯（2008年1月），頁1-35。

（16）　陳滿銘：2006年5月〈章法結構與真、善、美──以「多」、「二」、「一（0）」螺旋結構切入作考察〉，在第一屆辭章章

法學學術研討會作專題演講，臺北市：《章法論叢》第一輯
（2006年7月），頁1-15。

（17）　陳滿銘：2006年5月〈意象與聯想、想像互動論 —— 以
「多」、「二」、「一（0）」螺旋結構切入作考察〉，第七屆中
國修辭學國際學術研討會，臺北市：《第七屆中國修辭學國
際學術研討會論文集》，頁1-12。

（18）　陳滿銘：2004年11月〈意象與辭章〉，第六屆中國修辭學國
際學術研討會，新竹：《第六屆中國修辭學國際學術研討會
論文集》（《修辭論叢》6輯），頁351-375。

（19）　陳滿銘：2004年10月〈論國語文能力的螺旋結構〉，親民技
術學院「國文教學學術研討會2004」、「中文寫作暨語文應用
學術研討會2004」，苗栗縣：《國文教學學術研討會論文集》
（2005年7月），頁189-220。

（20）　陳滿銘：2004年5月〈閱讀與寫作〉，「第二梯次提升大學基
礎教育計畫實用中文與寫作策略研討會」，臺南市：成功大
學中文系。

（21）　陳滿銘：2003年11月〈論辭章的章法風格〉，在第五屆中國
修辭學國際學術研討會作專題演講，臺北市：《第五屆中國
修辭學國際學術研討會論文集》（《修辭論叢》5輯），頁1-
51。

（22）　陳滿銘：2003年11月〈《中庸》「多」、「二」、「一（0）」螺旋
結構論〉，第三屆中國經學國際學術研討會，臺北市：《第三
屆中國經學國際學術研討會論文集》，頁214-265。

（23）　陳滿銘：2003年9月〈經典作品與章法結構〉，人文研究與語
文教育研討會，臺北市：《人文研究與語文教育研討會論文
集》，頁57-77。

（24）　陳滿銘：2003年3月〈《孟子》義利之辨與《論語——從義理的邏輯結構切入〉，海峽兩岸儒家思想學術研討會，臺北市：《孔孟月刊》41卷8期，頁6-10。

（25）　陳滿銘：2002年12月〈章法的哲學思辨〉，在閩臺辭章學學術研討會作專題演講，廈門市：《辭章學論文集》（上冊），頁40-67。

（26）　陳滿銘：2002年7月〈論章法與國文教學〉，親民工商專科學校「國文教學研討會2002」，苗栗縣：《國文教學學術研討會論文集2002》，頁235-283。

（27）　陳滿銘：2002年5月〈論章法與邏輯思維〉，在第四屆中國修辭學國際學術研討會作專題演講，臺北市：《第四屆中國修辭學國際學術研討會論文集（《修辭論叢》4輯），頁1-32。

（28）　陳滿銘：2001年6月〈文章主旨置於篇外的謀篇形式——以詩詞為例〉，第三屆中國修辭學學術研討會，臺北市：《第三屆中國修辭學學術研討會論文集》（《修辭論叢》3輯），頁1114-1143。

（29）　陳滿銘：2000年6月〈談平提側收的篇章結構〉，第二屆中國修辭學學術研討會，高雄市：《第二屆中國修辭學學術研討會論文集》（《修辭論叢》2輯），頁193-213。

（30）　陳滿銘：1999年6月〈談見於詩詞裡的凡目結構〉，第一屆中國修辭學學術研討會，臺北市：《第一屆中國修辭學學術研討會論文集》（《修辭論叢》1輯），頁95-116。

（31）　陳滿銘：1995年6月〈談課文結構分析的重要——以高中國文課文為例〉，兩岸暨港新中小學國語文教學國際研討會，臺北市：《兩岸暨港新中小國語文教學國際研討會論文集》，頁13-44。

（32） 陳滿銘：1992年4月〈凡目法在高中國文課文裡的運用〉，第
　　　 一屆臺灣地區國語文教學學術研討會，臺北市：《第一屆臺
　　　 灣地區國語文教學學術研討會論文集》，頁229-254。

（33） 陳滿銘：1989年6月〈國中國文課文分析舉隅〉，七十七學年
　　　 度國民中學國文教學論文研討會，臺北市：《七十七學年度
　　　 國民中學國文教學論文研討會論文集》，頁15-32。

4 專書論文

（1） 陳滿銘：2016年10月〈論篇章結構教學之重心——以思維
　　　（意象）「0一二多」雙螺旋邏輯系統切入作探討〉（專題演
　　　 講），《章法論叢》（第十輯），中華章法學會主編，臺北市：
　　　 萬卷樓圖書公司，頁1-42。

（2） 陳滿銘：2015年11月〈論哲理章法——以《中庸》成名思想
　　　 為例作探討〉（專題演講），《章法論叢》（第九輯），中華章
　　　 法學會主編，臺北市：萬卷樓圖書公司，頁1-38。

（3） 陳滿銘：2013年11月〈章法學三觀體系之建構〉（專題演
　　　 講），《章法論叢》（第七輯），中華章法學會主編，臺北市：
　　　 萬卷樓圖書公司，頁1-24。

（4） 陳滿銘：2013年6月〈高職國文教材的篇章教學——以章法
　　　 結構與意象統合切入作探討〉，渡也、陳敬介主編《高職國
　　　 文教材學術研討會論文集》，臺北市：讀冊文化公司，頁
　　　 107-156。

（5） 陳滿銘：2013年5月〈論修辭轉化之理論及其應用〉，張高評
　　　 主編《修辭學之多元詮釋與教學運用演講集》，臺北市：新
　　　 文豐出版公司，頁185-208。

（6） 陳滿銘：2012年10月〈論修辭轉化理論之核心原則〉，收入

張高評主編《哲學美學與傳統修辭──「修辭學之多元詮釋與教學」學術研討會論文集（一）》，臺北市：新文豐出版公司，頁23-60。

（7）　陳滿銘：2011年9月〈篇章邏輯與思考訓練〉（專題演講），《章法論叢》（第五輯），中華章法學會主編，臺北市：萬卷樓圖書公司，頁1-25。

（8）　陳滿銘：2011年4月〈曾祥芹教授「四律」觀對章法學之貢獻〉，收入甘其勛主編《「三學」創新論──曾祥芹學術思想國際研討會文集》，鄭州市：河南人民出版社，頁66-78。

（9）　陳滿銘：2011年1月〈論意與象之連結〉，收入張學立主編《辭學新視野》，上海市：社科文獻出版社，頁78-86。

（10）　陳滿銘：2011年1月〈論思維力與語文螺旋結構之形成〉，收入張學立主編《辭學新視野》，上海市：社科文獻出版社，頁87-96。

（11）　陳滿銘：2010年12月〈羅門詩國的真、善、美〉，收入羅門《我的詩國》（上），臺北市：文史哲出版社，頁38-48。

（12）　陳滿銘：2010年12月〈論羅門詩國之第三自然結構觀〉，收入羅門《我的詩國》（上），臺北市：文史哲出版社，頁49-66。

（13）　陳滿銘：2010年7月〈論篇章邏輯與內容義旨〉（專題演講），《章法論叢》（第四輯），中華民國章法學會主編，臺北市：萬卷樓圖書公司，頁1-27。

（14）　陳滿銘：2010年1月〈論《論語》「知（智）」論與後代「才、學、識」說──由思維（意象）系統切入作探討〉，國際儒學聯合會編，北京市：九州出版社，頁51-75。

（15）　陳滿銘：2009年10月〈論辭章分析與科技整合──以白居易〈長相思〉詞為例〉，《章法論叢》（第三輯），中華章法學會主編，臺北市：萬卷樓圖書公司，頁1-25。

（16） 陳滿銘：2009年9月〈篇章風格教學之新嘗試——以剛柔成分之多寡與比例切入探討〉，戴維揚、余金龍編著《漢學研究與華語文教學》，臺北市：萬卷樓圖書公司，頁41-54。

（17） 陳滿銘：2008年6月〈閱讀與寫作〉，張高評主編《實用中文講義》上，臺北市：東大圖書公司，頁166-184。

（18） 陳滿銘：2008年6月〈讀後感寫作〉，張高評主編《實用中文講義》上，臺北市：東大圖書公司，頁185-203。

（19） 陳滿銘：2008年3月〈章法學研究團隊之成立〉，《章法論叢》（第二輯），辭章章法學會籌備會編，臺北市：萬卷樓圖書公司，頁1-35。

（20） 陳滿銘：2007年12月〈讀寫原理與實例分析〉，國立嘉義大學中文系編著《文思與創意——大學國文教學論集》，臺北市：萬卷樓圖書公司，頁1-36。

（21） 陳滿銘：2007年1月〈意象與辭章〉，夏中華主編《修辭學論文集》（第九集），北京市：北京大學出版社，頁58-75。

（22） 陳滿銘：2006年11月〈王希杰教授之章法觀〉，李名方、鍾玖應主編《王希杰和三一語言學》，北京市：中國文聯出版社，302-327。

（23） 陳滿銘：2006年9月〈章法結構與真、善、美——以「多」、「二」、「一（0）」螺旋結構切入作考察〉，《章法論叢》（第一輯），辭章章法學會籌備會編，臺北市：萬卷樓圖書公司，頁1-31。

（24） 陳滿銘：2006年4月〈論讀寫互動原理——歸本於語文能力與意象（思維）系統作探討〉，《李爽秋教授八十壽慶祝壽論文集》，臺北市：李爽秋教授八十壽慶祝壽論文集編輯委員會，頁141-160。

（25）　陳滿銘：2005年12月〈辭章意象論〉（中篇），陳之芥、鄭榮馨主編《修辭學新視野》，北京市：中國文聯出版社，頁159-173。

（26）　陳滿銘：2005年7月〈章法「多、二、一（0）」結構的節奏與韻律——以兩首詩詞為例〉（短篇），王未主編《語言學心思潮》，北京市：中國社會科學出版社，頁293-298。

（27）　陳滿銘：2004年12月〈論意象與辭章「多」、「二」、「一（0）」結構〉，《中國改革發展理論文集》，北京市：中國文藝出版社，頁632-634。

（28）　陳滿銘：2004年12月〈閱讀與寫作〉，張高評主編《實用中文寫作學》，臺北市：里仁書局，頁45-82。

（29）　陳滿銘：2004年9月〈論章法「多、二、一0」結構之美〉，《許錟輝教授七秩嵩壽論文集》，臺北市：萬卷樓圖書公司，頁553-578。

（30）　陳滿銘：2004年9月〈章法「多、二、一0」邏輯結構論〉，高鑫主編《當代中國科教文集》（第二集），北京市：亞太國際出版有限公司，頁357-360。

（31）　陳滿銘：2004年7月〈經典作品與章法結構〉，戴維揚主編《人文研究與語文教育》，臺北市：國立臺灣師範大學，頁215-242。

（32）　陳滿銘：2004年6月〈章法結構及其哲學義涵〉（11000字），鍾玖英主編《語言學新思維》，北京市：中國文聯出版社，頁143-156。

（33）　陳滿銘：2004年4月〈論意象與辭章「多」、「二」、「一（0）」結構〉，鮑嶽廷主編《中華名人文論大全》，北京市：中國文聯出版社，頁935-936。

（34） 陳滿銘：2003年5月〈章法「多、二、一（0）」結構的節奏與韻律——以兩首詩詞為例〉（短篇），《中國科技發展精典文庫》（2003卷）上冊，北京市：中國言實出版社，頁367-368。

（35） 陳滿銘：2003年4月〈論辭章章法與邏輯思維〉，鄭頤壽主編《辭章學論文集》下冊，福州市：海潮攝影藝術出版社，頁145-168。

（36） 陳滿銘：2003年4月〈章法「移位」與「轉位」結構的理論基礎〉（11000字），鄭頤壽主編《辭章學論文集》下冊，福州市：海潮攝影藝術出版社，頁125-144。

（37） 陳滿銘：2003年4月〈論辭章章法之風格——以幾首詩詞為例〉（10000字），鄭頤壽主編《辭章學論文集》下冊，福州市：海潮攝影藝術出版社，頁73-91。

（38） 陳滿銘：2002年12月〈談章法結構的節奏與韻律——以幾首詩詞為例〉（中篇），《新時期的語言學》，北京市：中國文聯出版社，頁53-60。

（39） 陳滿銘：2002年12月〈論「因果」章法的母性〉，《新時期的語言學》，北京市：中國文聯出版社，頁43-52。

（40） 陳滿銘：2002年12月〈論辭章章法的四大律〉，《辭章學論文集》（上冊），福州市：海潮攝影藝術出版社，頁68-77。

（41） 陳滿銘：2002年6月〈論幾種特殊的辭章章法〉，《修辭學研究》（第9輯），香港：華星出版社，頁208-237。

（42） 陳滿銘：2001年6月〈《孟子‧養氣》章的篇章結構〉，《慶祝莆田黃錦鋐教授八秩嵩壽論文集》臺北市：文史哲出版社，頁251-274。

（43） 陳滿銘：1999年10月〈結語〉，《階梯作文2》臺北市：三民書局，頁353-356。

（44）　陳滿銘：1999年6月〈如何進行課文結構分析——以高中國文教材為例〉，《臺灣省政府教育廳國文科教學研究專輯（五）》，南投縣：臺灣省政府教育廳，頁49-75。

（45）　陳滿銘：1996年6月〈如何進行鑑賞教學〉，《如何進行國文教學》，臺北市：臺灣師大中等教育輔導委員會，頁147-160。

（46）　陳滿銘：1996年〈如何進行作文教學〉，《國文科教學專輯（二）》，南投縣：臺灣省政府教育廳，頁89-111。

（47）　陳滿銘：1996年6月〈談篇旨教學〉，《高級中學國文英文物理化學四科輔導資料彙編》，臺北市：臺灣師大中等教育輔導委員會，頁11-24。

（48）　陳滿銘：1995年5月〈章法分析與國文教學〉，《臺灣、大陸、香港、新加坡四地中學語文教學論文集》，臺北市：臺灣師大中等教育輔導委員會，頁31-48。

（49）　陳滿銘：1993年9月〈學庸導讀〉（收入《國學導讀》（二）），臺北市：三民書局，頁479-531。

（50）　陳滿銘：1993年6月《解惑篇》（與王熙元等多人合著）一、二輯，臺北市：萬卷樓圖書公司，頁406、205。

（51）　陳滿銘：1992年9月〈聽徹梅花弄——秦觀〈桃園憶故人〉詞賞析〉、〈綠楊歸路、燕子西飛去——賀鑄〈點絳唇〉詞欣賞〉，《愛情詞與散曲鑒賞辭典》（錢仲聯主編），長沙市：湖南教育出版社，頁229-230、245-246。

（52）　陳滿銘：1990年6月〈如何畫好課文分析表〉，《國文教學津梁》，臺北市：臺北市教育局，頁64-85。

（53）　陳滿銘：1990年6月〈談我國中等教育師資培養之管道〉，《師大學術演講專集》6期，臺北市：臺灣師大出版處，頁53-64。

（54）　陳滿銘：1989年6月〈國中國文課文分析舉隅〉（收入《國文教學研討會論文集》），臺北市：中等教育輔導委員會，頁15-31。

（55）　陳滿銘：1988年6月〈談詩詞教學與欣賞〉（收入《詩詞教學與欣賞研討會手冊》），臺北市：教學研習中心，頁1-5。

（56）　陳滿銘：1987年2月〈中庸導讀〉（收入《四書導讀》），臺北市：文津出版社，頁35-68。

（57）　陳滿銘：1986年6月〈吳文英〉（收入《中國文學講話》七輯），臺北市：巨流圖書公司，頁419-428。

（58）　陳滿銘：1982年6月〈國文教學問題與改進〉（收入《學術專題研究》十輯），臺北市：幼獅公司，頁239-246。

（59）　陳滿銘：1979年4月《學庸導讀》（收入《國學導讀叢編》），臺北市：康橋出版社，頁245-296。

四　專題研究計畫（以順時間為序）

（一）國科會計畫

1　網路科技對高中教育的影響之研究——網路科技對高級中學國文教學的影響之研究（1/2），主持人，國科會，1998年6月1日～1999年7月31日　87-2514-S-003-010-N

2　網路科技對高中教育的影響之研究——網路科技對高級中學國文教學的影響之研究（2/2），主持人，國科會，1999年8月1日～2000年7月31日　89-2511-S-003-054-N

（二）教育部計劃

1 高中國文（一至六冊）文章結構分析研究，研究員，教育部，1988年7月1至1989年5月31日

2 國民中學國語文教材教法專案研究（1/3），研究員，教育部，1988年7月1至1989年6月30日

3 國民中學國語文教材教法專案研究（2/3），研究員，教育部，1989年7月1日至1990年6月30日

4 國民中學國語文教材教法專案研究（3/3），研究員，教育部，1990年7月1日至1991年6月30日

5 高中國文（一至六冊）教學錄影帶專案研究（1/2），研究員，教育部，1991年7日1日至1992年6月30日

6 高中國文（一至六冊）教學錄影帶專案研究（2/2），研究員，教育部，1992年7月1日至1993年6月30日

7 國中國文（一至六冊）教學錄影帶專案研究（1/2），研究員，教育部，1991年7月1日至1992年6月30日

8 國中國文（一至六冊）教學錄影帶專案研究（1/2），研究員，教育部，1992年7日1日至1993年6月30日

9 我國中小學國語文基本學力指標系統規劃研究（1/3），協同主持人，教育部，1997年6月1日至1998年7月31日

10 我國中小學國語文基本學力指標系統規劃研究（2/3），協同主持人，教育部，1998年8月1日至1999年7月31日

11 我國中小學國語文基本學力指標系統規劃研究（3/3），協同主持人，教育部，1999年8月1日至2000年7月31日

12 九年一貫國語文種子教師深耕計畫，召集人，教育部，2004年6月1日至2005年8月31日

13 九年一貫國語文課程教材評鑑計畫，召集人，教育部，2005年1月1日至2005年6月30日

（三）考選部計劃

1 考試院國家考試國文科專案研究，召集人，考選部，2001年3月1日至2002月1月31日

（四）教育廳計畫

1 臺灣省高級中學招生入學考試命題研究改進委員會國文科命題科學性研究（1/11），研究員，臺灣省教育廳，1989年7月1日至1990月6月30

2 臺灣省高級中學招生入學考試命題研究改進委員會國文科命題科學性研究（2/11），研究員，臺灣省教育廳，1990年7月1日至1991年6月30日

3 臺灣省高級中學招生入學考試命題研究改進委員會國文科命題科學性研究（3/11），研究員，臺灣省教育廳，1991年7月1日至1992年6月30日

4 臺灣省高級中學招生入學考試命題研究改進委員會國文科命題科學性研究（4/11），研究員，臺灣省教育廳，1992年7月1日至1993年6月30日

5 臺灣省高級中學招生入學考試命題研究改進委員會國文科命題科學性研究（5/11），研究員，臺灣省教育廳，1993年7月1日至1994年6月30日

6 臺灣省高級中學招生入學考試命題研究改進委員會國文科命題科

學性研究（6/11），研究員，臺灣省教育廳，1994年7月1日至
1995年6月30日

7 臺灣省高級中學招生入學考試命題研究改進委員會國文科命題科
學性研究（7/11），研究員，臺灣省教育廳，1995年7月1日至
1996年6月30日

8 臺灣省高級中學招生入學考試命題研究改進委員會國文科命題科
學性研究（8/11），研究員，臺灣省教育廳，1996年7月1日至
1997年6月30日

9 臺灣省高級中學招生入學考試命題研究改進委員會國文科命題科
學性研究（9/11），研究員，臺灣省教育廳，1997年7月1日至
1998年6月30日

10 臺灣省高級中學招生入學考試命題研究改進委員會國文科命題科
學性研究（10/11），研究員，臺灣省教育廳，1998年7月1日至
1999年6月30日

11 臺灣省高級中學招生入學考試命題研究改進委員會國文科命題科
學性研究（11/11），研究員，臺灣省教育廳，1999年7月1日至
2000年6月30日

（五）大考中心計畫

1 大學入學考試國文科命題及評分客觀性之研究（1/3），研究員，
中華民國大學入學考試中心，1989年7月1日至1990年6月30日

2 大學入學考試國文科命題及評分客觀性之研究（2/3），研究員，
中華民國大學入學考試中心，1990年7月1日至1991年6月30日

3 大學入學考試國文科命題參考手冊編製之研究（3/3），研究員，
中華民國大學入學考試中心，1991年7月1日至1992年6月30日

（六）教育研究院籌備處計畫

1 國立教育研究院籌備處「高級中等以下學校及幼稚園教師資格檢定」試題研發委員會「國語文能力測驗」科目試題研發小組，研發委員，2004年10月1日至2007年5月

（七）臺灣師大計畫

1 國立臺灣師範大學九十一年度「推動教師研提整合型計畫」主持人，2002年4月1日至2002年10月31日

五　其他（以順時間為序）

（一）教科書類

1 《高職國文》（合編）　臺北市：東大圖書公司　1988年
2 《大專國文選》（合編）　臺北市：東大圖書公司　1989年
3 《五專國文選》（合編）　臺北市：東大圖書公司　1996年
4 《大學國文選》（合編）　臺北市：三民書局　1998年
5 高職《中國文化基本教材》（合編）　臺北市：東大圖書公司　1995年
6 《高中國文》（合編）　臺北市：國立編譯館　1995年
7 《名家論高中國文續編》（主編）　臺北市：萬卷樓圖書公司　1998年
8 《名家論國中國文續編》（主編）　臺北市：萬卷樓圖書公司　1998年
9 高中《中國文化基本教材》（合編）　臺北市：三民書局　1999年
10 《高中一綱多本國文教材點線面系列之二──詩詞義旨透視鏡》（主編）　臺北市：萬卷樓圖書公司　2001年9月

11　《高中一綱多本國文教材點線面系列之四──修辭新思維》（主編）　臺北市：萬卷樓圖書公司　2001年9月

12　《高中一綱多本國文教材點線面系列之五──章法新視野》（主編）　臺北市：萬卷樓圖書公司　2001年9月

13　《高中一綱多本國文教材點線面系列之七──新型作文瞭望台》（主編）　臺北市：萬卷樓圖書公司　2001年9月

14　《高中一綱多本國文教材點線面系列之之一──散文、新詩義旨古今談》（主編）　臺北市：萬卷樓圖書公司　2002年1月

15　《高中一綱多本國文教材點線面系列之六──風格縱橫談》（主編）　臺北市：萬卷樓圖書公司　2002年9月

16　《國中一綱多本國文教材點線面系列之六──國中國文教學評量》（主編）　臺北市：萬卷樓圖書公司　2004年1月

17　《國中一綱多本國文教材點線面系列之一──國中國文義旨教學》（主編）　臺北市：萬卷樓圖書公司　2004年3月

18　《國中一綱多本國文教材點線面系列之四──國中國文章法教學》（主編）　臺北市：萬卷樓圖書公司　2004年10月

19　《大學國文選》（主編）　臺北市：高立圖書公司　2006年9月

20　《寫作測驗必讀文選》一套十本（策劃、主編）　臺北市：文揚資訊股份有限公司　2006年11月

21　《新式寫作教學導論》（主編）　臺北市：萬卷樓圖書公司　2007年3月

22　《大學國文選》（主編）第二版　臺北市：高立圖書公司　2011年7月

（二）工具書類

1　《重編國語辭典》（編審）　臺北市：臺灣商務印書館　5736頁　1981年11月

2 《大辭典》（合編）　臺北市：三民書局　6188頁　1985年8月

3 《新辭典》（合編）　臺北市：三民書局　2604頁　1989年5月

4 《學典》（合編）　臺北市：三民書局　1582頁　1991年5月

（三）翻譯類（文言譯白話）

1 《史記韓信盧綰列傳》譯述　收入《白話史記》　臺北市：河洛
出版社　頁1301-1316　1979年3月

2 《史記張丞相列傳》譯述，收入《白話史記》　臺北市：河洛出
版社　頁1335-1345　1979年3月

3 《空中教學國文白話翻譯》（合譯）　高雄市：復文書局　144頁
1983年11月

4 《資治通鑑・隋紀》譯述　收入《白話資治通鑑》　臺北市：文
化圖書公司　頁4567-4784　1984年3月

5 《禮記・學記》譯述　收入《古文觀止續編》　臺北市：百川書
局　頁7-16　1994年3月

（四）校閱類

1 《新譯貞觀政要》　臺北市：三民書局　574頁　1995年11月

2 《新譯搜神記》　臺北市：三民書局　719頁　1996年1月

3 《新譯列女傳》　臺北市：三民書局　461頁　1996年1月

4 《新譯戰國策》（上）、（下），臺北市：三民書局　1503頁　1996
年2月

5 《新譯賈長沙集》　臺北市：三民書局　173頁　1996年7月

6 《新譯商君書》　臺北市：三民書局　257頁　1996年10月

7 《新譯尸子讀本》　臺北市：三民書局　340頁　1997年1月

8 《新譯列仙傳》　臺北市：三民書局　242頁　1997年2月

9 《新譯昭明文選》（合校閱）　臺北市：三民書局　2950頁　1997年4月

10 《新譯幼學瓊林》　臺北市：三民書局　421頁　1997年9月

11 《新譯潛夫論》　臺北市：三民書局　475頁　1998年5月

12 《新譯昌黎先生文集》（合校閱）　臺北市：三民書局　1002頁　1999年4月

13 《近三百年名家詞選》　臺北市：世界書局　383頁　2005年2月

六　指導學位論文一覽（順時間）

（一）博士

1 林承坯：《辛稼軒詠物詞研究》　臺灣師範大學國文研究所　1993年1月

2 金　鮮：《清末民初宋詞學析論》　臺灣師範大學國文研究所　1997年7月

3 李清筠：《時空情境中的自我影像——以阮籍、陸機、陶淵明詩為例》（與傅武光教授合指導）　臺灣師範大學國文研究所　1999年6月

4 仇小屏：《古典詩詞時空設計之研究》　臺灣師範大學國文研究所　2001年2月

5 陳佳君：《辭章意象形成論》　臺灣師範大學國文研究所　2004年5月

6 蒲基維：《章法風格析論——以蘇軾詞、姜夔詞為考察對象》　臺灣師範大學國文研究所　2004年6月

7 謝奇懿：《先秦兩漢天人意識與詩經學之研究》　臺灣師範大學國文研究所　2004年6月

8 顏智英:《辭章章法變化律研究——以古典詩詞為考察對象》
　臺灣師範大學國文研究所　2006年6月

9 黃淑貞:《辭章章法統一律研究》臺灣師範大學國文研究所
　2006年6月

10 李靜雯:《辭章意象表現論——以古典詩詞為例作考察》　臺灣
　師範大學國文研究所　2009年6月

11 林淑雲:《北宋五家記遊散文之研究》　臺灣師範大學國文研究
　所　2011年6月30日

（二）碩士

1 權寧蘭:《朱竹垞詞研究》　臺灣師範大學國文研究所　1984年
　5月

2 林承坯:《稼軒詞之內容及其藝術成就》　臺灣師範大學國文研
　究所　1986年6月

3 郭美美:《東坡在詞風上的承繼與創新》　臺灣師範大學國文研
　究所　1990年5月

4 陳清茂:《楊慎的詞學》　臺灣師範大學國文研究所　1994年5月

5 張美娥:《陳亮散文研究》　臺灣師範大學國文研究所　1997年
　1月

6 仇小屏:《中國辭章章法析論》　臺灣師範大學國文研究所
　1997年6月

7 謝奇懿:《五代詞中山的意象研究》　臺灣師範大學國文研究所
　1997年6月

8 曾秀華:《北宋前期小令詞人研究》　東吳大學中文研究所
　1997年7月

9 郭靜慧:《辛稼軒山水田園詞研究》　臺灣師範大學國文研究所
　1998年6月

10 謝奇峰：《稼軒詞口語風格研究》　　臺灣師範大學國文研究所
　　1998年6月

11 蒲基維：《徐幹散文研究》　　臺灣師範大學國文研究所　1998年6
　　月

12 楊麗玲：《蘇東坡詠物詞研究》　　臺灣師範大學國文研究所
　　1998年6月

13 段致平：《稼軒詞用典研究》　　臺灣師範大學國文研究所　　1999
　　年5月

14 夏薇薇：《賓主章法析論》　　臺灣師範大學國文研究所教學碩士
　　班　2004年8月

15 李靜雯：《點染章法析論》　　臺灣師範大學國文研究所　　2000
　　年6月

16 賴玫怡：《修辭心理與美感之探析──以夸飾、譬喻為例》　　臺
　　灣師範大學國文研究所　2000年6月

17 蔣聞靜：《戰國策寓言探析》　　臺灣師範大學國文研究所　　2000
　　年7月

18 陳佳君：《虛實章法析論》　　臺灣師範大學國文研究所　　2001年
　　5月

19 江錦珏：《義旨探古典詩詞究》　　臺灣師範大學國文研究所
　　2001年6月

20 呂瑞萍：《宋代詠茶詞研究》　　臺灣師範大學國文研究所　　2001
　　年7月

21 黃文鶯：《賀鑄在詞史上的承繼與開展》　　臺灣師範大學國文研
　　究所　2002年6月

22 林慧雅：《東坡杭州詞研究》　　臺灣師範大學國文研究所教碩班
　　2002年6月

23 陳秀娟：《東坡詞用典研究》　臺灣師範大學國文研究所教碩班 2002年6月

24 劉寶珠：《作文運材教學設計之研究》　臺灣師範大學國文研究 所教碩班　2002年7月

25 黃淑貞：《辭章主旨（綱領）安置於篇腹的結構類型析論》　臺 灣師範大學國文研究所教學碩士班　2002年12月

26 顏瓊雯：《六一詞篇章結構探析》　臺灣師範大學國文研究所教 學碩士班　2003年5月

27 許　婷：《晏幾道離別詞研究》　臺灣師範大學國文研究所 2003年6月

28 江姿慧：《晏殊珠玉詞研究》　臺灣師範大學國文研究所　2003 年6月

29 張雯華：《東坡詞色彩意象析論》　臺灣師範大學國文研究所教 學碩士班　2003年6月

30 陳怡芬：《唐宋古文篇章結構教學析論——以高中國文一綱多本 國文課文為研究範圍》　臺灣師範大學國文研究所教學碩士班 2003年6月

31 劉文君：《詩歌義旨教學之研究——以國中國文教材為例》　臺 灣師範大學國文研究所教學碩士班　2003年6月

32 涂碧霞：《凡目章法析論》　臺灣師範大學國文研究所教學碩士 班　2003年8月

33 蘇秀玉：《唐宋古文篇章結構析論——以《古文觀止》為研究範 圍》　臺灣師範大學國文研究所教學碩士班　2004年4月

34 黃琛雅：《東坡詞月意象探析論》　臺灣師範大學國文研究所教 學碩士班　2004年6月

35 高敏馨：《平側章法析論》　臺灣師範大學國文研究所教學碩士 班　2004年6月

36 邱瓊薇：《東坡黃州詞篇章結構析論》　臺灣師範大學國文研究
　　所教學碩士班　2005年6月

37 周珍儀：《韓愈贈序類散文篇章結構研究》　臺灣師範大學國文
　　研究所教學碩士班　2005年6月

38 邱玉霞：《國中國文讀寫互動教學之研究——以因果、正反、凡
　　目三種章法切入》　臺灣師範大學國文研究所教學碩士班　2005
　　年8月

39 廖惠美：《杜甫五律登臨詩篇章結構探析》　臺灣師範大學國文
　　研究所教學碩士班　2005年11月

40 蘇芳民：《夢窗憶妓情詞意象研究》　臺灣師範大學國文研究所
　　教學碩士班　2005年12月

41 侯鳳如：《珠玉詞花鳥意象研究》　臺灣師範大學國文研究所教
　　學碩士班　2006年1月

42 陳月貴：《孔子的「因材施教」與多元智能的對應研究》　臺灣
　　師範大學國文研究所教學碩士班　2006年5月

43 魏碧芳：《高中寫作教學之理論與實作》　臺灣師範大學國文研
　　究所　2006年6月

44 吳冠儀：《孔子教育思想與九年一貫十大基本能力之研究》　臺
　　灣師範大學國文研究所教學碩士班　2006年6月

45 趙瑋婷：《張曉風散文譬喻修辭研究》　臺灣師範大學國文研究
　　所教學碩士班　2006年6月

46 程汝宣：《李清照詞篇章意象析論》　臺灣師範大學國文研究所
　　教學碩士班　2006年6月

47 楊雅貴：《蘇軾「記」體文辭章意象研究》　臺灣師範大學國文
　　研究所教學碩士班　2006年6月

48 李昊青：《稼軒詞秋意象探析》　臺灣師範大學國文研究所教學
　　碩士班　2006年9月

49 余椒雪：《納蘭性德邊塞詞篇章結構研究》　臺灣師範大學國文研究所碩專班　2006年10月

50 鄧絜馨：《六一詞花鳥意象研究》　臺灣師範大學國文研究所教學碩士班　2007年1月

51 朱瑞芬：《東坡詞樂器意象研究》　臺灣師範大學國文研究所教學碩士班　2007年1月

52 毛玉玫：《稼軒離別詞篇章結構探析》　臺灣師範大學國文研究所教學碩士班　2007年1月

53 賴慧娟：《東坡黃州詞時空設計探析》　臺灣師範大學國文研究所教學碩士班　2007年6月

54 陳靖婷：《辭章篇旨教學研究》　臺灣師範大學國文研究所碩專班　2007年6月

55 蕭千金：《國中作文教學之設計與實作——以立意取材與謀篇佈局為例》　臺灣師範大學國文研究所教學碩士班　2007年6月

56 賴鈺婷：《文學創作意象質形同構類型論——以臺灣當代散文為討論中心》　臺灣師範大學國文研究所教學碩士班　2007年12月

57 陳鳳秋：《阮籍詠懷詩鳥與草木意象之研究》　臺灣師範大學國文研究所教學碩士班　2007年12月

58 黃千足：《東坡送別詞意象探析》　臺灣師範大學國文研究所教學碩士班　2008年1月

59 許育喬：《東坡詞酒意象探析》　臺灣師範大學國文研究所教學碩士班　2008年1月

60 胡雅雯：《李煜詞篇章意象探析》　臺灣師範大學國文研究所教學碩士班　2008年5月

61 余毓敏：《溫庭筠詞閨情意象探析》　臺灣師範大學國文研究所教學碩士班　2008年6月

62 黃淑卿：《陳火泉及其散文研究》（與黃文吉合指導）　臺灣師範
大學國文研究所教學碩士班　2008年6月

63 陳盈君：《虛實類章法在國中寫作教學之應用》　臺灣師範大學
國文研究所　2008年6月

64 黃惠芳：《東坡詞夢意象研究》　臺灣師範大學國文研究所教學
碩士班　2008年6月

65 謝美瑩：《王維山水詩意象探析》　臺灣師範大學國文研究所教
學碩士班　2008年8月

66 簡蕙宜：《中學情境作文教學之理論與實作》　臺灣師範大學國
文研究所教學碩士班　2008年8月

67 彭淑玲：《東坡詞風雨意象探析》　臺灣師範大學國文研究所教
學碩士班　2008年11月

68 李孟毓：《辭章篇章結構教學研究——以現行高中九八課綱四十
篇文言課文為例》　臺灣師範大學國文研究所教學碩士班　2009
年1月

69 謝永珍：《詩歌意象教學析論——以現行高中國文課文為考察範
圍》　臺灣師範大學國文研究所教學碩士班　2009年1月

70 何方宜：《國小高年級情境作文教學之研究——以凡目法、賓主
法、因果法為例》　臺灣師範大學國文研究所教學碩士班　2009
年1月

71 盧雪玲：《辛稼軒遊仙詞研究》　臺灣師範大學國文研究所教學
碩士班　2009年6月

72 劉淑菁：《漱玉詞花鳥意象研究》　臺灣師範大學國文研究所教
學碩士班　2009年6月

73 李嘉欣：《篇章風格教學析論——以現行高中國文現代散文教材為
研究對象》　臺灣師範大學國文研究所教學碩士班　2009年6月

74 潘伯瑩：《圖底章法析論》　臺灣師範大學國文研究所教學碩士班　2009年6月

75 林怡佩：《辭章意象質形同構類型論──以國中國文教材為例》臺灣師範大學國文研究所教學碩士班　2009年7月

76 馬皖婉：《章法在高中新式作文之應用──以凡目法、正反法、今昔法為例》　臺灣師範大學國文研究所教學碩士班　2009年7月

77 曾素珍：《國中寫作教學研究──以情景、論敘、凡目、今昔等章法為例》　臺灣師範大學國文研究所教學碩士班　2009年8月

78 張家懿：《柳永俗詞意象探討》　臺灣師範大學國文研究所碩士在職專班　2010年6月

79 洪郁婷：《孔子仁智觀在國中國文教學之體現》　臺灣師範大學國文研究所教學碩士班　2010年6月

80 傅雪芬：《古詩十九首篇章結構探析》　臺灣師範大學國文研究所教學碩士班　2010年7月

81 林冉欣：《主旨安置在篇外的謀篇形式──以《唐詩三百首》為研究範疇》　臺灣師範大學國文研究所教學碩士班　2010年7月

82 王宣文：《《論語》仁智觀研究──以「偏離論」切入作考察》臺灣師範大學國文研究所教學碩士班　2010年8月

83 王斐雯：《淮海詞水意象研究》，臺灣師範大學國文研究所教學碩士班　2011年1月

84 吳雪麗：《篇章邏輯寫作之創思教學研究──以國小二年級為例》　臺灣師範大學國文研究所教學碩士班　2011年11月8日

85 蔡幸君：《篇章意象組織論──以古典詩詞為考察範圍》　臺灣師範大學國文研究所碩士班　2012年6月21日

86 鍾孟穎：《魏晉植物賦意象形成研究》　臺灣師範大學國文研究所碩士班　2014年7月30日

七　博士論文書面審查與口試一覽（以順時間為序）

1 擔任臺灣師範大學國文研究所林聰舜博士論文《明清之際儒家思想的變遷與發展》之書面審查委員　1985年3月

2 擔任臺灣師範大學國文研究所黃薇光博士論文《中韓民俗戲劇之比較研究》之口試委員　1987年6月

3 擔任臺灣師範大學國文研究所張春榮博士論文《姚惜抱及其文學研究》之口試委員　1988年6月

4 擔任臺灣師範大學國文研究所陳英姬博士論文《蘇軾政治生涯與文學的關係》之口試委員　1989年6月

5 擔任臺灣大學中國文學研究所李致洙博士論文《陸游詩研究》之口試委員　1989年6月

6 擔任臺灣師範大學國文研究所高秋鳳博士論文《天問研究》之口試委員　1991年6月

7 擔任臺灣師範大學國文研究所楊雅惠博士論文《兩宋文人書畫美學研究》之口試委員　1992年6月

8 擔任政治大學中國文學研究所劉又名博士論文《大學思想證論》之口試委員　1992年7月

9 擔任臺灣師範大學國文研究所李美燕博士論文《先秦兩漢樂教思想研究》之口試委員　1993年4月

10 擔任臺灣師範大學國文研究所金賢珠博士論文《唐五代敦煌民歌之研究》之口試委員　1993年5月

11 擔任臺灣師範大學國文研究所呂武志博士論文《杜牧散文研究》之口試委員　1993年7月

12 擔任臺灣師範大學國文研究所南基守博士論文《韓柳散文之比較研究》之口試委員　1994年12月

13 擔任臺灣師範大學國文研究所黃永姬博士論文《白石道人詞之藝術探微》之口試委員　1994年12月

14 擔任臺灣師範大學國文研究所顏瑞芳博士論文《中唐三家寓言研究》之口試委員　1995年6月

15 擔任臺灣師範大學國文研究所史國興博士論文《蘇軾詩詞中夢的研析》之口試委員　1996年1月

16 擔任臺灣師範大學國文研究所賴麗蓉博士論文《魏晉「人物品鑑」研究——創造性審美活動的完成》之口試委員　1996年6月

17 擔任東吳大學中國文學研究所蘇淑芬博士論文《辛派三家詞研究》之口試委員　1998年6月

18 擔任臺灣師範大學國文研究所王聰明博士論文《中庸形上思想研究》之口試委員　1998年6月

19 擔任臺灣師範大學國文研究所李慕如博士論文《東坡詩文思想研究》之口試委員　1998年6月

20 擔任政治大學中文研究所鍾雲鶯博士論文《民國以來民間教派大學中庸思想之研究》之口試委員　2000年5月

21 擔任臺灣師範大學國文研究所朱雅琪博士論文《魏晉詩歌中的審美意識》之口試委員　2000年6月

22 擔任臺灣師範大學國文研究所范宜如博士論文《地域文學的形成——明代中期吳中文壇研究》之口試委員　2001年5月

23 擔任臺灣師範大學國文研究所曾進豐博士論文《晚唐社會詩、風人體之研究》之講評人及口試委員　2001年5月

24 擔任臺灣師範大學國文研究所呂立德博士論文《林琴南古文理論研究》之口試委員　2001年7月

25 擔任臺灣師範大學國文研究所黃雅莉博士論文《「兩宋詞人詞」雅化的發展與嬗變研究——以柳、周、姜、吳為探究中心》之審查與口試委員　2002年1月

26 擔任臺灣師範大學國文研究所博士班候選人溫光華學位論文《劉勰文心雕龍文章藝術析論》之審查人及口試委員　2003年3月

27 擔任臺灣師範大學國文研究所博士班候選人劉德玲學位論文《樂府古辭之原型與流變——以漢至唐為斷限》之口試委員　2003年3月

28 擔任東吳大學中文研究所博士班候選人陳慷玲學位論文《宋詞雅化研究》之審查人及口試主持委員　2003年6月

29 擔任文化大學中文研究所博士班候選人賴玉樹學位論文《晚唐五代詠史詩之美學意識》之審查人及口試委員　2004年4月

30 擔任臺灣師範大學國文研究所博士班候選人廖志超學位論文《蘇軾辭賦研究》之審查人及口試委員　2004年4月

31 擔任臺灣師範大學國文研究所博士班候選人劉淑娟學位論文《馮夢龍纂評時調民歌美學研究》之審查人、講評人及口試委員　2004年6月

32 擔任臺灣師範大學國文研究所博士班候選人高光敏學位論文《北宋時期對韓愈接受之研究》之口試委員　2004年6月

33 擔任臺灣師範大學國文研究所博士班候選人林淑慧學位論文《臺灣情治時期散文發展與文化變遷》之口試委員　2005年6月

34 擔任臺灣師範大學國文研究所博士班候選人陳思愉學位論文《當代少年小說研究——以李潼、沈石溪、曹文軒為例》之講評人及口試委員　2006年6月

35 擔任臺灣師範大學國文研究所博士班候選人金華珍學位論文《桐城派詩論研究》之書面審查與口試委員　2006年6月

36 擔任中山大學中國文學研究所博士班候選人王璧寰學位論文《北宋新舊黨爭與詞學》之口試主持委員　2006年7月

37 擔任臺灣大學中文研究所博士班候選人郭娟玉學位論文《溫庭筠辨疑》之口試主持委員　2007年1月

38 擔任東吳大學中文研究所博士班候選人王曉雯學位論文《清代譚
  瑩「論詞絕句」研究》之書面審查與口試主持委員　2008年7月

39 擔任高雄師範大學國文研究所博士班候選人謝綉治學位論文《魏
  晉象數易學研究》之初審及複審口試主持委員　2009年1月

40 擔任東吳大學中文研究所博士班候選人林宛瑜學位論文《清初廣
  陵詞人群體研究》之書面審查及口試主持委員　2009年1月

41 擔任彰化師範大學國文研究所博士班候選人蘇菁媛學位論文《晚
  名女詞人研究》之口試主持委員　2009年7月

42 擔任中山大學中文研究所博士班候選人張白虹博位論文《詞牌與
  詞之內容關係研究——以首見詞為探論範圍》之口試主持委員
  2010年1月

43 擔任臺灣師範大學國文研究所劉奇慧博士論文《唐代節令詩研
  究》之口試委員　2010年6月8日

44 擔任中山大學中文研究所陳清茂博士論文《宋元海洋文學研究》
  之口試主持委員　2010年6月11日

45 擔任臺灣師範大學國文研究所陳宣瑜博士論文《李白詩海意象研
  究》之口試委員　2011年1月12日

46 擔任臺灣師範大學國文研究所簡彥姈博士論文《陸游散文研究》
  之口試委員　2011年1月14日

47 擔任臺灣師範大學國文研究所陳鳳秋博士論文《《文心雕龍》
  理論在高中國文範文教學之應用》之口試主持委員　2011年6月
  17日

48 擔任臺灣師範大學國文研究所曾香綾博士論文《《詩經》成語研
  究》之口試主持委員　2011年6月20日

49 擔任臺灣師範大學國文研究所鄭慧敏博士論文《論清閒——北宋
  雅詞之美學面向研究》之口試委員　2011年6月27日

50 擔任高雄師範大學國文研究所卓惠婷博士論文《夢窗詞藝術表現與美感研究》之口試主持委員　2012年1月31月

51 擔任中山大學中文研究所王秋香博士論文《紅樓十二正釵意象研究》之口試主持委員　2013年1月

52 擔任中山大學中文研究所蘇淑貞博士論文《三教思想對《紅樓夢》之影響》之口試委員　2013年5月17月

哲學研究叢書·學術思想叢刊 0701011

「88」陰陽雙螺旋系統之建構──以科學、哲學與神學作通貫性研討

作　　者　陳滿銘

責任編輯　蔡雅如

特約校稿　林秋芬

發 行 人　陳滿銘

總 經 理　梁錦興

總 編 輯　陳滿銘

副總編輯　張晏瑞

編 輯 所　萬卷樓圖書股份有限公司

排　　版　林曉敏

印　　刷　百通科技股份有限公司

封面設計　斐類設計工作室

發　　行　萬卷樓圖書股份有限公司

　　臺北市羅斯福路二段 41 號 6 樓之 3

　　電話 (02)23216565

　　傳真 (02)23218698

　　電郵

　　SERVICE@WANJUAN.COM.TW

大陸經銷　廈門外圖臺灣書店有限公司

　　電郵 JKB188@188.COM

香港經銷　香港聯合書刊物流有限公司

　　電話 (852)21502100

　　傳真 (852)23560735

ISBN 978-986-478-151-5

2018 年 4 月初版一刷

定價：新臺幣 500 元

如何購買本書：

1. 劃撥購書，請透過以下郵政劃撥帳號：

　帳號：15624015

　戶名：萬卷樓圖書股份有限公司

2. 轉帳購書，請透過以下帳戶

　合作金庫銀行　古亭分行

　戶名：萬卷樓圖書股份有限公司

　帳號：0877717092596

3. 網路購書，請透過萬卷樓網站

　網址 WWW.WANJUAN.COM.TW

大量購書，請直接聯繫我們，將有專人為您服務。客服：(02)23216565 分機 10

如有缺頁、破損或裝訂錯誤，請寄回更換

國家圖書館出版品預行編目資料

「88」陰陽雙螺旋系統之建構：以科學、哲學與神學作通貫性研討 / 陳滿銘著. -- 初版. -- 臺北市：萬卷樓, 2018.04

　面；　公分. -- (哲學研究叢書.學術思想叢刊)

ISBN 978-986-478-151-5(平裝)

1.哲學　2.篇章學　3.陰陽學說

120　　　　　　　　　　　　107005700